"中国治理的逻辑"丛书
丛书主编 ◎ 唐亚林

政府治理的逻辑
自贸区改革与政府再造

THE LOGIC OF GOVERNMENT GOVERNANCE

Reforms of Pilot Free Trade Zone and Government Reengineering

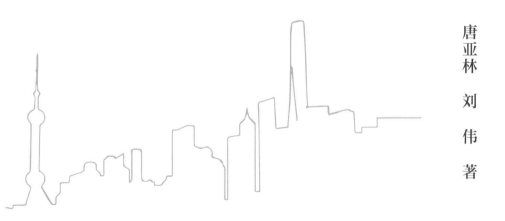

唐亚林 刘伟 著

复旦大学出版社

人心政治：探寻中国治理的奥秘
（丛书总序）

复旦大学　唐亚林

一

大约五年前，一个朋友从美访学归来，我们一起小聚。言谈中，他提到了网络上流传甚广的关于中美生活环境对比的"对联"：上联是关于美国的，即"好山好水好无聊"；下联是关于中国的，即"又脏又乱又快活"。虽然是逗趣，也有点以偏概全，可也形象地说明了中美生活环境的各自优点与不足。

那天，笔者喝了点酒，脑子正处于兴奋状态，突然一下子冒出了给这幅对联做个"横批"的想法，而且横批的内容也一下子从脑海里冒了出来，即"美中不足"四个字。这是个双关语横批，即指中美生活环境都既有好的一面，又有不好的一面，而"美中不足"很贴切地表达了中美双方的各自特点，而且"美"可以指代"美国"，"中"可以指代"中国"，连起来还是一个成语，通俗易懂。当时，朋友们听了，都说好，属于"绝配"。

这副看似戏谑的民间流传的对联，实际上深刻地揭示了中美两国民众对于生活本质理解的深层次差异。2017年1月，笔者在时隔15年后重访美国，相继参访了纽约、亚特兰大等地。在重新审视以往教科书与专著上所言的美国与现实生活中的美国，比较了以前怀着阅读心情考察时的美国与如今带着重新评估心情考察时的美国之后，笔者真切感受到"美国虽然还是那个美国，可却换了人间般"。何故？根本原因在于美国虽享有极其广袤富饶且得天独厚的自然环境，而且还拥有长久发展的能力，可这个国家从上到下、从左到右已然失去了创造关系、创造情感、创造日子的能力，立基于个人主义的完全原子化社会把美国社会分割成了大大小小的功能区隔性单元，并通过滚滚的汽车洪流，让合作主义失去了社会根基，出现了笔者谓之的"基于个人主义的汽车国度运不来合作主义现象"。

2019年暑假，笔者再次前往美国。期间，笔者专门从美国中南部到东南部转了一圈，感觉如同2017年一样，地大物博，人烟稀少，得天独厚，这是上天赐给美国最宝贵的东西。可在这片空旷的土地上，其存在的问题也越来越明显：国家上下没有贯通，左右没有联结。虽然美国有巨大的发展活力，但立基个人主义的单打独斗式发展模式终究是竞争不过全国上下齐心、左右联合的中国发展模式的，其中最为核心的，还是美国没有像中国那样，有幸拥有一个像中国共产党这样强大的政党组织来领导国家的发展。

遥想近190年前（1831—1832年），法国思想家托克维尔与友人一起到美国考察，停留了9个多月后，回国写了洋洋洒洒的两大卷《论美国的民主》，热情讴歌深嵌于美国社会的追求平等的观念、反对多数人暴政的原则、自由结社的艺术、新英格兰的乡镇自治精神等美好画卷，而如今的美国又呈现出一幅什么样的画面呢？

自20世纪30—40年代开始，由工业化和城市化双重动力推进的美国社会进入到大都市圈（区）时代。大量的中产阶级居住在大城市的郊区，纷纷搬进了一家一户的独栋别墅，即居住空间"house"化，[①] 其意外的后果是开始摧毁美国人引以为傲的社会交往与结社的根基，主要表现在城市空间布局的功能化，生产与生活

[①] 这种house多半两三层，开放式格局，前后有花园，主要用木材搭建，采用标准件方式构建，易建造，易装修，冬暖夏凉。

人心政治：探寻中国治理的奥秘（丛书总序）

空间分离；服务设施与民众生活方式"功能区隔化"，人与人的交往疏离化。比如，人们购物餐饮大多进郊区的大型 shopping mall（如今大多是 super mart），其中各类功能性品牌门店林立（如 Wal-mart、Nike、GAP 之类），人来人往，没有交集；封闭的居住小区，逐渐呈现相互隔开的富人区与穷人区并存状态，物以类聚，人以群分；小区空间分布不再以教堂、邮局、学校等为中心，而是呈现由圈到线、由线到排的并排状态，各自一统，互不往来；人与人之间失去交往信任，健身遛狗成为时尚，还美其名曰是亲近自然。

与中产阶级居住郊区化紧密相连的是美国"三化社会"的全面降临：一是"生活功能区隔化"，如购物大卖场化、餐饮集中化、小区贫富分化；二是"社团服务的门槛化"，如社会福利性社团穷人化、政治性社团精英化、宗教性社团保守化；三是"个人生活的原子化"，如居家生活的宠物化、业余生活的电视化、交往生活的自然化。此外，当初推动美国国力强盛、汇聚民心意志的移民的创造活力，在美国国家现代化进入政治生活资本化、财富分配两极化、金融生活大鳄化、社会福利寄生化、公共安全焦虑化、身份流动固定化等诸多因素交织的后现代化时代，反而日渐退化，整个美国社会兴起了对资本的贪欲崇拜与生活奢靡消费之风，这不断地侵蚀着美国当初的立国精神——"人人生而平等""每个人都是自己命运的主宰（机会平等）"。其结果是出现了美国社会民情的根本性转变，正如帕特南所著一书的书名所言——《独自打保龄球：美国社区的衰落与复兴》（*Bowling Alone: the Collapse and Revival of American Community*）。人们不再关注公共事务，不再以社会交往平台为参与公共生活的有机载体，而是热衷于亲近自然、锻炼身体、豢养宠物、与动物交朋友……美国社会民情的根本性转变，直接导致社会资本遭到削弱，民众对政府信任度下降，选举投票率徘徊不前，人情淡薄，生活无聊，因此，有人不得不哀叹"好山好水好无聊"了！

二

反观中国,却是另外一番景象。

中国是一个崇尚团体生活、讲究集体主义精神、有着悠久历史文化传承的东方大国。梁漱溟先生认为,中国社会与西洋社会构造演化不同,以非宗教的周孔教化为中心,以伦理为本位,通过家庭家族生活来有机绵延"彼此相与之情者"的中国文化精神。① 费孝通先生亦认为,中国社会是一个以己为中心,并由里向外推所形成的网络状"差序格局"社会,每个人的社会关系犹如一块石头丢在水面上所发生的一圈圈推出去的波纹,愈推愈远,也愈推愈松散,其核心在于以己为中心的亲疏远近关系的建构。②

中国人对于人生、生活、国家、世界的理解,深深扎根于中国人对生命奥秘的洞察。如果用一句话来总结中国人千百年来凝结下的美好生活愿望,就是"天下太平,过上好日子"。正是基于这样的美好生活愿望,中国人铸就了三大品性:一是勤劳。只有通过勤劳的双手,才能创造美好的生活,这是中国人笃信不疑的生活信条。虽说哪里的人民都可能具备勤劳的特性,但是中国人的勤劳特性却往往是与劳累和牺牲自己,一心为家庭家族的美好生活和兴旺发达而工作的品性联系在一起的。二是忍耐。中国人的忍耐精神是闻名于世的,无论是在天寒地冻的北方,还是炎热酷暑的南方,无论是在人生地不熟的异乡乃至国外,还是在条件艰苦、资源有限的不毛之地,只要是适合人类生存的地方,只要能够从土里刨出食来,中国人都可以拖家带口地开荒播种、收获交易、扎根繁衍,最终活生生地闯出一片天地来。三是变通。中国人深谙以和为贵、和气生财、家和万事兴的和合之道,其精髓在于变通,如《周易》所

---

① 梁漱溟:《中国文化要义》,上海人民出版社 2011 年版,第 50—51 页。
② 费孝通:《乡土中国 生育制度 乡土重建》,商务印书馆 2011 年版,第 27—32 页。

言:"穷则变,变则通,通则久。"也就是说,中国人干什么事情,都会争取获得最佳效果。只要是认准的事情和事业,有比当下状况更好的光明前景,即使受制于各方面条件,中国人也会想尽一切办法,没条件也要创造条件上,绝不会轻易地放弃和认输,甚至是"不到黄河心不死";中国人按照"绩法理情势"的原则,在时势都具备时,会动用一切资源和人脉,大干快上,在紧紧掌握主动权的同时,尽可能地创造出让更大的群体共享的美好成果。当然,中国人的做事和过日子的"变通"品性,既具有积极向上、开拓创新的正向激励作用,也内蕴明哲保身、"人在屋檐下,不得不低头"的负向沉沦效应。

基于追求美好生活而铸就的中国人的勤劳、忍耐与变通三大品性,源于中国人独特的圈层包容共生式"四层次三十二字"需求观。这种需求观不像马斯洛所言的基于纯粹个体选择、不受其他条件约束的阶梯式需求观(见图丛书总序-1),即生理需求、安全需求、归属和爱的需求、自尊需求、自我实现需求依次满足基础上的逐层提升。

马斯洛一方面承认基本的需求得到满足后,又有新的(更高级)的需求出现,依次类推,形成一个个相对优势的层次,即按

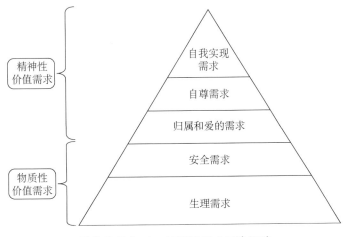

图丛书总序-1 马斯洛需求层次理论

优势或力量的强弱排成等级,"相对的满足平息了这些需求,使下一个层次的需求得以出现,成为优势需求,继而主宰、组织这个人";另一方面他也承认"高级需求也许不是在低级基本需求的满足后出现"这种例外情况,是可以在诸如禁欲主义、理想化、排斥、约束、强迫、孤立等场景中产生的,且这种情况"据说在东方文化中是普遍的"。这就意味着这种基于个体从低到高逐层满足的需求观,并非是人类社会需求观的"唯一源泉",① 而且存在忽视个体需求观与家庭、家族和国家的需求观的有机连接和嵌套复合之不足。从此意义上讲,马斯洛基本需求观的层次论内蕴着无可弥补的缺陷,更与东方社会将个体需求观与家庭、家族和国家需求观内在统一的特质相距甚远,即使其能成为西方社会基于个人主义的个体需求观模式,但构不成作为社会整体动力理论的人类社会的普遍需求观模式。

中国人的需求观是一种圈层包容共生式"四层次三十二字"需求观,是历经千百年演化的,建立在农耕时代宗法社会特质基础之上的,基于中国人特有的"生不过百年""生有涯"的生活与生命哲学。它也是一种基于血缘关系和族群关系而建构的对个体、家庭、家族、国家与世界的生存、延续、发展、共荣的使命担当,包含了中国人对于成功人生标准的认知,体现了中国人的家国情怀和历史使命。简单地讲,对于普通人来说,这种情怀和使命体现在"耕读传家"的传统理念中,也体现在儒家对士人的"修身齐家治国平天下"之"个体家庭家族国家天下"依次递进的教义要求上。

这种圈层包容共生式"四层次三十二字"需求观的内涵,最根本地体现在相互依赖、嵌套复合并一体化贯通的四大层次需求观体系(见图丛书总序-2):② 一是保障个体生命的存活,这是一切生

---

① [美]亚伯拉罕·马斯洛:《动机与人格》(第三版),许金声等译,中国人民大学出版社2007年版,第18—42页。
② 唐亚林:《中国式民主的内涵重构、话语叙事与发展方略——兼与高民政教授、蒋德海教授商榷》,《探索与争鸣》2014年第6期。

命得以存续的前提，体现为生存需求，其基本内涵在于"丰衣足食、安居乐业"；二是保障家庭血脉的延续，这是个体物理生命与精神生命的双重传承，体现为交往需求，其基本内涵在于"出入相友、守望相助"；三是保障家族与国家的繁荣，这是群体共同体生活的价值所在，是各族群共同栖居在同一片土地上的生生不息的动力源，体现为一种家国同构的发展需求，其基本内涵在于"国泰民安、政通人和"；四是保障国家和世界的和平共处与共同发展，体现为共荣需求，其基本内涵在于"天下为公、四海一家"。在这种相互依赖、嵌套复合并一体化贯通的四大层次需求观体系中，基于农耕社会的发展特质，往往还与对自然界"风调雨顺"的期盼紧密地联系在一起。不过，基于农耕社会的个体与家庭的需求，往往是简单的、以自给自足自然经济为特征的，而人与家庭需要获得更大更高质量的发展，就必须超越家庭这种简单的组织形态，进入到以社会大分工、社会大生产、社会大交往为特征的高级组织形态，从而获得更高层次的发展。

这种中国人的圈层包容共生式需求观始终将个体的生存与家庭

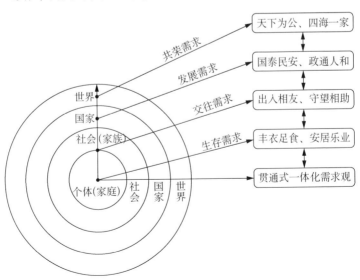

图丛书总序-2 圈层包容共生式需求观模型

的延续、家族与国家的发展、世界的共荣捆绑在一起,并一体化贯通于中国人的生命与生活共同体之中,体现为由物质到精神再到人与人、人与社会、人与国家、人与世界和谐相处的层层递进关系,这四大层次的需求观体系有机统一于天下为公、大同世界的"和合图景"之中。中国人的圈层包容共生式需求观是将个体、家庭、家族、民族、国家和世界紧密相连的美好生活需求观体系,是将个体生命的存活与家庭血脉的延续、家族和国家的繁荣、世界的共荣发展有机连接、相互交融且内在一体化贯通于生命与生活共同体的独特生活与生命体验。与马斯洛的需求层次理论只以个体为单位和根基,只关注个体的需求多样性与递进性相比,中国人的这种需求观与其有着天壤之别,更具备穿越历史时空并放之四海而皆准的独特魅力。

斯塔夫里阿诺斯在《全球通史》中曾经对于不同文化背后的社会控制机制的差异作了精彩论述:"为什么理想社会发展模式与现实之间出现了如此大的反差,并且这种反差在不断扩大呢?答案要从文化中去寻找。所有民族的所有文化都由为规范社会成员的行为而设置的控制机制构成。构成各种社会文化的社会标准被认为增强了社会的结合和生存。因此,通常体现在诸文化中的社会标准有利于最大限度地繁衍以保证种族的永存,最大限度地生产以保证经济的维持,最大限度地加强军事力量以保证实际的生存。"① "一方水土养一方人。"斯氏认为,同样的政治、经济与社会发展模式,往往因为历史-社会-文化条件的不同,会呈现完全不同的发展走向,产生不同的实际效果,而规范社会成员行为的文化控制机制往往起到了非常重要的作用。这种特定社会的文化控制机制又因需求观的不同,产生了不同的治理目标、治理主体、治理使命、治理制度与治理文化等。

---

① [美]斯塔夫里阿诺斯(L. S. Stavrianos):《全球通史:从史前史到21世纪》(第7版修订版),吴象婴等译,北京大学出版社2006年版,第790页。

人心政治：探寻中国治理的奥秘（丛书总序）

这种在中国大地上生长出来的圈层包容共生式需求观，在作为使命型政党①的中国共产党的领导下，孕育出了基于人心政治的中国的独特治理观。

三

基于人心政治的中国的独特治理观，首先强调中国共产党是一种治理国家和社会的主导性组织力量。

中国共产党是马克思主义政党，其最高理想和最终目标是实现共产主义。中国共产党作为中国工人阶级的先锋队、中国人民和中华民族的先锋队，是一种先进的政治组织。中国共产党作为中国特色社会主义事业的领导核心，代表中国先进生产力的发展要求，代表中国先进文化的前进方向，代表中国最广大人民的根本利益，是

---

① "使命型政党（Mission-oriented Party）""使命型政治（Mission-oriented Politics）"等学术概念由笔者 2010 年与同事朋友一起进行研讨时首次提出，而后在不同学术研讨会场合及微博微信等社交媒体上笔者又反复提及。笔者在 2014 年第 6 期《探索与争鸣》上发表《中国式民主的内涵重构、话语叙事与发展方略》一文，从政党功能等复合视角对使命型政党的内涵进行了说明："中国共产党不仅承担着普通政党所承担的代表与表达两大常规功能，而且还承担着作为长期执政的政党所承担的整合、分配和引领三大新功能，融性质、价值、地位、功能、使命于一体的中国共产党已经成为一种使命型政党（Mission-oriented Party），其所致力于建构的政治已经成为一种使命型政治（Mission-oriented Politics）。而且，这种使命型政党所建构的使命型政治，初步体现了经济建设、社会建设、文化建设、政治建设与生态建设'五位一体'的治理绩效。"
所谓使命型政党，是指建立在超越资本、利益、地方、党派、泡沫民意等，以"为人民服务"为根本宗旨的党性人（组织）假设基础之上，体现先锋队性质，具备领导国家和社会的地位，承担代表与表达、分配与整合、服务与引领等复合角色与功能，发挥建设和领导现代化国家的作用，以实现人的全面自由发展和人类最终的解放为使命，将政党发展、国家发展和世界发展密切结合，历经"党建国体制"到"党治国体制"再到"党兴国体制"的体制变迁，将政党工具理性、价值理性与主体理性三者有机统一及党性（良心）、制度（良制）与治理（良治）三者有机结合的新型政党。使命型政党的特点集中体现在由马克思主义指导，充分认识共产党执政规律、社会主义建设规律和人类社会发展规律，具备自我革命品质与引领国家与社会发展特质的中国共产党身上。
相关文献可参阅笔者如下著述：《中国式民主的内涵重构、话语叙事与发展方略》，《探索与争鸣》2014 年第 6 期；《使命-责任体制：中国共产党新型政治形态建构论纲》，《南京社会科学》2017 年第 7 期；《从党建国体制到党治国体制再到党兴国体制：中国共产党治国理政新型体制的建构》，《行政论坛》2017 年第 5 期；《论党领导一切原理》，《学术界》2019 年第 8 期；《新中国成立 70 年来中国共产党领导的制度优势与成功之道》，《复旦学报（社会科学版）》2019 年第 5 期；《新中国 70 年：政府治理的突出成就与成功之道》，《开放时代》2019 年第 5 期；《当代中国政治发展的逻辑》，上海人民出版社 2019 年版。

全心全意为人民服务的政党。

以往源自西方的经典政党理论都忽视了政党在一国治理中的核心作用，只是把政党当作连接国家与社会的工具，认为政党只是起到代表和表达的作用，甚至沦为一种只负责职位分配、争夺执政权、代表部分群体和资本集团利益的组织。恰恰中国共产党是与众不同的使命型政党，代表着中国最广大人民的根本利益，没有自己的私利，不仅具备代表与表达的功能，而且具有整合与分配、服务与引领的功能；既承担着为中国人民谋幸福、为中华民族谋复兴的历史使命，又承担着实现人的全面自由发展和人类最终解放的重大责任。

在领导国家和社会实现社会主义现代化目标的过程中，中国共产党作为一种主导性组织、中国特色社会主义事业的领导核心和最高政治领导力量，展现了高度自主的主体理性特征，即体现为一种组织的自我认知、自我塑造、自我期许、自我实现的能动力；体现在国家和社会的发展模式上，就是政党对理论、道路、制度、文化的自我选择、自我塑造、自我建构、自我实现的能动力；同时表现为政党领导和参与国家建设的能级与能量，以及政党将工具理性、价值理性与主体理性相结合的能动力。

其次，强调中国共产党是一种建构国家和社会有序发展的秩序力量。

任何一个政治体系的发展，都需要在一个稳定开放、和平安宁的发展环境中进行，而建构系统理性、自主协调、适应变革的制度体系，是保障一国现代化发展的基础性条件。在"千年未有之大变局"之大变革时代，一国政治体系面临经济发展、政治参与、社会转型、文化变迁、国家统一、大国复兴、国际格局变动等多重因素的影响，而这些重要变量的发展次序选择与时空历史方位考量，不仅存在相互冲突的可能，而且存在特定时空与资源约束条件下多目标优先次序满足与多发展领域重要性选择的权衡问题。

这就需要执政党既要考虑改革、发展、稳定这三者的关系问题，把改革的力度、发展的速度和社会可承受的程度有机统一起来，建构稳定的社会秩序；又要考虑党治、民治、法治这三者的关系问题，将坚持党的领导、人民当家作主、依法治国有机统一于中国社会主义民主政治的发展实践，建构有序的政治秩序。

稳定的社会秩序与有序的政治秩序的有机结合，赋予了中国共产党一项独特的使命，即执政党必须以一种"压舱石"的秩序力量，为国家发展、社会发展与执政党自身发展注入掌握航向、保持定力的动力，从而为社会主义现代化建设赢得安定的发展秩序和持久的发展空间。

再次，强调中国共产党是一种体现情感治理模式的仁爱力量。

现代政治的运作，是讲究规则首位、程序第一、照章办事的，可也容易导致失去了基本的人情和温情，即立基层级化、专业化、理性化（去人格化）等现代法理规则与程序而构建的科层制体制，容易在工作中出现让身在体制之人被动地照章办事，进而导致程序至上而缺乏变通、繁文缛节而运作死板、规则第一而没有人情味等现象比比皆是，更谈不上身在体制之人为行政相对人提供主动服务、靠前服务、暖心服务、以心换心服务了。

一个社会如果仅靠冷冰冰的制度和规则体系来维持运转，不仅整个社会运行成本巨大，而且如机器人般公事公办的环境会让人与人之间、组织与组织之间失去基本的信任和温情，恰恰自古以来中国社会所内蕴的"仁者爱人""推己及人"的思想以及道德教化与道德感召的情感力量，让整个社会充满了温情，更充满了希望。因此，政治体系的生命力，不仅体现在制度缔结的规则力量上，而且体现在制度所激发的人性光辉与组织温暖上，也就是制度所内蕴的情感力、仁爱力和信心力。

这种仁爱的力量体现在中国共产党治理国家和社会方面，就是充分发挥"全心全意为人民服务"的宗旨，将情感治理全面融入国家和社会治理的过程之中，通过"微笑服务"、"结对子"、"送温暖"、"无讼社区"、谈心、调解、对口支援、扶贫脱贫、共同富裕等情感治理方式，将以德治国与依法治国有机结合，创造性地开创出包括制度力、执行力、情感力、仁爱力和信心力等在内的新型人心政治形态。

复次，强调中国共产党是一种推动国家与世界和平发展的共荣力量。

任何社会都是一个由多元主体组成的社会，各守其土，各司其职，相互配合，相互协调，发挥合力，是一个和谐社会生生不息的追求。由于不同的人、不同的群体、不同的组织、不同的区域、不同的国家在国家和世界发展格局中所占据的地位不同，所拥有的资源不一，所面临的问题各异，所持有的价值观迥异，如何求同存异，如何实现先富带后富并最终走向共同富裕，如何通过对话协商、共建共享以推动合作共赢、和平发展的历史进程，始终是人类社会面临的最大挑战之一。

中国共产党基于社会主义社会的本质特征和中国的和平发展本性，在国内建构"全国一盘棋"思想，在国际上建构"人类命运共同体"思想，其根本目标在于彻底打破各种先天与后天不平等的羁绊，在效率与公平之间找到有效平衡点，通过渐进的以先富带共富、以和平发展促共同繁荣的方式，最终走向人类和平共处、和谐共荣的理想状态。

最后，强调中国共产党是一种展现人类社会发展的光明图景的绵延力量。

任何政治体系都是关于人生、人口、人民与人心"四人"的制度安排与价值取向的复合。政治体系关于人生的追问，关涉人的不同成长与发展阶段的需求及其满足问题；政治体系关于人口的思考，关涉人的不同种族平等权利的保护、规模化人口发展需求的满足以及规模化国家在发展过程中众多发展目标次序的优化平衡与组合选择问题；政治体系关于人民的终极关怀，关涉国家发展的目的、人的主体尊严和群体的共荣发展问题；政治体系关于人心的真切关注，关涉人对政权的信心力、价值认同和共同体生活的最终皈依问题。

人心政治：探寻中国治理的奥秘（丛书总序）

无论是人生问题、人口问题，还是人民问题、人心问题，都涉及政治体系是否可持续地绵长发展问题，其核心奥秘在于执政党是否从人民、民族、国家和世界的需求出发，有机平衡眼前利益与长远利益、近期目标与长远目标、本国与世界的关系问题，这既牵涉一个国家有尊严地立足于民族国家之林的"国格"问题，又牵涉一个国家在地球上发展的"资格"问题。这就需要中国共产党一是继续加强中国共产党的全面卓越的领导，创造先进的制度文明；二是继续坚持改革开放，建构不断推进自我革命的宏观大格局，创造绚丽的精神文明；三是继续带领全国上下齐心协力谋发展，创造优越的物质文明，从而为开创人类社会"良心＋良制＋良治"的新型文明发展道路，奠定制度力、精神力和物质力的复合动力体系。

四

正是基于中国人的圈层包容共生式需求观和中国共产党"使命型政党"的独特使命综合而成的中国治理观，促使笔者近年来围绕区域治理、社区治理、城市治理、文化治理、政府治理、政党治理这六大领域，开始了持续跟踪的实地研究与理论研究，并和学生们一起合作，撰写了"中国治理的逻辑"丛书——《区域治理的逻辑：长江三角洲政府合作的理论与实践》（唐亚林著，已出版）、《社区治理的逻辑：城市社区营造的实践创新与理论模式》（唐亚林、钱坤、徐龙喜、王旗著，已出版）、《城市治理的逻辑：城市精细化治理的理论与实践》（唐亚林、钱坤、王小芳、黄钰婷著）、《文化治理的逻辑：城乡文化一体化发展的理论与实践》（唐亚林、朱春著）、《政府治理的逻辑：自贸区改革与政府再造》（唐亚林、刘伟著）、《政党治理的逻辑：中国共产党治国理政的理论与实践》（唐亚林著）。

其中，《文化治理的逻辑：城乡文化一体化发展的理论与实践》乃笔者承担的2012年度国家社会科学基金重大项目"包容性公民文化权利视角下统筹城乡文化一体化发展新格局研究"（12&ZD021）的阶段性成果，《城市治理的逻辑：城市精细化治理的理论与实践》乃笔者承担的2017年度国家社会科学基金重大专项"大数据时代超特大城市精细化管理的体制机制创新及其关键技术应用研究"（17VZL020）的阶段性成果，在此向给予我们大力支持的有关专家、各级管理部门致以诚挚的谢意！

我们期待这套"中国治理的逻辑"丛书的出版能够为建构当代中国政治学与行政学学科知识体系、制度体系、价值体系、话语体系贡献我们的绵薄之力！更期待来自各方面的批评和指正！

（2019年6月初稿、2020年2月二稿、2020年6月三稿）

目　录

前言 / 001

导论　自贸区改革与政府再造：理解政府治理逻辑的一个样本 / 006
　一、上海自贸区改革与政府再造的展开及其影响 / 006
　二、上海自贸区研究：回顾与评价 / 017
　三、上海自贸区改革与政府再造的理论分析框架 / 030

第一章　改革的热土：从浦东新区开发区到上海自贸区 / 035
　一、地方分权改革与浦东开发开放战略 / 035
　二、上海自贸区设立的时空背景及其历史使命 / 046
　三、政府治理的演进动力逻辑：以政治承诺激励地方自主改革 / 056

第二章　自贸区政策试点设计与浦东新区政府职能转变新模式 / 064
　一、自贸区重点领域政策试点的选择 / 064
　二、浦东新区推动政府职能转变的五大运作新模式 / 080
　三、政府治理的政策试点逻辑：以政策试点撬动政府职能转变 / 099

第三章　自贸区试点扩大与浦东新区政府整体再造 / 112
　一、自贸区扩区与重点领域政策试点的扩大 / 112

001

二、浦东新区一级地方政府的整体再造 / 132
三、政府治理的试点扩大逻辑：以合署办公倒逼政府整体再造 / 147

第四章 自贸区制度创新与浦东新区治理能力先行区的建构 / 153
一、"三区一堡"战略定位与自贸区制度创新 / 153
二、浦东新区打造提升政府治理能力先行区的行动方案 / 172
三、政府治理的制度创新逻辑：以制度创新带动治理能力提升 / 189

第五章 自贸区制度定型与浦东新区政府治理现代化 / 194
一、增设新片区：上海自贸区改革新阶段的开启 / 194
二、上海自贸区改革与政府再造的展望 / 197
三、政府治理的制度定型逻辑：以中观制度定型保障地方治理现代化 / 204

第六章 结语：上海自贸区改革与政府再造的实践经验、内在逻辑与理论范式 / 209
一、上海自贸区改革与政府再造的实践经验 / 209
二、迈向现代政府治理体系：上海自贸区改革与政府再造的内在逻辑 / 223
三、基于有为有效有情目标的新型"中政府"治理理论：上海自贸区改革与政府再造的理论范式 / 233

附录 / 247
附录一 用行政体制创新的制度成果不断引领浦东新区开发开放进程 / 249
附录二 行政体制改革的新突破口：重视对运作项目与管制政策的评估与清理 / 253
附录三 上海自贸试验区（浦东新区）政府治理能力先行区建设

下一步工作要点 / 260
附录四　以自贸区试验区建设为动力，浦东新区推进政府职能转变总结评价及下一步展望 / 267
附录五　SGI框架下欧盟公共服务一体化的价值基础建构及其推进策略 / 273
附录六　美国联邦政府基础设施项目"许可仪表盘"的价值、做法及其启示 / 293

参考文献 / 298

后记　仁治中国：创建基于当代中国政府改革实践场景的新型政府治理范式 / 308

前　言

2013年9月，中国（上海）自由贸易试验区（简称"上海自贸区"）正式成立，成为中国境内第一个自贸区。在新时代中国改革开放战略布局中，作为一个典型的国家级改革开放"试验田"，上海自贸区肩负着代表中国融入并推动经济全球化、探索形成有利于政府与市场"两个作用"更好发挥的整体制度体系、引领国内其他地区经济社会发展与改革开放新潮流，以及服务长江经济带与长三角一体化等一系列国家发展战略四个方面的历史使命。

实践证明，在中央科学部署与有力领导、各部门各方面积极支持和上海市精心组织实施下，上海自贸区改革及与之相伴生的政府再造取得了多方面的显著成效。例如，增强了地方经济发展的活力和经济收益，为全国提供了大量的制度创新成果。甚至就连自贸区这种改革开放"试验田"模式本身，也得到了普遍的推广，即在2013年设立上海自贸区之后，国务院又分别于2015年、2017年、2018年、2019年先后批复设立了17个自贸区。总之，从试验任务看，上海自贸区改革与政府再造是成功的，得到了中央、地方及社会各界的认可，是我们研究新时代中国改革开放与政府治理逻辑的一个非常好的样本。

上海自贸区一经诞生就吸引了许多的研究注意力。相关研究已经产生了比较丰富的研究成果，对上海自贸区改革与政府再造的相关基础性问题及一些专门性问题都作了比较深入的讨论，特别是负面清单管理模式引发了非常多的跨界讨论。但是，从2015年开始，上海自贸区研究的热度大幅下降，除了现实原因（即自贸区不再是新鲜事物）之外，现有研究没有寻找到新的突破点与研究空间，是研究热度下降、焦点分散乃至缺乏焦点的重要原因。

事实上，上海自贸区改革与政府再造领域还有一些关键性实践问题与理论问题需要解答，尤其是其背后揭示出的当代中国政府改革实践的演化特征以及由此展示的新型政府治理理论范式的建构问题，更是一个重大实践与理论"研究宝藏"。例如，在宏观制度环境没有调整或调整较慢的背景下，上海自贸区改革与政府再造为什么能够以及是如何取得一系列重要的制度创新成果的？上海自贸区改革与政府再造的制度突破、制度创新与制度定型是如何发生和演进的？中央、国务院各部门、地方在上海自贸区改革过程中是如何互动与合作的？上海自贸区改革何以促进或带动地方政府的自我再造进程？由上海自贸区改革推动的当代中国政府治理绩效的提升以及政府治理理论范式的建构，其路径与内涵又如何？它对于当今世界各国政府治理新型理论范式的建构有什么借鉴意义？等等。

本书从政府治理的研究视角来解答这些重大问题，并尝试在解答这些重大问题的基础上揭示上海自贸区改革与政府再造的实践经验、内在逻辑与理论范式。本书重点运用公共管理学、政治学、法学等学科的理论概念与分析工具，如政府再造、标杆管理、中央地方关系、条块关系、政府市场关系、政治承诺、制度定型、法律授权等。研究方法上，本书主要采用定性研究的个案分析方法，"采取一种历时性的、过程性的个案分析"。

为全面把握和分析上海自贸区改革与政府再造个案（2013年9月—2019年9月），本书通过如下逻辑展开探讨。首先，本书以国务院重要改革文件的发布作为标志，把上海自贸区改革与政府再造历程划分为四个阶段。其次，系统收集了不同阶段的数据与文本，包括170多份相关的政策文本、大量的媒体报道等。再次，运用前述概念及分析工具对这些数据与文本进行认定、梳理和解读，其中特别注重通过比较方法，发现不同阶段数据与文本的变化，总结各个不同阶段的发展特征。最后，本书在总结上海自贸区改革实践经验的基础上，提炼出当代中国政府改革实践的内在发展逻辑，并对政府治理新型理论范式的建构进行了展望。

上海自贸区改革与政府再造的六年实践故事，为我们理解新时代中国政府治理的实践经验、内在逻辑与理论范式提供了一个鲜活而有生命力的样本。从实践经验看，本书研究发现，上海自贸区改革与政府再造个案充分展现了习近平同志在改革开放40周年大会上所总结的中国改革开放的方法论与经验："坚持加强党的领导和尊重人民首创精神相结合，坚持'摸着石头过河'和顶层设计相结合，坚持问题导向和目标导向相统一，坚持试点先行和全面推进相促进，既鼓励大胆试、大胆闯，又坚持实事求是、善作善成，确保了改革开放行稳致远。"① 具体来说，遵循由点到面再到整体的改革思维，上海自贸区改革与政府再造一直朝向"六个相结合"努力：顶层设计与自主探索相结合、严控风险与大胆改革相结合、重点突破与整体再造相结合、政府作用与市场作用相结合、政党治理与政府治理相结合、法治引领和改革创新相结合。这"六个相结合"同时也是当代中国在构建现代政府治理制度中摸索出的实践经验，甚至可以视为构建现代政府治理体系的中国方案。

从内在逻辑看，上海自贸区改革与政府再造彰显了中国特色的政府改革逻辑主线：围绕着政府与市场、改革与开放两大关系，通过划清政府的权力边界，激发市场的内生活力，形成以开放倒逼改革、用对标引领创新、用整体性改革推进现代化发展的内在逻辑，建设回应型政府、责任型政府、透明型政府、服务型政府、协作型政府、效能型政府和法治型政府，最终建构起现代化的政府治理体系。从不同的角度看，这同一条逻辑主线呈现出不同的面向。第一，从演进动力看，上海自贸区改革与政府再造的全部成果首先起

---

① 《习近平：在庆祝改革开放40周年大会上的讲话》（2018年12月18日），新华网，http://www.xinhuanet.com/2018-12/18/c_1123872025.htm，最后浏览日期：2020年7月11日。

源于中央的政治承诺，即"大胆闯、大胆试、自主改"，其背后反映的是压力倒逼与使命牵引（自我承诺）的逻辑。第二，从试点设计看，无论是试点的选址还是试点内容的选择都反映着超大规模国家的风险防范与试点先行的逻辑。第三，从试点扩大和改革深化看，逐步增设新的片区并推动自贸区管委会与浦东新区政府合署办公，充分反映了基于风险可控与绩效可期的"边改革边推动"逻辑。第四，从制度创新看，坚定走制度创新而非政策优惠之路，体现了改革开放的先行者在深水区探索和克服制度短缺的逻辑。第五，从制度定型看，上海自贸区改革与政府再造取得一系列制度创新成果，本质上是地方利用已经成熟的微观制度基础和定向松口的宏观制度环境，合成了中观层面的制度创新成果，反映了新时代中国政府治理制度创新的中观制度定型逻辑。

上海自贸区改革与政府再造的生动而富有生命力的实践，见证了"大小之争"在政府治理改革中的逐步退场，并昭示着一种新的政府治理理论范式的形成，即基于有为有效有情目标的"中政府"理论范式。从哲学基础上看，"中政府"所谓的"中"，主要是指"两端"之"中"。"中政府"首先有"叩其两端而执中"的含义，它强调在大小、上下、左右、强弱、快慢等两端之中求得合作或取得平衡。自贸区改革与政府再造的"六个相结合"经验，可以说是"中政府"这一政府治理改革思维的集中呈现。例如，"顶层设计与自主探索相结合"实质是追求"上"与"下"之间的合作；"严控风险与大胆改革相结合"意在执"快"与"慢"之"中"，即在快慢之间取得平衡。政府治理改革中的"执中"，并非一种抽象或虚无的理想，而是一种强调实战的治理改革艺术。从推动政府治理改革实践来看，"中政府"作为一种新型政府治理理论范式，其"新"表现在三个不可割裂的方面："改革思路新"，强调聚焦"中心问题"推进改革；"改革主体新"，强调依托"有中心的治理网络"推进改革；"改革依循新"，强调改革要落脚"以人民为中心"理念。这一基于解决"中心问题"、建构"有中心的治理网络"、追求"以人民为中心"理念的"中政府"新型政府治理理论范式,是基于中国实践经验与发展逻辑而形成的,也将会对当今世界各国政府治理改革产生很大的示范效应与借鉴意义。

导 论

自贸区改革与政府再造：理解政府治理逻辑的一个样本

2013年9月，中国（上海）自由贸易试验区挂牌成立，标志着中国境内有了第一个自贸区。六年来，上海自贸区改革以及相应的地方政府再造给浦东新区、上海市乃至全国带来了多重影响，成为我们观察和理解新时代中国政府治理逻辑的一个样本。在回顾现有研究的基础上，笔者提出应开展以政府治理为中心的上海自贸区研究，并从政府治理制度创新的一般过程、上海自贸区改革与政府再造的一体化、上海自贸区改革与政府再造的分阶段逻辑三个方面建构了本书的理论分析框架。

一、上海自贸区改革与政府再造的展开及其影响

（一）中国境内第一个自贸区的诞生

自由贸易试验区起源于自由贸易区（Free Trade Zones，FTZs），后者并不是一个新事物。世界上有许多自由贸易区，如欧盟（EU）、北美自由贸易区（NAFTA）、中国-东盟自由贸易区（CAFTA）。据一份不完全的统计显示，世界上有1 200多个自由贸易区。① 自由贸

---

① 徐广国：《内陆开放新机遇——自由贸易园区》，《银川日报》，2013年6月19日，第1版。

导论 自贸区改革与政府再造：理解政府治理逻辑的一个样本

易区是特殊经济区（Special Economic Zones，SEZs）的一种具体形式。世界银行给自由贸易区下了如下定义：也称为"商业自由区"，是为贸易、转运、再出口提供仓储、储存和分发设施的有边界的免税区域。[①] 自由贸易区成为实施经济开放政策的一个重要机制。

中国自由贸易区的建立是比较晚的。在自由贸易区之前，我国已经实施了多年的保税区战略。保税区是指设有隔离设施的实施特殊海关监管政策的经济贸易区域。1990 年，国务院批准在上海浦东外高桥设立保税区。外高桥保税区是我国第一个保税区，于 1992 年 3 月 9 日正式投入营运。依据 1996 年年底上海市第十届人大常委会第三十二次会议通过的《上海外高桥保税区条例》，在上海外高桥保税区实施的特殊管理主要指"货物可以在保税区与境外之间自由出入，免征关税和进口环节税，免验许可证件，免于常规的海关监管手续，国家禁止进出口和特殊规定的货物除外"。外高桥保税区的功能和业务非常多样，包括进出口贸易、转口贸易、加工贸易、货物储存、货物运输、商品展示、商品交易以及金融等。有趣的是，该条例同时指出，保税区对外译称"自由贸易区（Free Trade Zone）"[②]，这也可以视为后来自由贸易试验区诞生于保税区的基础上的一个征兆。除了在上海设立外高桥保税区，国务院还先后在其他地区设立

[①] Akinci Gokhan, et al., *Special Economic Zone: Performance, Lessons Learned, and Implication for Zone Development*, http://documents.worldbank.org/curated/en/343901468330977533/Special-economic-zone-performance-lessons-learned-and-implication-for-zone-development, retrieved July 8, 2020.

[②] 时任上海外高桥保税区常务副主任、外高桥开发公司总经理的阮延华回忆道：保税区是中国自己创造的具有中国特色的名词。结合当时中央给外高桥保税区的政策（可以归纳为三个自由：贸易自由、货币自由和货物进出口自由），我们觉得其中最重要的就是贸易自由，也是对当时非常严格的贸易管制的一个重要突破。尤其是打破了仅在生产型企业的招商引资，在贸易和服务贸易方面招商引资有所突破，因此权衡下来我们认为还是用"自由贸易区"比较好。这样的翻译从对外宣传、从国际接轨等角度看，都很容易让人接受。此外，我们还曾提出将中文名称也改为外高桥自由贸易区。想了很久的朱镕基同志最终还是叫秘书打电话通知我们，保税区的中文还是不要更改，按国家文件就叫保税区。参见政协上海市委员会文史资料委员会等：《口述上海：浦东开发开放》，上海教育出版社 2014 年版，第 156—158 页。

了一些保税区①，如 1996 年 9 月批复在深圳盐田港设立盐田港保税区（以发展转口贸易和仓储功能为主，其他功能为辅），1996 年 11 月批复在珠海市洪湾工业区设立珠海保税区（发展出口加工、保税仓储和转口贸易）。

总的来说，保税区的开放程度要比自由贸易区小。随着其原初优势的逐渐消退，保税区挣扎着向自由贸易区转型，即所谓"保税区盯着自贸区转型"②。保税区与自由贸易区的基本关系是保税区为自由贸易区的设立积累了经验，保税区所取得的成就成为中国实施自由贸易区战略的底气。2007 年，中共十七大报告首次提出"实施自由贸易区战略，加强双边多边经贸合作"，标志着自由贸易区建设上升为中国国家战略。2012 年，中共十八大报告提出"统筹双边、多边、区域次区域开放合作，加快实施自由贸易区战略，推动同周边国家互联互通"。在这种背景下，中国第一个自由贸易区（试验区）呼之欲出。

2013 年 3 月，国务院总理李克强在上海外高桥保税区考察时表示："支持上海积极探索，在综合保税区基础上，研究如何试点先行，建立自贸区试验区，积累经验，推动完善开放型经济的体制机制。"③ 2013 年 8 月，国务院批准设立中国（上海）自由贸易试验区（以下简称"上海自贸区"），9 月 18 日，国务院印发《中国（上

---

① 2015 年 8 月，国务院办公厅印发《加快海关特殊监管区域整合优化方案》，决定"推进海关特殊监管区域整合"，包括整合类型、整合功能、整合政策、整合管理四部分内容，其中整合类型是指"逐步将现有出口加工区、保税物流园区、跨境工业区、保税港区及符合条件的保税区整合为综合保税区。新设立的海关特殊监管区域统一命名为综合保税区"。据 2016 年 2 月的一项不完全统计显示，国务院在全国范围内批准设立的综合保税区约有 50 个。参见《国务院批准设立昆明综合保税区》（2016 年 2 月 27 日），人民网，http://yn.people.com.cn/news/yunnan/n2/2016/0227/c228496-27821347.html，最后浏览日期：2020 年 7 月 16 日。

② 闫平：《保税区盯着自贸区转型》，《瞭望新闻周刊》2005 年第 14 期，第 44—45 页。

③ 《李克强在江苏上海考察时强调：以扩大开放释放改革红利以农业现代化支撑新型城镇化》（2013 年 3 月 31 日），人民网，http://politics.people.com.cn/n/2013/0331/c1024-20975463.html，最后浏览日期：2020 年 7 月 16 日。

海)自由贸易试验区总体方案》(以下简称"《总体方案》"),9月29日,上海自贸区正式挂牌成立,初始面积为28.78平方公里,涵盖上海市外高桥保税区等4个海关特殊监管区域。上海自贸区的挂牌成立标志着中国大陆境内有了第一个自贸区,中国的经济开放与对外贸易交流有了新的抓手。用当时的说法是,"上海自贸区成新一轮改革开放'领跑者'"①。

(二)上海自贸区改革与政府再造的演进阶段

上海自贸区被称为国家改革开放的"试验田",是一项名副其实的"国家试验"。上海自贸区是由国家自上而下直接推动的,国家意志直接决定着上海自贸区的发展。截至2019年9月,在上海自贸区总体改革方面,国务院已经发布了四个方案,分别是2013年9月的《总体方案》、2015年4月的《进一步深化中国(上海)自由贸易试验区改革开放方案》(以下简称"《进一步深化方案》")、2017年3月的《全面深化中国(上海)自由贸易试验区改革开放方案》(以下简称"《全面深化方案》")和2019年7月的《中国(上海)自由贸易试验区临港新片区总体方案》(以下简称"《临港新片区总体方案》")。这四个方案是关于上海自贸区改革的国家意志的集中体现(非唯一体现)。以四个改革方案的出台为标志,可以大致把上海自贸区改革历程划分为四个相互连接的发展阶段(如图0-1所示),即1.0阶段(2013年9月到2015年4月)、2.0阶段(2015年4月到2017年3月)、3.0阶段(2017年3月至2019年7月)和4.0阶段(2019年7月以后)。

上海自贸区名义上是"国家试验",但实际上是由地方来"组织实施"的。在不同发展阶段,国家对上海自贸区改革提出的要求是不同的,也即上海自贸区的战略定位与改革任务是不同的。与之

---

① 李文龙:《上海自贸区成新一轮改革开放"领跑者"》,《金融时报》,2013年8月24日,第2版。

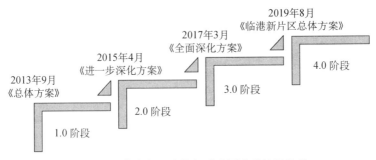

图 0-1　上海自贸区改革与政府再造的演进阶段

相应，在不同发展阶段，作为改革任务具体组织实施者的上海市（特别是浦东新区），其地方政府再造的具体任务也是不相同的。由此，可以相应地把浦东新区地方政府再造的进程划分为四个阶段：1.0阶段，浦东新区从精兵、简政、放权等方面入手推动政府职能转变，形成五大政府职能运作新模式；2.0阶段，浦东新区结合与自贸区管委会合署办公的契机着力推动地方政府整体再造；3.0阶段，浦东新区政府以整体制度创新为核心，从治理主体多元化、治理方式现代化、治理结构网络化、治理制度法治化四个方面倾力打造提升政府治理能力先行区；4.0阶段，浦东新区政府将通过整体制度创新深化和制度定型的方式大力推进地方治理现代化进程。

（三）上海自贸区改革与政府再造的多重影响

截至2019年9月，上海自贸区已经顺利运转了六年，且刚刚获得了增设临港新片区的新发展空间。从改革任务的完成情况来看，上海自贸区已经顺利完成了前三个阶段的改革试点任务。总的来说，上海自贸区改革以及相应的地方政府再造给浦东新区、上海市乃至全国带来了多重影响，主要表现在如下几个方面。

首先，上海自贸区改革提升了地方经济发展活力，增加了地方经济收益。

上海自贸区对浦东新区以及上海市经济的提振效应非常明显。上海自贸区于2018年12月发布的一份官方统计显示，"运行五年

导论 自贸区改革与政府再造:理解政府治理逻辑的一个样本

来,上海自贸试验区累计新设立企业超过 5.7 万户,新设企业数是前 20 年同一区域企业数的 1.6 倍。新设外资企业超过 1 万多户,占比从自贸试验区挂牌初期的 5% 上升到 20% 左右。境外投资管理方面,改核准为备案管理,办结时间从 3—6 个月缩短至 3 天,至 10 月底,累计办结境外投资项目 2 278 个,是自贸试验区设立前的近 4 倍"。在进出口方面,"截至 2018 年 9 月底,已有 56 家商业银行、财务公司和证券公司等金融机构直接接入自由贸易账户监测管理信息系统,开立自由贸易账户 71 666 个,通过自由贸易账户获得本外币境外融资总额折合人民币 1.3 万亿元。人民币跨境使用和外汇管理创新进一步深化,今年 1—9 月,人民币跨境结算总额累计 1.9 万亿元,占全市的 48%。截至 9 月底,累计有 877 家企业发生跨境双向人民币资金池业务,资金池收支总额超过 1.3 万亿元"。而且,浦东新区的整体经济发展受到了上海自贸区改革的积极影响,"浦东新区外贸进出口五年来持续保持增长,2018 年 1—10 月,浦东新区完成进出口总值 1.7 万亿元,同比增长 6.3%,占上海全市比重 60.6%。洋山港和外高桥港区合计完成集装箱吞吐量 3 148 万标箱,同比增长 4.2%,推动上海港连续 8 年位居全球第一大集装箱港。今年前三季度,浦东新区地区生产总值增长 7.8%,财政总收入增长 10.3%"。①

表 0-1 是上海自贸区(120.72 平方公里)2017 年的主要经济指标,从中可以进一步了解上海自贸区的经济实力与发展潜力。

其次,对上海市其他地区造成了积极的影响,集中表现为自贸区与浦东新区的诸多试点经验,包括市场监管体制改革、证照分离改革等首先复制推广到上海的其他地区。

例如,浦东新区于 2014 年 1 月 1 日正式开启了市场监管体制改革试点,很快就收到了诸多积极成效。上海市人大常委会到浦东

---

① 《上海自贸试验区挂牌五年来经济运行情况》(2018 年 12 月 11 日),上海自贸区网站,http://www.china-shftz.gov.cn/NewsDetail.aspx?NID=b5d19316-e279-4026-b5da-851ea94cd9e0&Type=44&navType=1,最后浏览日期:2019 年 8 月 20 日。

表 0-1 上海自贸区 2017 年主要经济指标

指　　标	单　　位	数　　值
一般公共预算收入	亿元	578.48
外商直接投资合同项目	个	1 192
外商直接投资合同金额	亿美元	219.42
外商直接投资实际到位金额	亿美元	70.15
新增内资企业注册户数	个	7 283
新增内资企业注册资本	亿元	3 153.50
全社会固定资产投资总额	亿元	680.31
工业总产值	亿元	4 924.95
社会消费品零售额	亿元	1 494.62
商品销售总额	亿元	37 042.67
服务业营业收入	亿元	5 157.74
外贸进出口总额	亿元	13 500.00
♯ 出口	亿元	4 053.10
发明专利授权数	个	4 202
期末监管类金融机构	个	849
新兴金融机构	个	4 630
跨境人民币结算总额	亿元	13 877.40
跨境人民币境外借款金额	亿元	16.76

注：自贸区按注册地口径统计，统计范围为 120.72 平方公里。一般公共预算收入按开发区财力结算口径。

资料来源：《2018 年上海统计年鉴》（2019 年 1 月 17 日），上海市统计局网站，http://tjj.sh.gov.cn/tjnj/nj18.htm?d1＝2018tjnj/C0104.htm，最后浏览日期：2020 年 7 月 16 日。

调研食品安全监管体制改革工作情况时评价道："浦东的市场监管体制改革极富探索性、挑战性，体现了浦东敢为人先的改革精神，'三合一'改革有利于促进无证照经营等监管难题的解决，有利于加强基层的监管力量，是浦东政府职能转变中的一个亮点。同时，浦东的市场监管体制改革是更深层次的机构合并，实现了食品安全监管各环节的无缝对接,推动了食品安全监管职能'全覆盖'落地基层,增强了一线执法力量,显示了改革成效。"① 浦东新区的市场监管体制改革试点仅仅运行了半年多,上海市就决定将其试点经验在全市推广。浦东新区从 2016 年起开展"养老机构设立许可"事项的"证照分离"改革试点,经过两年的先行先试,形成一些利于提高养老机构设立透明度和可预期性的改革措施和管理制度,2018 年上海市民政局决定在全市范围内复制推广其试点经验。②

再次,上海自贸区改革对国内其他地方产生了明显的改革溢出效应与示范效应,为中国全面深化改革开放提供了非常多的制度经验,是一块真正的改革开放"试验田"。

鉴于上海自贸区及浦东新区开展的许多试验被证实对经济社会发展有益处,且相关风险在可控的范围之内,党中央、国务院决定复制推广上海自贸区改革的试点经验。如 2015 年 1 月,国务院印发《关于推广中国(上海)自由贸易试验区可复制改革试点经验的通知》,决定在全国范围内复制推广投资管理领域、贸易便利化领域、金融领域、服务业开放领域、事中事后监管措施共计 28 项改革事项,在全国其他海关特殊监管区复制推广海关监管制度创新、检验检疫制度创新共计 6 项改革事项。③ 2018 年 9 月的一项统计指出,上海自贸试验区已有 100 多项制度创新成果向全国复制推广,试验田的作用充分彰显。例如,开展"证照分离"改革试点的 116 项行政许可事项,已在全国其他自贸试验区,以及有条件的国家自主创新示范区、国家高新技术产业开发区推广实施。又如,先进区后报关、批次进出集中申报等贸易便利化改革措施,已在全国范围、长江流域范围、海关特殊监管区域等分阶段

---

① 《浦东市场监管体制改革经验全市推广》,《浦东时报》,2014 年 7 月 1 日,第 A01 版。
② 上海市民政局:《关于在全市范围内复制推广"养老机构设立许可""证照分离"改革试点经验的通知》,沪民福发〔2018〕37 号。
③ 国务院:《关于推广中国(上海)自由贸易试验区可复制改革试点经验的通知》,国发〔2014〕65 号。

有序推广实施。① 2018年10月28日的《经济日报》更是明确指出，上海自贸区累计有127个创新事项以及"证照分离"改革试点制度创新成果在全国复制推广。②

上海自贸区溢出效应的另一个突出表现，是自由贸易试验区这种模式本身也得到了推广。在2013年设立上海自贸区之后，国务院又分别于2015年、2017年、2018年、2019年先后批复设立中国（广东）自由贸易试验区（以下简称"广东自贸区"）、中国（天津）自由贸易试验区（以下简称"天津自贸区"）、中国（福建）自由贸易试验区（以下简称"福建自贸区"）、中国（浙江）自由贸易试验区（以下简称"浙江自贸区"）、中国（辽宁）自由贸易试验区（以下简称"辽宁自贸区"）、中国（四川）自由贸易试验区（以下简称"四川自贸区"）、中国（重庆）自由贸易试验区（以下简称"重庆自贸区"）、中国（湖北）自由贸易试验区（以下简称"湖北自贸区"）、中国（河南）自由贸易试验区（以下简称"河南自贸区"）、中国（陕西）自由贸易试验区（以下简称"陕西自贸区"）、中国（海南）自由贸易试验区（以下简称"海南自贸区"）、中国（山东）自由贸易试验区（以下简称"山东自贸区"）、中国（江苏）自由贸易试验区（以下简称"江苏自贸区"）、中国（广西）自由贸易试验区（以下简称"广西自贸区"）、中国（河北）自由贸易试验区（以下简称"河北自贸区"）、中国（云南）自由贸易试验区（以下简称"云南自贸区"）、中国（黑龙江）自由贸易试验区（以下简称"黑龙江自贸区"）17个自由贸易试验区。截至2019年9月，中国已设立了18个在战略定位（见表0-2）上各有侧重的自贸区，有力支撑起了新时代全面深化改革开放的新局面。

---

① 周航：《风从海上来：上海自贸区一大批制度创新成果在全国复制推广》（2018年9月2日），澎湃网，https://www.thepaper.cn/newsDetail_forward_2394495，最后浏览日期：2020年7月16日。

② 沈则瑾：《改革开放"试验田"硕果累累》，《经济日报》，2018年10月28日，第1版。

导论 自贸区改革与政府再造：理解政府治理逻辑的一个样本

表 0-2 中国 18 个自贸区的战略定位比较（截至 2019 年 9 月）

年份	名称	战略定位/建设目标（简略）
2013 年	上海自贸区	［1.0 版］我国进一步融入经济全球化的重要载体，打造中国经济升级版 ［2.0 版］我国进一步融入经济全球化的重要载体，推动"一带一路"倡议和长江经济带发展，做好经验的可复制可推广，更好地发挥示范引领、服务全国的积极作用 ［3.0 版］开放和创新融为一体的综合改革试验区、开放型经济体系的风险压力测试区、提升政府治理能力的先行区、服务国家、推动市场主体走出去的桥头堡 ［4.0 版］（上海自贸区临港新片区）区域创造力和竞争力显著增强，经济实力和经济总量大幅跃升；远期发展目标是建成具有较强国际市场影响力和竞争力的特殊经济功能区，成为我国深度融入经济全球化的重要载体
2015 年	广东自贸区	［1.0 版］粤港澳深度合作示范区、21 世纪海上丝绸之路重要枢纽和全国新一轮改革开放先行地 ［2.0 版］开放型经济新体制先行区、高水平对外开放门户枢纽和粤港澳大湾区合作示范区
	天津自贸区	［1.0 版］京津冀协同发展高水平对外开放平台、全国改革开放先行区和制度创新试验田、面向世界的高水平自由贸易园区 ［2.0 版］服务"一带一路"倡议和京津冀协同发展的高水平对外开放平台、京津冀协同发展示范区
	福建自贸区	［1.0 版］改革创新试验田、深化两岸经济合作的示范区、21 世纪海上丝绸之路核心区（面向 21 世纪海上丝绸之路沿线国家和地区开放合作新高地） ［2.0 版］开放和创新融为一体的综合改革试验区、深化两岸经济合作示范区和面向 21 世纪海上丝绸之路沿线国家和地区开放合作新高地
2017 年	浙江自贸区	东部地区重要海上开放门户示范区、国际大宗商品贸易自由化先导区和具有国际影响力的资源配置基地
	辽宁自贸区	提升东北老工业基地发展整体竞争力和对外开放水平的新引擎
	四川自贸区	西部门户城市开发开放引领区、内陆开放战略支撑带先导区、国际开放通道枢纽区、内陆开放型经济新高地、内陆与沿海沿江沿边协同开放示范区
	重庆自贸区	"一带一路"和长江经济带互联互通重要枢纽、西部大开发战略重要支点
	湖北自贸区	中部有序承接产业转移示范区、战略性新兴产业和高技术产业集聚区、全面改革开放试验田和内陆对外开放新高地
	河南自贸区	服务于"一带一路"倡议的现代综合交通枢纽、全面改革开放试验田和内陆开放型经济示范区
	陕西自贸区	全面改革开放试验田、内陆型改革开放新高地、"一带一路"经济合作和人文交流重要支点

续 表

年份	名称	战略定位/建设目标（简略）
2018年	海南自贸区	面向太平洋和印度洋的重要对外开放门户
2019年	山东自贸区	加快推进新旧发展动能接续转换、发展海洋经济，形成对外开放新高地；三至五年努力建贸易投资便利、金融服务完善、监管安全高效、辐射带动作用突出的高标准高质量自由贸易园区
	江苏自贸区	开放型经济发展先行区、实体经济创新发展和产业转型升级示范区；三至五年努力建贸易投资便利、高端产业集聚、金融服务完善、监管安全高效、辐射带动作用突出的高标准高质量自由贸易园区
	广西自贸区	21世纪海上丝绸之路和丝绸之路经济带有机衔接的重要门户；三至五年努力建成贸易投资便利、金融服务完善、监管安全高效、辐射带动作用突出、引领中国-东盟开放合作的高标准高质量自由贸易园区
	河北自贸区	国际商贸物流重要枢纽、新型工业化基地、全球创新高地和开放发展先行区；三至五年努力建成贸易投资自由便利、高端高新产业集聚、金融服务开放创新、政府治理包容审慎、区域发展高度协同的高标准高质量自由贸易园区
	云南自贸区	"一带一路"和长江经济带互联互通的重要通道、连接南亚东南亚大通道的重要节点、我国面向南亚东南亚辐射中心与开放前沿；三至五年努力建成贸易投资便利、交通物流通达、要素流动自由、金融服务创新完善、监管安全高效、生态环境质量一流、辐射带动作用突出的高标准高质量自由贸易园区
	黑龙江自贸区	向北开放重要窗口、对俄罗斯及东北亚区域合作的中心枢纽；三至五年努力建成营商环境优良、贸易投资便利、高端产业集聚、服务体系完善、监管安全高效的高标准高质量自由贸易园区

最后，上海自贸区改革的成效受到了中央的认可，上海也得到了中央持续的鼓励和支持。

例如，2014年10月，正值上海自贸区成立一周年，习近平指出上海自贸区"取得了一系列新成果，为在全国范围内深化改革和扩大开放探索了新路径、积累了新经验"[1]。同年12月，国务院发文指出，上海自贸区已经"形成了一批可复制、可推广的改革创新成果"，党中央、国务院批准将上海自贸区的35个改革事项推广到全国其他

---

[1] 《习近平：全面推进依法治国也需要深化改革》（2014年10月27日），共产党员网，http://news.12371.cn/2014/10/27/ARTI1414410944563752.shtml，最后浏览日期：2020年7月4日。

地方。① 2017年3月发布的《全面深化方案》更为直接地指出，上海自贸区建设"取得重大进展，总体达到预期目标"。2018年10月，习近平在第一届国际进口博览会上提出，中央决定建设新片区，支持上海进一步推进投资与贸易自由化便利化。中央的认可为上海自贸区下一步继续推进改革、承接和完成更多的试验任务提供了基本动力。

二、上海自贸区研究：回顾与评价

本部分首先展示上海自贸区研究的总体状况，其次分析其跨学科属性与各学科主要议题，并按照时间先后进行学术史梳理，最后对上海自贸区研究进行总体评价，提出本书的研究设想，即开展以政府治理为中心的上海自贸区研究。

（一）上海自贸区研究的总体状况

2018年10月24日，在"中国知网"文献库②检索发表时间在2013年1月1日到2018年10月1日③期间，且篇名中含有"上海自贸区"或"上海自由贸易试验区"或"中国（上海）自由贸易试验区"（精确匹配）的文献，命中2 376条结果。在所有2 376篇文献里，期刊文献有1 622篇，报纸新闻报道有488篇，硕士学位论文有180篇④，博士学位论文仅1篇⑤，会议论文有62篇，学术辑刊文献23篇。

---

① 国务院：《关于推广中国（上海）自由贸易试验区可复制改革试点经验的通知》，国发〔2014〕65号。
② "跨库检索"，包括期刊、博士学位论文、硕士学位论文、国内会议、国际会议、报纸、学术辑刊。
③ 本书的正式撰写开始于2018年10月份，本部分对上海自贸区研究文献的回顾截至2018年10月1日。2018年10月1日之后的文献，本书在写作过程中可能会穿插涉及，但不再做系统的梳理。
④ 2013年发表1篇，2014年发表40篇，2015年发表了75篇，2016年发表了42篇，2017年发表了16篇，2018年（截至10月1日）发表了6篇。
⑤ 曹广伟：《新世纪以来中国参与国际经济体系变革进程的平台运用研究》，华中师范大学国际政治专业博士学位论文，2014年。

从年度发表数量看，2013年的发表数量为558篇，2014年达到高峰820篇，此后发表数量开始逐年下降，2015年为512篇，2016年为268篇，2017年为149篇，2018年（截至10月1日）仅有62篇。由此可知，在经历了2014年的"火爆"之后，上海自贸区研究正在趋冷（如图0-2所示）。这种现象的出现，可能是因为"自贸试验区"在实践中已经不再是一个非常新鲜的事物。上海自贸区研究本身的热度随之下降，不少研究者把注意力分配到了其他地方的自贸区上面。

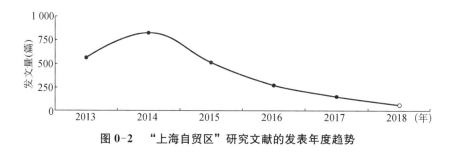

图 0-2 "上海自贸区"研究文献的发表年度趋势

上述统计的只是目前已经收录在"中国知网"的电子文献，这些文献并不能代表全部的上海自贸区研究现状。实际上，关于上海自贸区研究的图书也有了一定数量，如《上海自贸区金融政策解读》《上海自贸区建设与国际金融中心发展战略》《上海自贸区成立三周年回眸——制度篇》。2018年11月6日，通过中国国家图书馆推出的"文津搜索"渠道检索到32本"上海自贸区"研究图书，这些图书的基本信息如表0-3所示。

表 0-3 上海自贸区研究相关图书（不完全统计）

序号	书名	作者	出版社	年份
1	首席经济学家论坛增长动力与上海自贸区	夏斌	东方出版社	2013
2	上海自贸区金融政策解读	上海市金融服务办公室等	上海交通大学出版社	2014
3	上海自贸区建设与国际金融中心发展战略	孙立坚	上海人民出版社	2014

导论 自贸区改革与政府再造：理解政府治理逻辑的一个样本

续 表

序号	书名	作者	出版社	年份
4	上海自贸区背景下的服务贸易发展研究	陈霜华等	复旦大学出版社	2014
5	上海自贸区解读	周汉民等	复旦大学出版社	2014
6	上海自贸区创新高地	王振中	外文出版社	2014
7	自贸区打通关	《自贸区邮报》	上海锦绣文章出版社	2014
8	抓住自贸区机遇，促进金融为实体经济服务	上海金融业联合会	上海交通大学出版社	2014
9	赢在自贸区：寻找改革红利时代的财富与机遇	上海财经大学自由贸易区研究院	北京大学出版社	2014
10	连通一切：从宽带中国到上海自贸区的观察与思考	李跃等	华中师范大学出版社	2014
11	沪港发展报告（2014—2015）：上海自贸区建设与新一轮沪港合作	尤安山主编	社会科学文献出版社	2015
12	自贸区建设与互联网金融	上海市金融学会	上海人民出版社	2015
13	全球自贸区发展研究及借鉴	上海财经大学自由贸易区研究院等	格致出版社，上海人民出版社	2015
14	发展中的自贸区金融创新与改革研究	上海金融学院等	中国财政经济出版社	2015
15	自贸区大宗商品交易及风险管理	谢斐等	格致出版社，上海人民出版社	2015
16	自贸区建设背景下的法学教育改革	唐波［等］	上海人民出版社	2015
17	赢在自贸区-2-经济新常态下的营商环境和产业机遇	上海财经大学自由贸易区研究院	北京大学出版社	2015
18	上海国际贸易地位变迁与区域经济影响	赵红军等	上海人民出版社	2015
19	上海自贸试验区金融改革体系构建探究	上海金融学院等	中国财政经济出版社	2015
20	上海自贸区成立三周年回眸——制度篇	胡加祥等	上海交通大学出版社	2016
21	上海自贸区成立三周年回眸——数据篇	胡加祥等	上海交通大学出版社	2016
22	自贸区背景下航运业创新实践	胡坚堃等	上海浦江教育出版社	2016
23	自贸区背景下的港口供应链转型与创新发展	黄顺泉	上海浦江教育出版社	2016
24	自贸区制度红利：海关监管新政详解	上海海关	中国海关出版社	2016

续　表

序号	书名	作者	出版社	年份
25	自贸区建设与金融改革	张新	中国金融出版社	2016
26	两岸区域合作对接的方式与路径研究：上海自贸区与台湾示范区	盛九元等	上海社会科学院出版社	2016
27	前进中的上海自贸试验区建设：金融改革与效用溢出	上海金融学院等	中国财政经济出版社	2016
28	供应链视角下的自贸区检验检疫改革与创新	何军良等	上海浦江教育出版社	2017
29	自贸区建设中政府职能转变的突破与创新研究	陈奇星	上海人民出版社	2017
30	自贸区税收政策及案例	邬展霞等	格致出版社，上海人民出版社	2017
31	税收征管改革的地方经验与立法完善	李慈强	北京大学出版社	2017
32	国际投资规则视角下的上海自贸区外资管理法律制度研究	陶立峰	法律出版社	2018

依据研究主题或目标，可以把这些图书大体上分为四类。第一类图书的研究主题对应着上海原有的"四大中心"（国际经济中心、国际金融中心、国际贸易中心、国际航运中心）建设实践，关注上海自贸区的经济、金融（金融政策、金融改革、互联网金融等）、贸易（服务贸易、大宗商品交易、海关监管等）和航运（港口供应链、航运业等）问题。在上海自贸区研究图书中，这一类图书占据多数。第二类图书侧重上海自贸区政策解读与服务，甚至还出现了比较通俗化的图书，即由上海锦绣文章出版社出版的《自贸区打通关》（号称"国内首本自贸区通俗服务指南"）。第三类图书的内容相对综合，侧重上海自贸区的做法回顾、比较与外部经验介绍。如上海交通大学出版社在 2016 年出版了两本书，分别回顾了上海自贸区改革的制度与数据。第四类图书的研究主题比较少见，图书数量不多，其中《自贸区建设中政府职能转变的突破与创新研究》（上海人民出版社 2017 年）关注了上海自贸区建设过程中的政府职能转变问题，《自贸区建设背景下的法学教育改革》（上海人民出版社 2016 年）在自贸区建设背景下讨论了法学教育改革问题。

（二）上海自贸区研究的学术史梳理

肩负投资管理创新、贸易便利化、金融开放、政府职能转变等多重改革任务的上海自贸区刚一诞生，就吸引了来自不同学科的学者的注意力。因此，上海自贸区研究的跨学科属性特别明显。再次分析前面通过"中国知网"检索到的 2 376 篇文献发现，这些文献主要来自国际贸易（709 篇）、金融（254 篇）、法学（207 篇）、区域经济（70 篇）、公共管理（44 篇）、交通运输经济（35 篇）、国民经济（31 篇）、商业经济（28 篇）等学科。[①]

其中，国际贸易学科的上海自贸区研究文献重点讨论负面清单制度[②]、贸易便利化[③]、海关监管制度创新[④]等议题。金融学科的文献讨论的重点是金融改革/创新/开放[⑤]、金融监管（创新）[⑥]、金融

[①] 此处利用了"中国知网"自带的学科分类工具。由于不少的文献同时属于多个学科，这里的计算是模糊性的。但尽管如此，其结果仍然能够大致说明这些文献主要来自哪些学科。

[②] 杨海坤：《中国（上海）自由贸易试验区负面清单的解读及其推广》，《江淮论坛》2014 年第 3 期，第 5—11 页；商舒：《中国（上海）自由贸易试验区外资准入的负面清单》，《法学》2014 年第 1 期，第 28—35 页；孙婵、肖湘：《负面清单制度的国际经验及其对上海自贸区的启示》，《重庆社会科学》2014 年第 5 期，第 33—43 页。

[③] 匡增杰：《加快推进中国（上海）自由贸易试验区海关监管制度创新：贸易便利化的视角》，《经济体制改革》2015 年第 4 期，第 65—69 页；彭羽、陈争辉：《中国（上海）自由贸易试验区投资贸易便利化评价指标体系研究》，《国际经贸探索》2014 年第 10 期，第 63—75 页；王冠凤、郭羽诞：《上海自贸区贸易便利化和贸易自由化研究》，《现代经济探讨》2014 年第 2 期，第 28—32 页。

[④] 石良平、周阳：《试论中国（上海）自由贸易试验区海关监管制度的改革》，《上海海关学院学报》2013 年第 4 期，第 1—12 页；匡增杰：《加快推进中国（上海）自由贸易试验区海关监管制度创新：贸易便利化的视角》，《经济体制改革》2015 年第 4 期，第 65—69 页。

[⑤] 武剑：《中国（上海）自贸区金融改革展望》，《新金融》2013 年第 11 期，第 12—15 页；孙立坚：《上海自贸区总体方案的金融开放战略》，《新金融》2013 年第 12 期，第 9—14 页；焦武：《上海自贸区金融创新与资本账户开放——兼论人民币国际化》，《上海金融学院学报》2013 年第 6 期，第 9—17 页；黄礼健、岳进：《上海自贸区金融改革与商业银行应对策略分析》，《新金融》2014 年第 3 期，第 33—37 页。

[⑥] 肖本华：《中国（上海）自由贸易试验区金融综合监管制度创新研究》，《科学发展》2015 年第 1 期，第 85—92 页；王茜、张继：《我国金融服务业的开放与法律监管问题研究——基于上海自贸区的分析》，《上海对外经贸大学学报》2014 年第 3 期，第 27—38 页。

政府治理的逻辑：自贸区改革与政府再造

创新风险防范①等。法学学科的文献主要关注上海自贸区改革的立法模式②、负面清单的法律分析③、自贸区建设的法律基础与法律保障④、纠纷解决机制⑤等。区域经济学科的文献重点讨论了上海自贸区对周边省份、城市及区域的影响⑥。公共管理学科的文献主要关注上海自贸区创设的动力⑦、政府管理模式创新⑧、政府职能转

---

① 杜金岷、苏李欣：《上海自贸区金融创新风险防范机制研究》，《学术论坛》2014年第7期，第26—30、35页；闻岳春、程天笑：《上海自贸区离岸金融中心建设的系统性金融风险研究》，《上海金融学院学报》2014年第2期，第5—18页；李伯侨、张祎：《上海自贸区离岸银行税收政策风险的法律控制》，《当代经济管理》2014年第5期，第94—97页。

② 傅蔚冈、蒋红珍：《上海自贸区设立与变法模式思考——以"暂停法律实施"的授权合法性为焦点》，《东方法学》2014年第1期，第98—104页；范进学：《授权与解释：中国（上海）自由贸易试验区变法模式之分析》，《东方法学》2014年第2期，第127—132页。

③ 龚柏华：《"法无禁止即可为"的法理与上海自贸区"负面清单"模式》，《东方法学》2013年第6期，第137—141页；胡加祥：《国际投资准入前国民待遇法律问题探析——兼论上海自贸区负面清单》，《上海交通大学学报》（哲学社会科学版）2014年第1期，第65—73页；申海平：《上海自贸区负面清单的法律地位及其调整》，《东方法学》2014年第5期，第132—142页；李晶：《中国（上海）自贸区负面清单的法律性质及其制度完善》，《江西社会科学》2015年第1期，第154—159页。

④ 沈国明：《法治创新：建设上海自贸区的基础要求》，《东方法学》2013年第6期，第124—129页；贺小勇：《中国（上海）自由贸易试验区金融开放创新的法制保障》，《法学》2013年第12期，第114—121页；丁伟：《中国（上海）自由贸易试验区法制保障的探索与实践》，《法学》2013年第11期，第107—115页。

⑤ 陈力：《上海自贸区投资争端解决机制的构建与创新》，《东方法学》2014年第3期，第97—105页；袁杜娟：《上海自贸区仲裁纠纷解决机制的探索与创新》，《法学》2014年第9期，第28—34页。

⑥ 王海梅：《上海自贸区对周边城市的影响及对策》，《常州大学学报》（社会科学版）2014年第2期，第55—59页；滕永乐、沈坤荣：《中国（上海）自由贸易试验区对江苏经济的影响分析》，《江苏社会科学》2014年第1期，第261—268页；祖明：《中国（上海）自由贸易试验区建设对嘉兴市开放型经济的影响分析》，《上海金融》2014年第7期，第106—107页；金泽虎、李青青：《上海自贸区经验对促进长江经济带贸易便利化的启示》，《国际贸易》2016年第4期，第30—37页；吕林、刘芸、朱瑞博：《中国（上海）自由贸易试验区与长江经济带制造业服务化战略》，《经济体制改革》2015年第4期，第70—76页。

⑦ 朱朝霞、陈琪：《政治流为中心的层次性多源流框架及应用研究——以上海自贸区设立过程为例》，《经济社会体制比较》2015年第6期，第68—76页；袁倩、王嘉琪：《行政改革的"内在悖论"：一个解释框架——以中国（上海）自由贸易区"负面清单"为例》，《公共管理学报》2015年第2期，第13—20、153—154页。

⑧ 唐健飞：《中国（上海）自贸区政府管理模式的创新及法治对策》，《国际贸易》2014年第4期，第27—32页；颜晨广：《论上海自贸区政府管理模式的创新》，《天津法学》2015年第2期，第35—41页。

导论　自贸区改革与政府再造：理解政府治理逻辑的一个样本

变①、事中事后监管②、绩效评估③等。具体如表0-4所示。

表0-4　上海自贸区研究涉及的主要学科及主要议题

文献数量	涉及学科	主要议题
709篇	国际贸易	负面清单制度、贸易便利化、海关监管制度创新
254篇	金融	金融改革/创新/开放、金融监管（创新）、金融创新风险防范
207篇	法学	立法模式、负面清单的法律分析、自贸区建设的法律基础与法律保障、纠纷解决机制
70篇	区域经济	上海自贸区对周边省份、城市及区域的影响
44篇	公共管理	上海自贸区的创设动力、政府管理模式创新、政府职能转变、事中事后监管、绩效评估

这里按照发表年份对上述研究文献进行回顾，找出每一年份下影响力（被引次数）较高的文献，从而揭示上海自贸区研究的年度热点及其历年变化情况。

2013年，上海自贸区刚刚获批成立，这一年有几篇研究文献后来成为上海自贸区研究的高被引论文。例如，复旦大学龚柏华的《"法无禁止即可为"的法理与上海自贸区"负面清单"模式》《中国（上海）自由贸易试验区外资准入"负面清单"模式法律分析》④、上海政法学院夏善晨的《中国（上海）自由贸易区：理念和功能定位》⑤、中国光大银行武剑的《中国（上海）自贸区金融改革

---

① 侯志伟：《政府职能转变的理论框架及其改进路径研究——以上海自贸区监管制度改革为例》，《兰州大学学报》（社会科学版）2015年第4期，第41—47页；郭高晶、孟澂：《中国（上海）自由贸易试验区政府职能转变的注意力配置研究——基于83篇政策文本的加权共词分析》，《情报杂志》2018年第2期，第63—68页。
② 闫明：《上海自贸区发展与事中事后监管实践机制研究》，《中国浦东干部学院学报》2015年第3期，第123—127页。
③ 马佳铮：《政府绩效第三方评估模式的实践探索与优化路径——以中国（上海）自贸区为例》，《上海行政学院学报》2016年第4期，第17—25页。
④ 龚柏华：《"法无禁止即可为"的法理与上海自贸区"负面清单"模式》，《东方法学》2013年第6期，第137—141页；龚柏华：《中国（上海）自由贸易试验区外资准入"负面清单"模式法律分析》，《世界贸易组织动态与研究》2013年第6期，第23—33页。
⑤ 夏善晨：《中国（上海）自由贸易区：理念和功能定位》，《国际经济合作》2013年第7期，第11—17页。

展望》①、上海市社会科学界联合会沈国明的《法治创新：建设上海自贸区的基础要求》②和上海市人大常委会法制工作委员会丁伟的《中国（上海）自由贸易试验区法制保障的探索与实践》③，这几篇论文的被引次数都超过60次。需要指出的是，这一年上海自贸区刚刚成立，身处上海的专家学者近水楼台先得月，最先掌握上海自贸区的信息并最早做出了相应研究。此外，2013年的上海自贸区研究相对宏观，主要偏向制度与法律层面，其目的是探讨上海自贸区这一新事物本身"新"在哪里，以及应当如何应对（特别在法律上如何应对）。

从发表数量上看，2014年是上海自贸区研究的高峰，这一年的文献发表量达到了820篇。上海交通大学胡加祥发表的《国际投资准入前国民待遇法律问题探析——兼论上海自贸区负面清单》④和上海财经大学商舒发表的《中国（上海）自由贸易试验区外资准入的负面清单》⑤是这一年的最高被引论文。这两篇论文依然是在讨论负面清单这一新模式。

从2014年开始，上海之外的学者也取得了一定的研究成果，这些成果发挥了不错的影响力，被引次数排名第三、第四、第五的论文都由外地学者贡献。其中，中南大学孙婵和肖湘介绍了负面清单制度的国际经验，并建议上海自贸区"对重点行业实施重点保护，将负面清单制度化，使经济开放与经济安全相平衡，使宏观经

---

① 武剑：《中国（上海）自贸区金融改革展望》，《新金融》2013年第11期，第12—15页。
② 沈国明：《法治创新：建设上海自贸区的基础要求》，《东方法学》2013年第6期，第124—129页。
③ 丁伟：《中国（上海）自由贸易试验区法制保障的探索与实践》，《法学》2013年第11期，第107—115页。
④ 胡加祥：《国际投资准入前国民待遇法律问题探析——兼论上海自贸区负面清单》，《上海交通大学学报》（哲学社会科学版）2014年第1期，第65—73页。
⑤ 商舒：《中国（上海）自由贸易试验区外资准入的负面清单》，《法学》2014年第1期，第28—35页。

济管理与微观经济自由相平衡,使立法与司法制度相结合"①;中国人民大学的王孝松等人分析了上海自贸区的运作基础、经验复制推广的时机与范围②;山东大学的杨海坤解读了上海自贸区负面清单模式的正面价值,并讨论了其复制推广问题③。总的来看,这一年的研究热点依然是负面清单模式,与上一年度的不同在于,除了对负面清单模式进行法律反思,还加入了对上海自贸区可复制性的讨论,以及外部经验的介绍。

2015年的上海自贸区研究与前两年有明显的不同,这主要是因为关于上海自贸区的一些基础性讨论(如负面清单模式)差不多已经完成了,学者们不得不去探索新的研究空间。其中一个容易打开的空间是总结与评估上海自贸区的运作效果。中山大学岭南学院的谭娜等人运用反事实分析方法评估了上海自贸区成立的经济增长效应,发现"上海自贸区成立对上海经济增长具有显著的正效应,分别提升上海市工业增加值和进出口总额月同比增长率2.69和6.73个百分点"④。

上海市政府发展研究中心的肖林等分析了上海自贸区在投资管理制度、贸易监管制度、金融制度和事中事后监管制度等方面的创新突破,以及在形成开放倒逼改革态势、推进服务业开放、接轨国际的制度框架和形成可复制可推广的制度创新经验等方面的试验成效。⑤ 此外,这一年也有学者讨论一些非常具体的内容,如对外经济贸易大学的赖震平探讨了上海自贸区背景下临时仲裁的引入问题及其

---

① 孙婵、肖湘:《负面清单制度的国际经验及其对上海自贸区的启示》,《重庆社会科学》2014年第5期,第33—43页。
② 王孝松、张国旺、周爱农:《上海自贸区的运行基础、比较分析与发展前景》,《经济与管理研究》2014年第7期,第52—64页。
③ 杨海坤:《中国(上海)自由贸易试验区负面清单的解读及其推广》,《江淮论坛》2014年第3期,第5—11页。
④ 谭娜、周先波、林建浩:《上海自贸区的经济增长效应研究——基于面板数据下的反事实分析方法》,《国际贸易问题》2015年第10期,第14—24、86页。
⑤ 肖林等:《中国(上海)自由贸易试验区改革开放成效与制度创新研究》,《科学发展》2015年第1期,第69—77页。

对我国改善商事仲裁制度的意义,^① 上海财经大学的张占江讨论了《中国（上海）自由贸易试验区条例》所涉及的竞争中立制度。^②

2016年的上海自贸区研究呈现出议题多元化的特征。这一年最高被引论文是上海行政学院马佳铮发表的《政府绩效第三方评估模式的实践探索与优化路径——以中国（上海）自贸区为例》。该文以上海自贸区开展的第三方评估实践为例，分析了第三方评估在全面反映政府整体绩效和推进行政体制改革及服务型政府建设方面所取得的成效和存在问题，并从健全绩效评估制度等方面提出了对策建议。^③ 华东师范大学张时立则把上海自贸区所代表的自贸区战略与"21世纪海上丝绸之路"建设结合起来分析，展示了两者之间的相互促进关系。^④ 安徽大学的金泽虎与李青青讨论了上海自贸区经验对于长江经济带贸易便利化的启示。^⑤ 总的来看，这一年的研究呈现议题多元化特征，研究空间大大打开，但不足之处在于缺少聚焦点。

2017年高被引论文不多是预料之中的。实际上，前面已经指出，到2017年，上海自贸区研究已经不再是"热门"了，全年的文献发表量也就100多篇。仅有3篇论文的被引次数超过10次，分别是西安交通大学王利辉与南京财经大学刘志红合作的《上海自贸区对地区经济的影响效应研究——基于"反事实"思维视角》、上海财经大学殷华与高维和的《自由贸易试验区产生了"制度红利"效应吗？——来自上海自贸区的证据》以及上海交通大学胡加

---

① 赖震平:《我国商事仲裁制度的阙如——以临时仲裁在上海自贸区的试构建为视角》,《河北法学》2015年第2期,第156—165页。
② 张占江:《〈中国（上海）自由贸易试验区条例〉竞争中立制度解释》,《上海交通大学学报》（哲学社会科学版）2015年第2期,第60—68页。
③ 马佳铮:《政府绩效第三方评估模式的实践探索与优化路径——以中国（上海）自贸区为例》,《上海行政学院学报》2016年第4期,第17—25页。
④ 张时立:《中国自贸区建设与"21世纪海上丝绸之路"——以上海自贸区建设为例》,《社会科学研究》2016年第1期,第57—60页。
⑤ 金泽虎、李青青:《上海自贸区经验对促进长江经济带贸易便利化的启示》,《国际贸易》2016年第4期,第30—37页。

祥的《上海自贸区三周年绩效梳理与展望》。而且,这三篇论文均是对上海自贸区的运作成效进行评估。第一篇论文运用面板数据政策效应评估方法与合成控制法,对比自贸区成立前后经济变量的实际值与"反事实"值之差,认为上海自贸区对地方经济的影响效应为正。① 第二篇论文也得出了正面的结论,即上海自贸区改革产生了制度红利效应,包括显著促进了上海市 GDP、投资、进口和出口的增长;扩区后的自贸区建设对上海市经济的促进效应更加显著;以制度创新为核心推进改革,具有显著的长期经济效应。② 第三篇论文梳理上海自贸区成立三年来在行政审批、金融领域改革、海关制度创新等方面取得的试验成效,认为上海自贸区交出了一份合格的答卷。③

2018 年(截至 10 月 1 日)的上海自贸区研究文献发表量仅有 62 篇,研究议题也比较分散。不过有几篇论文值得介绍一下,它们讨论了下一阶段上海自贸区发展的政策支撑、自贸区与"一带一路"投资风险管理、政策试验的推进动力与机制、自贸区政府职能转变的注意力配置等内容。智艳和罗长远在《上海自贸区发展现状、目标模式与政策支撑》一文中提出,在未来发展中,中央需要考虑自贸区战略与其他战略的相容性、削弱自贸区规划和负面清单出台的计划色彩、出具政府官员从事改革的负面清单,以及建立与自贸区有所区隔的其他类型的改革试验区,而上海需要注意自贸区建设要面对太平洋(面对跨太平洋伙伴关系协定在亚太地区付诸实施的可能)、面对全世界(面对与美国和欧盟重启和加快中美双边投资协定谈判的可能,并为此提早开展压力测试)。④ 尹晨等人则撰

---

① 王利辉、刘志红:《上海自贸区对地区经济的影响效应研究——基于"反事实"思维视角》,《国际贸易问题》2017 年第 2 期,第 3—15 页。
② 殷华、高维和:《自由贸易试验区产生了"制度红利"效应吗?——来自上海自贸区的证据》,《财经研究》2017 年第 2 期,第 48—59 页。
③ 胡加祥:《上海自贸区三周年绩效梳理与展望》,《东方法学》2017 年第 1 期,第 141—152 页。
④ 智艳、罗长远:《上海自贸区发展现状、目标模式与政策支撑》,《复旦学报》(社会科学版)2018 年第 2 期,第 148—157 页。

文分析了"一带一路"海外投资风险及其管理的状况，认为上海自贸试验区可以结合其战略定位和自身优势，以建设"一带一路"投资风险管理中心为突破口，推进"一带一路"桥头堡建设。①卢迪分析了上海自贸区政策试验的推进机制，认为顶层设计和顶层推动是自贸试验区制度创新的关键动力源；顶层设计和顶层推动需要各个方面积极参与，汇聚起推动改革的强大合力；自贸试验区制度创新是一个法律法规改革和构建的过程，重大改革必须坚持法律法规改革先行、立法引领、于法有据。②郭高晶和孟澂分析了上海自贸区成立以来政府职能转变相关政策文本，发现当前自贸区在政府内部业务模式变革、信息化技术应用和流程再造投入了过多的注意力资源，在传统公共权力结构的重组以及结构性利益格局重构方面关注不够，未来的深化改革应该纠正注意力配置偏差。③

（三）上海自贸区研究的简要评价

综上分析，上海自贸区研究已经产生了比较丰富的研究成果。首先，不管是基础性问题或是一些专门性问题都得到了比较深入的讨论，特别是负面清单模式等议题引发了非常多的跨界讨论。其次，既有研究对上海自贸区的试验成效（包括制度方面的成效、对地方经济的影响、对区域及全国的影响等）的评估也比较全面，既使用了定量方法也使用了定性方法。再次，既有研究并不回避问题，指出了上海自贸区建设依然存在的诸多问题，并就上海自贸区下一步如何前进提出了许多建议。最后，上海自贸区研究特别突出的一个特征是跨学科，国际贸易、金融、法学、区域经济、公共管

---

① 尹晨、周薪吉、王祎馨：《"一带一路"海外投资风险及其管理——兼论在上海自贸区设立国家级风险管理中心》，《复旦学报》（社会科学版）2018年第2期，第139—147页。
② 卢迪：《上海自由贸易试验区制度创新的演进过程与推进机制》，《当代经济研究》2018年第2期，第81—87页。
③ 郭高晶、孟澂：《中国（上海）自由贸易试验区政府职能转变的注意力配置研究——基于83篇政策文本的加权共词分析》，《情报杂志》2018年第2期，第63—68页。

理等学科的学者均参与了进来。

然而，也应当承认，从 2015 年起，上海自贸区研究的热度逐渐下降，年度论文发表数量从 2014 年最高时的八百多篇降到不到一百篇。除了现实原因（上海自贸区不再是新鲜事物）之外，现有上海自贸区研究没有寻找到新的突破点（"负面清单"就是 2013 年、2014 年上海自贸区研究的重要突破点）与研究空间也是导致研究热度下降、焦点分散乃至缺乏焦点的重要原因。

本书试图把上海自贸区改革与政府再造、政府治理结合起来，寻求打开上海自贸区研究的新空间。换言之，本书试图以政府治理为中心，重点运用公共管理学、政治学、法学等学科的理论深度分析上海自贸区改革及与相应的浦东地方政府再造进程。"人类发展的历史表明，在任何一个社会，均需要一个治理的体系，用以贯彻集体的目标与维持内外的秩序。政府治理乃是一个社会的必需品。"① 在一般意义上，政府治理是指"政府行政系统作为治理主体，对社会公共事务的治理。就其治理对象和基本内容而言，其包含着政府对于自身、对于市场及对于社会实施的公共管理活动"②。

具体来说，当以政府治理为中心来考察上海自贸区改革与地方政府再造时，本书将主要围绕政府与市场关系、开放与改革两大关系，重点关注上海自贸区改革生成的政府治理原因（如中央为什么推行上海自贸区改革，中央如何让地方敢于承接和实施试验任务）、上海自贸区改革对政府治理造成的挑战（如自贸区改革对上海市和浦东新区政府提出了什么样的要求）、上海自贸区运作中的政府治理行动（包括中央与地方的互动、条与块的互动、地方的自主改革等）、上海自贸区长期运转的政府治理后果（如地方政府治理体制机制创新、地方政府治理制度体系建构、地方政府治理现代化）等问题。

---

① 张成福：《政府治理创新与政府治理的新典范：中国政府改革 40 年》，《国家行政学院学报》2018 年第 2 期，第 33—39、135 页。
② 王浦劬：《国家治理、政府治理和社会治理的含义及其相互关系》，《国家行政学院学报》2014 年第 3 期，第 11—17 页。

三、上海自贸区改革与政府再造的理论分析框架

（一）政府治理制度创新的一般过程

对变革时代的政府治理来说，制度是重要的，制度创新更为重要。制度创新是指对原有制度进行突破、调适、定型，以形成新的制度，从而激励政府官僚队伍充满公共服务动机地和高效率地行动，引导市场主体与社会主体形成正向的发展预期，保障经济社会的可持续发展。政府治理制度创新的目的是形成适应开放型经济和批判性公民（critical citizens）的现代政府治理"制度集群"。理论上，可以尝试把一个完整的政府治理制度创新过程划分为制度不适、制度突破、制度创新和制度定型四个阶段。[①]

第一阶段为制度不适阶段。制度不适，或制度动摇，是指现行制度出现了不适应经济社会发展形势与需要的情况（如阻碍了市场主体的活力），并因此遭受质疑或发生动摇。例如，对外资保险机构进入中国市场进行严格限制的制度就不适应中国以开放倒逼服务业升级的新形势。在改革开放时代，制度不适现象的出现具有一定的必然性。制度不适是制度突破的背景，它诱发了制度突破，并成为制度突破的支持者（也即现行制度的改革者）实施制度突破的正当依据。当然，"制度不适"本身包含着价值判断，其认定权往往掌握在相应层面的决策机构手中。此外，制度不适也可能是由制度短缺[②]造成的。

第二阶段为制度突破阶段。制度突破，就是改革者组织支持力

[①] 制度创新的四阶段论是对现实的简化分析。现实中的制度创新不一定按照这个四阶段依次演进。例如，制度创新可能产生在制度突破的同时（"边破边立"），也可能产生在制度突破之后（"先破后立"）。

[②] 制度不适与制度短缺、制度摩擦等概念之间存在一定的区别与联系。其中，制度短缺（广义上）的外延量广，包括了制度不适（制度相对短缺）和制度绝对短缺。而制度摩擦（国与国之间）会给其中的一方带来制度不适问题。结语部分会从深水区探索的角度继续讨论制度短缺与制度创新问题。

导论 自贸区改革与政府再造：理解政府治理逻辑的一个样本

量，运用包括暂停制度实施、直接修改制度、完善配套制度等方式，对其认为不适的现行制度进行突破，从而达到形成新制度的目的。在政府治理现实中，各种不同层面、不同领域的制度之间往往环环相扣、相互支撑乃至相互保护，形成"制度集群"。因此，制度突破（特别是针对宏观制度或全局制度的突破）往往难以开展，改革者需要解决在哪里突破（地理空间）、从哪里突破（公共事务领域）、谁来突破等一系列问题。更重要的是，在进行制度突破的同时，改革者还要注意避免制度真空与治理能力真空，前者是指缺少制度导致无章可循，后者是指治理主体无力使用或误用新制度。一味进行制度突破而忽视制度真空与治理能力真空问题，可能会造成发展失序以及国家利益受损。因此，制度突破是需要艺术的，保守或审慎的做法通常有在局部地区进行制度突破的试点，选择特定公共事务领域的制度进行突破，在较低层次开展制度突破等。

第三阶段为制度创新阶段。制度创新（狭义上）是指建立新制度，它是对制度突破的回应。按照涉及领域的宽窄，可以把制度创新分为局部制度创新与整体制度创新两部分：前者通常是后者的前奏，而后者往往需要从前者做起。就整体制度创新而言，其关键是要把理想化的制度与现实融合起来，培育起一系列的支持性环境，把新制度的优势转化为多元化治理主体的强大"治理力"（governability）[①]，否则制度创新出来，也只能沦为无用的创新。

第四阶段为制度定型阶段。制度定型指的是通过各种方式把过往诸多制度创新成果固定起来，防止其被阻碍制度创新的势力破坏。实现制度定型，首先要做的是推动各种新制度的集成和相互衔接，避免新制度之间出现冲突，逐步提升"新制度集群"相对于

---

① 按照互动治理的观点，治理力被视为整个社会系统的一个特质。基于此，治理力可以被定义为，任何社会实体或社会系统的总体治理能力。治理主体、治理客体，以及治理主体和客体间的互动性质都影响着社会及其各个组成部分的治理力，且任何系统的治理力的条件都是随着外部和内部挑战的变化而不断改变的。参见［英］斯蒂芬·奥斯本：《新公共治理？——公共治理理论和实践方面的新观点》，包国宪、赵晓军等译，科学出版社2016年版，第67页。

"旧制度集群"的力量。制度定型还意味着更多的立法介入，即以立法保障制度定型，以及更大范围的观念转变与认同基础的形成（这一点需要时间来保障）。

制度不适是制度创新的动因，而制度突破则是制度创新的开端。从制度突破到制度创新再到制度定型，类似于"从点到线再到面"。制度突破是点的突破。制度创新是在点的突破的基础上，把不同的特别是上下游的制度突破点联结起来，形成线、带或块的突破。制度定型建立在线的突破的基础上，指的是塑造政府内部关系、政府外部关系的诸多核心制度的整体突破，其结果是基于服务型政府与法治政府等战略理念，以及纵向贯通机制、横向整合机制、整体发力机制的"新制度集群"的形成。从制度突破到制度创新再到制度定型，体现了渐进式的改革思维。

（二）上海自贸区改革与政府再造的一体化

一般而言，"政府治理形态由两个因素相互作用所决定：一是国家发展战略，二是政府自身运转规律；因此，政府治理形态是政府根据国家发展战略需要而调整对社会管理方式及改变自身运行状态的结果"①。上海自贸区改革是典型的国家发展战略——2007年10月中共十七大报告首次提出"实施自由贸易区战略，加强双边多边经贸合作"，标志着自由贸易区建设上升为中国国家战略。2013年9月设立上海自贸区，是国家自由贸易区战略的首个落地尝试。

上海自贸区是一个非常典型的国家战略，意味着直接承接这一战略组织实施任务的上海市及浦东新区政府，其政府治理形态应依据自贸区的改革需要而调整。政府再造（即政府治理形态的调整与转变）议题由此而产生。对于上海市及浦东新区政府来说，上海自

---

① 李瑞昌：《统筹治理：国家战略和政府治理形态的契合》，《学术月刊》2009年第6期，第16—22页。

贸区改革与政府再造是一体化的。或者说，必须一体化地推进上海自贸区改革与政府再造：一方面需要通过政府再造来为上海自贸区改革试点的诞生做准备；另一方面又需要围绕促进改革试点的制度化运作而进行政府再造，形成与国家自贸区战略相适应的政府治理形态。事实上，为防止上海自贸区改革与政府再造的脱节，国家在设计或批准上海自贸区各阶段改革方案时，始终注意把政府职能转变直接作为上海自贸区改革的一个重点领域。

（三）上海自贸区改革与政府再造的分阶段逻辑

上海自贸区改革与政府再造要解决的本质问题是如何建立现代化的政府治理制度体系。从政府治理制度创新角度看，上海自贸区改革与政府再造实践主要涉及五个方面的问题，分别是演进动力问题（制度不适）、试点设计问题（制度突破）、试点扩大问题（局部制度创新）、制度创新问题（整体制度创新）和制度定型问题（制度定型）。这五个问题对应着上海自贸区改革的五个阶段，即酝酿或筹划阶段（2013年9月以前）与上文提及的1.0阶段至4.0阶段。

在不同的实践发展阶段，政府治理的逻辑是不同的（如图0-3所示）。在自贸区酝酿阶段，主要的实践问题是演进动力问题，即上海自贸区改革是如何发起的、谁来具体组织实施改革任务，相应的政府治理逻辑是"以政治承诺激励地方自主改革"。在1.0阶段，主要的实践问题是试点设计问题，即如何选择试点的领域、试点的资源条件如何保障以及试点何以产生优化政府治理的初步效果，相应的政府治理逻辑是"以政策试点撬动政府职能转变"。在2.0阶段，主要的实践问题是如何推广和深化成功的试点经验（局部制度创新经验）、如何利用成功经验进一步推动地方政府整体再造，相应的政府治理逻辑是"以合署办公倒逼政府整体再造"。在3.0阶段，主要的实践问题是如何通过改革系统集成实施更大范围的制度创新、如何把制度创新与地方的治理能力提升融合起来，相应的政府治理逻辑是"以制度创新带动治理能力提升"。在4.0阶段，主要的实践问题应是如何把新制度成果加以巩固和定型为"新制度集群"，并利用它保障地方政府治理的现代化，相应的政府治理逻辑是"以中观制度定型保障地方治理现代化"。

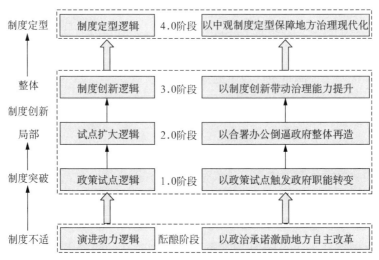

图0-3 基于上海自贸区改革与政府再造的政府治理逻辑：分析框架

本书试图通过上述理论简化，为分析上海自贸区改革与政府再造六年来的实践故事，以及其背后的当代中国政府治理的理论逻辑提供一些新的角度与思考。在章节安排上，除了导论部分和结论部分，本书的主体内容由五章组成。这五章依次分析上海自贸区改革与政府再造的五个阶段及其阶段化的政府治理逻辑。

第一章

改革的热土：从浦东新区开发区到上海自贸区

1990年，浦东开发开放战略正式提出，上海浦东自此成为中国向世界展示自己开放姿态的一扇重要窗口。可以说，从20世纪90年代起，浦东一直是中国改革的热土、熟土，在引进外资、进出口贸易、金融和政府职能转变等领域积累了丰富的前沿改革经验。这些经验反过来构成了作为一个"试验田"的自贸区落地浦东的合理依据。在国际国内不确定不稳定因素交织的复杂形势下，上海自贸区肩负着"代表""探索""引领""服务"四个方面的历史使命。在单一制下，从演进动力来看，上海自贸区改革建立在中央作出的"大胆闯、大胆试、自主改"政治承诺之上。这一政治承诺激励着地方及地方领导人开展自主改革，并持续地形塑上海自贸区的发展路径。

一、地方分权改革与浦东开发开放战略

（一）20世纪七八十年代的地方分权改革

20世纪70年代末80年代初，以英国撒切尔政府和美国里根政府为代表，世界范围内掀起了一股政府改革运动。这场改革运动的一个重要取向是中央向地方分权、政府向市场和社会分权。

政府治理的逻辑：自贸区改革与政府再造

1978年中共十一届三中全会顺利召开，中国正式进入改革开放时代。从权力角度看，改革开放的一大要求就是分权，同样包括中央向地方分权，政府向市场和社会分权，且这两者开始相互结合在一起。① 燕继荣指出，"在既有结构中实行分权化改革是过去几十年改革的主题之一"，过往的改革大体经历了四个路径和标志性过程，其中之一就是"通过建立经济特区试验制度探索政策创新突破口"②。设立经济特区，需要中央下放特定的经济管理权给特区政府，并在特区实施各种优惠的政策。

不过，经济特区政策一开始却没有在上海落地。这是因为当时中国决策者的主要考虑是开放的重点是引用外资，而引用外资的一个捷径是利用华侨。在改革开放初期，人们普遍认为，"谈到开放，引用外资，中国条件最好的省份，一个是广东，一个是福建。当时，在香港的人口中，80%祖籍都是广东人"③。因此，1980年中央决定在广东的深圳、珠海、汕头以及福建的厦门设立经济特区，而没有考虑上海。④ 邓小平在1991年1月视察上海时反思道："那一年确定四个经济特区，主要是从地理条件考虑的深圳毗邻香港，珠海靠近澳门，汕头是因为东南亚国家潮州人多，厦门是因为闽南

---

① 林毅夫等学者认为，直至1978年年底中国共产党十一届三中全会召开之前，经济改革一直陷于行政性放权、收权，即部门和地方之间管理经济权限的重新划定，以及与此紧密相连的行政机构增减的循环往复之中，从未触及到传统经济体制三位一体的基本格局。始于1978年末的经济改革与以往的改革相比，在做法上有两个明显的不同：一是将以往的行政管理权限调整为扩大农民和企业生产经营自主权，跳出了循环往复的条块之间行政性管理权限调整的窠臼；二是当问题得到部分解决的微观经营机制与资源计划配置制度、宏观政策环境发生冲突时，虽然曾屡次出现体制复归，但从总体上看，没有采取倒退回去的办法或继续维系传统经济体制，而是逐步将改革从微观经营机制方面深化到资源配置制度和宏观政策环境方面，为继续解决微观经营机制问题创造条件。参见林毅夫、蔡昉、李周：《中国的奇迹：发展战略与经济改革》（增订版），上海人民出版社2002年版，第137—138页。

② 燕继荣：《分权改革与国家治理：中国经验分析》，《学习与探索》2015年第1期，第37—41、2页。

③ 虹霓：《中国经济特区的形成之路》，《纵横》1999年第4期，第39—42页。

④ 1990年年初，邓小平在上海过春节时曾自责道，当年搞经济特区没有加上上海，是自己的"一个大失误"。参见谢金虎、张持坚：《中南海与浦东开发》，《瞭望新闻周刊》1996年第17期，第4—10页。

人在外国经商的很多,但是没有考虑到上海在人才方面的优势。上海人聪明,素质好,如果当时就确定在上海也设经济特区,现在就不是这个样子。"①

当然,没有先在上海进一步搞开放,一定程度上也与当时上海在中国的经济地位过于重要有关,如要为中央上缴大量财政收入,毕竟搞开放试验是要承担未知风险的,在上海搞开放试验的风险太大。在这种历史背景下,上海错过了改革开放的第一轮机会。这也是1980年10月3日《解放日报》所刊登文章《十个第一和五个倒数第一说明了什么?——关于上海发展方向的探讨》受到普遍关注的现实原因。②上海需要探索新的发展方向,更需要中央给予更多的关注和支持。

1984年9月,国务院改造振兴上海调研组和上海市人民政府联合制订《关于上海经济发展战略的汇报提纲》(以下简称"《汇报提纲》"),首次提出开发浦东问题。1984年年底上海市政府将《汇报提纲》上报中共中央和国务院。③ 1985年2月,国务院批准并转发《汇报纲要》,明确指出:"上海的城市和工业布局。也要适应经济发展的需要。重点是向杭州湾和长江口南北两翼展开,创造条件开发浦东,筹划新市区的建设。今后,新建工业企业都要放到新区,并将老市区内的一部分老企业逐步易地到新区去进行技术改造。"④ 1986年国务院批复《上海市城市总体规划方案》,进一步提出:"当前,特别要注意有计划地建设和改造浦东地区。要尽

---

① 《邓小平文选》(第三卷),人民出版社1993年版,第366页。
② 该文指出,尽管上海在经济上至少有十个全国第一(工业总产值、出口总产值、财政收入上缴、工业全员劳动生产率、工业每百元固定资产实现的利润、工业资金周转率、每人每年国民生产总值、能源有效利用率、商品调拨量、输送技术力量),但同时有五个倒数第一,包括城市人口密度、建筑密度、居住面积、道路交通和"三废"污染。
③ 浦东史志办:《浦东开发开放大事记(1984—1992)》(2012年2月3日),浦东史志网,http://szb.pudong.gov.cn/pdszb_pdds_dsj/2012-02-03/Detail_411722.htm,最后浏览日期:2020年7月16日。
④ 国务院:《国务院批转关于上海经济发展战略汇报提纲的通知》,国发〔1985〕17号。

快修建黄浦江大桥及隧道等工程，在浦东发展金融、贸易、科技、文教和商业服务设施，建设新居住区，使浦东地区成为现代化新区。"①

此后又经过数年的研究和酝酿，包括1987年7月成立开发浦东联合咨询小组、1987年8月编制完成《浦东新区规划纲要》（草案）、1988年5月召开浦东新区开发国际研讨会、1988年成立开发浦东新区领导小组等，浦东新区迈向正式开发的时机和条件均已成熟。②

回到权力的视角，诺顿·朗（Norton Lang）曾在《权力和行政管理》一文中指出，"行政管理的生命线就是权力"③。引入权力视角可以发现，浦东开发开放前夕上海市政府为加快经济向外向型转变，不断地向中央争取相应的权力，如外贸经营自主权、物价管理权。这些权力的获得为上海开发开放浦东和发展外向型经济铺好了最后一块基石。上海向中央争取权力、中央下放权力给上海的详细信息反映在1987年年底上海市政府向国务院提交的一份报告文件和1988年2月国务院的批复文件之中。

1987年12月28日，上海市政府向国务院提交《关于深化改革扩大开放加快上海经济向外向型转变的报告》。从该报告内容看，上海市政府希望"充分利用上海地理优势，积极推行土地使用权有偿转让，大规模地吸引国内外资金，加快浦东和崇明的开发建设"。这实质上是上海市政府希望争取到一种新的尚不存在的权力——土

---

① 国务院：《关于上海市城市总体规划方案的批复》，国函〔1986〕145号。
② 据沙麟（时任上海市浦东开发领导小组成员、上海市人民政府浦东开发办公室副主任）的回忆和说法，"1989年春夏之交的那场政治风波又意外地把浦东开发开放的时间表往前'推'了一把……中国要打破孤立局面，向世界宣示继续推进改革开放，打浦东开发的牌最合适。就像邓小平同志所讲的那样，上海要做点事情，向世界表明我国改革开放是放不是收，浦东开发开放就是抓住了这件事情"。参见《上海记忆：浦东开发往事》（2018年11月8日），澎湃网，https://www.thepaper.cn/newsDetail_forward_2614276，最后浏览日期：2020年7月16日。
③ 转引自彭和平、竹立家等：《国外公共行政理论精选》，中共中央党校出版社1999年版，第167页。

地批租权。同时,上海市政府请求中央给予五个方面的政策:一是财政实行基数包干,一定五年不变;二是放宽外贸经营自主权;三是逐步下放物价管理权;四是允许上海对职工工资分配办法进行因地制宜地探索和试点先行;五是加强上海金融实力,完善金融市场。这五个方面中的三个方面实际上都涉及上海市政府对权力的争取,即对对外贸经营自主权、物价管理权和工资分配权的争取。

对于上海市政府的报告,国务院于1988年2月21日作出批复,"原则批准报告"。由此,上海市政府至少获得了改造、振兴上海所不可缺少的土地批租权、外贸经营自主权、物价管理权、职工工资分配权等权力。再加上中央及各部门给予的其他政策支持,上海已经积蓄了充足的对内改革和对外开放的动力。

(二) 1990年浦东开发开放战略的提出

有研究从城市精神角度分析上海的变迁,指出"80年代处于全国改革开放格局的'后卫',上海不甘落后,大胆探索;90年代跃居'前沿'地带,上海抓住机遇,敢为人先,争创一流,为全国改革开放起到了示范、辐射、带动作用"[①]。1990年浦东开发开放战略的落地,正式把上海从改革开放的"后卫"转变成"前沿",上海把厚积多年的力量快速地释放出来,成为改革开放最引人瞩目的弄潮儿。

1990年4月18日,时任国务院总理李鹏宣布,党中央、国务院同意上海加快浦东地区开发,在浦东实行经济技术开发区和某些经济特区的政策。[②] 1990年6月2日,党中央、国务院作出批复,原则同意上海报送的《关于开发浦东、开放浦东的请示》。批复进

---

① 张永斌等:《永立潮头——上海城市精神的历史回眸和启示》,《上海党史与党建》2003年第5期,第1—6页。
② 浦东史志办:《浦东开发开放大事记(1984—1992)》(2012年2月3日),浦东史志网,http://szb.pudong.gov.cn/pdszb_pdds_dsj/2012-02-03/Detail_411722.htm,最后浏览日期:2020年7月16日。

一步指出:"开发和开放浦东是深化改革、进一步实行对外开放的重大部署……有计划、有步骤、积极稳妥地开发和开放浦东,必将对上海和全国的政治稳定与经济发展产生极其重要的影响。开发和开放浦东是一件关系全局的大事,一定要切实办好。"① 这标志着中央正式批准在浦东进行开发开放。

浦东开发开放不是地方的小打小闹,而要面向全世界。1991年2月,邓小平指出:"开发浦东,这个影响就大了,不只是浦东的问题,是关系上海发展的问题,是利用上海这个基地发展长江三角洲和长江流域的问题……抓紧浦东开发,不要动摇,一直到建成……希望上海人民思想更解放一点,胆子更大一点,步子更快一点。"② 邓小平还提到,广东的开发是对香港的,福建厦门特区的开发是对台湾的,但是"上海的开发可以面向全世界"。③ 1992年中共十四大报告提出,"以上海浦东开发开放为龙头,进一步开放长江沿岸城市,尽快把上海建成国际经济、金融、贸易中心之一,带动长江三角洲和整个长江流域地区经济的新飞跃"。这意味着浦东开发开放从改造和振兴上海的战略,上升为长江三角洲战略、上升为国家战略。

平地起高楼,需要多方共同努力。中央的"放权让利"以及各类实际支持(包括政策支持、财力支持等)是浦东开发开放得以取得成效的关键。浦东在开发开放初期受到了中央的大力支持,一个重要表现是中央给予浦东诸多优惠政策,包括"浦东开发新增财政收入部分,'八五'期间不上缴,'九五'期间先看一两年再定""出口加工区内生产型三资企业缴纳15%所得税,经营期十年以上

---

① 中共中央、国务院:《关于开发和开放浦东问题的批复》,中发〔1990〕100号。
② 浦东史志办:《浦东开发开放大事记(1984—1992)》(2012年2月3日),浦东史志网,http://szb.pudong.gov.cn/pdszb_pdds_dsj/2012-02-03/Detail_41172?.htm,最后浏览日期:2020年7月16日。
③ 《上海记忆:浦东开发往事》(2018年11月8日),澎湃网,https://www.thepaper.cn/newsDetail_forward_2614276,最后浏览日期:2020年7月16日。

第一章 改革的热土：从浦东新区开发区到上海自贸区

企业所得税两免三减半"等。①

与深圳等经济特区相比，浦东得到的优惠政策要更多，这也是为何浦东被称为"新区"的原因，它"不特而特，特中有特，比特区还特"：中央一开始就给予了浦东五大政策（如允许外企开办百货商店、超市等，这五项政策为浦东所独有），同时还把开发区的十大政策和特区的九大政策都给了浦东。②此外，"八五"期间，中央还给予了浦东重要的财力支持：中央每年给予浦东1亿美元利用外资的额度；中央财政每年戴帽下拨2亿元人民币开发性基础设施项目投资；"八五"期间每年给上海3亿元人民币企业技术改造和浦西企业搬到浦东技改专项贷款额度；人民银行再单拨上海浦东每年4亿元人民币开发贷款额度。③总之，虽然诞生时中国已经进入了改革开放的第二个十年，但浦东新区作为改革时代中国第一个比特区还要特别的新区，其所获得的青睐、支持以及所蕴含的影响力是无与伦比的。正如有学者指出，"90年代开放开发浦东，对中国开放与发展具有震动性作用"④。

浦东开发开放战略的提出和实施给黄浦江东岸原本冷清的土地带来了无限生机，浦东新区也自此成为中国改革开放的一面新旗帜。"以浦东为'龙头'的长江流域进入了改革开放的最前沿，带动着全国经济发展。"⑤在庆祝浦东新区开发开放十周年大会上，时任上海市委书记黄菊发表讲话指出，浦东已"成为上海乃至全国对

---

① 浦东史志办：《浦东开发开放初期九个法规的出台过程及陆家嘴格局的形成》（2018年5月17日），浦东政府网，http://www.pudong.gov.cn/shpd/InfoOpen/InfoDetail.aspx?Id=898018，最后浏览日期：2020年7月16日。
② 《上海记忆：浦东开发往事》（2018年11月8日），澎湃网，https://www.thepaper.cn/newsDetail_forward_2614276，最后浏览日期：2020年7月16日。
③ 浦东史志办：《浦东开发开放初期九个法规的出台过程及陆家嘴格局的形成》（2018年5月17日），浦东政府网，http://www.pudong.gov.cn/shpd/InfoOpen/InfoDetail.aspx?Id=898018，最后浏览日期：2018年12月25日。
④ 王战：《再造上海的全国经济中心功能》，《科学》1991年第4期，第289—294、288页。
⑤ 《在改革开放的伟大旗帜下前进——党中央关怀浦东开发开放纪实》，《人民日报》（海外版），2010年4月15日，第4版。

外开放的重要窗口和重要标志"。

对于浦东开发开放所取得的伟大成就,许多的数据与政策报告都已经提到,如"1998年浦东GDP为708.85亿元,比1990年的60.24亿元增长了10.7倍,年均增长速度达21.3%"[①],这里不再赘述。不过要说明的是,要理解后来上海自贸区的形成,必须要回到浦东开发开放。上海自贸区的形成是浦东开发开放的进一步展开,上海自贸区改革与浦东开发开放一脉相承。印证这一观点的直接证据就是,浦东开发开放初期就已经设立和重点发展的外高桥保税区、金桥出口加工区、陆家嘴金融贸易区、张江高科技园区如今成为上海自贸区的核心组成部分。

(三) 国家综合配套改革试验区的诞生

浦东新区后来被称为"国家战略叠加地"是有原因的。2005年6月21日,国务院常务会议批准浦东新区进行社会主义市场经济体制综合配套改革试点,会议要求,"浦东综合配套改革试点要着力转变政府职能,着力转变经济运行方式,着力改变二元经济与社会结构。要把改革和发展有机结合起来,把解决本地实际问题与攻克面上共性难题结合起来,把实现重点突破与整体创新结合起来,把经济体制改革与其他方面改革结合起来,率先建立起完善的社会主义市场经济体制,为推动全国改革起示范作用"[②]。

上海市把中央提出的上述要求进一步细化为"两个作用和三个三个"。"两个作用",就是浦东综合配套改革要发挥好两个示范带动作用:要着眼于增强国际竞争力,在上海市"十一五"发展中继续发挥示范带动作用;要把创新作为浦东开发的生命线,在全国的

---

① 肖现平:《浦东开发开放建设令世人瞩目》,《上海统计》1999年10期,第3—7页。
② 《温家宝:研究建设节约型社会和发展循环经济》(2005年6月22日),中国政府网, http://www.gov.cn/ldhd/2005-06/22/content_9961.htm,最后浏览日期:2020年7月16日。

第一章 改革的热土：从浦东新区开发区到上海自贸区

改革开放中发挥示范带动作用。"三个三个"，就是要求浦东综合配套改革要坚持"三个立足""三个结合"和"三个提供"。一是立足于国家，把浦东改革与国家改革结合起来，为全国深化改革扩大开放提供舞台和经验。二是立足上海，把国家确定的综合配套改革试点任务与上海"四个中心"（国际经济中心、金融中心、贸易中心、航运中心）建设结合起来，为上海实施科教战略和提高国际竞争力提供制度保障。三是立足浦东，把浦东的改革与发展结合起来，为浦东又快又好发展提供强大动力。①

浦东新区是全国首个综合配套改革试验区。在实践中，综合配套改革试验区也被称为"新特区"，以区别于传统的经济特区。综合配套改革试验区从名字上就能看出，其落脚在"改革"二字，首要特征是改革试点内容的综合性。"以往的改革试点，主要是以经济体制变革为主导，围绕建立和完善社会主义市场经济体制，进行有限度的革新。而国家综合配套改革试点将涉及社会经济生活的方方面面，包括经济体制、政策体制、文化生活、社会和谐、生态环境等方方面面，可以说是国家（或区域）现代化的缩影。"②陈振明、李德国进一步指出，综合配套改革试验区的改革驱动力也不同于以往，"如果说，以往改革试点的主要驱动力是国家政策优惠，那么，制度的自主创新则是新特区发展的主要推手，中央不再给予试验区更多的实体优惠政策，而是赋予其'先试先行权'"③。

改革内容的综合性和改革动力的自主性这两大新特征，对上海及浦东新区的自主改革和创新能力（特别是政府治理方面的创新能力）提出了更高的要求。在缺少税收优惠、财力支持的背景下，上海把注意力转向自主改革，先行先试。例如，在中央批准浦东进行

---

① 《综合配套改革试点的战略背景、制度安排与政策设计——第一届沪津深三城论坛综述》，《中国经贸导刊》2006年第10期，第33—36页。
② 郝寿义、高进田：《试析国家综合配套改革试验区》，《开放导报》2006年第2期，第25—28、47页。
③ 陈振明、李德国：《国家综合配套改革试验区的实践探索与发展趋势》，《中国行政管理》2008年第11期，第78—84页。

政府治理的逻辑：自贸区改革与政府再造

综合配套改革试点后不久，上海就决定从市级层面和浦东新区层面开启了包括工商登记和年检改革、多渠道风险投资退出机制改革、行政审批制度改革、事业单位改革等近20项改革。① 经过一段时间的探索，到了2006年年底，上海真正树立且明确了一种新观念：要完成中央交给的综合配套改革试点任务，必须自主地开展各项政府治理改革（包括转变政府职能、改革行政管理体制等）。这一观念集中体现在2006年12月2日上海市委常委会会议的相关表述之中："浦东综合配套改革核心是转变政府职能；党中央、国务院要求浦东进行综合配套改革试点，是对浦东改革开放的再部署，是交给上海的重大任务；上海要全力配合新区行政管理体制改革。"2007年4月28日，浦东国际商会——介于政府与企业之间的重要中介组织——正式成立，这被视为"浦东新区政府职能转变迈出标志性一步"。②

当然，政府治理改革不是单打独斗，在自主推动上海市层面与浦东新区层面相关改革的同时，上海还需要积极争取国务院有关部门在浦东进行相关的改革试点，毕竟国务院有关部门掌握着特定领域具体政策的制定权。在综合配套改革试点框架下，有党中央和国务院作后台支持，上海争取国务院有关部门在浦东进行改革试点的目标相对容易实现。如2006年8月，国家质量监督检验检疫总局发布《国家质量监督检验检疫总局支持上海浦东新区综合配套改革试点的意见》，表示将从建立完善的检验检疫法规政策环境、推动浦东大通关电子口岸平台建设等方面支持浦东改革。

2005年开始的浦东综合配套改革试点仍在进行之中，并与本书重点讨论的上海自贸区战略融合到一起，以自主改革和制度创新

---

① 《综合配套改革试点的战略背景、制度安排与政策设计——第一届沪津深三城论坛综述》，《中国经贸导刊》2006年第10期，第33—36页。
② 浦东史志办：《浦东开发开放30年大事记（1990—2009）》（2013年12月23日），浦东史志网，http://szb.pudong.gov.cn/pdszb_pdds_dsj/2012-01-31/Detail_410991.htm，最后浏览日期：2020年7月16日。

为途径，共同推动浦东新区开发开放及地方治理现代化的车轮滚滚向前。国家综合配套改革试点的连续实施（到 2013 年上海自贸区成立时，综合配套改革试点已经进行了八个年头）及累累硕果，无疑坚定了中央选择在上海首先开展自贸区建设的决心，同时也为上海承接并组织实施上海自贸区战略提供了信心、创造了条件。

字面上看，综合配套改革更加侧重于"对内改革"，而自贸区似乎更加侧重于"对外开放"，但实质上是很难将两者区分开的。一方面，社会主义市场经济体制改革不仅包含政府与市场关系的改革，还包括国内市场和国际市场关系的改革（即开放）。另一方面，上海自贸区不仅强调开放，更强调以改革促开放，以开放倒逼改革，且其本身就把政府职能转变作为重点任务之一。就综合配套改革与自贸区建设之间的实践关系，时任上海市委常委、浦东区委书记沈晓明曾在 2015 年浦东综合配套改革试点工作会议上指出，"自贸试验区扩区运行后，必须把自贸试验区和综合配套改革结合起来。两者结合的优势在于综合配套改革扩充了自贸试验区制度创新的内涵和领域，自贸试验区则为综合配套改革提供了新的平台和动力"[1]。在 2016 年浦东综合配套改革试点工作会议上，沈晓明继续指出，"如何更深地认识综合配套改革对浦东的重大意义，关键是要正确把握综合配套改革和自贸试验区建设的关系……要以自贸试验区建设为契机，继续发挥好浦东综合配套改革试点的作用。一方面，不能把两者割裂开来，要更好地发挥两者的叠加效应；另一方面，全面深化改革要求综合配套改革在新的形势下体现新的改革成效"[2]。总之，国家综合配套改革试验区与上海自由贸易试验区一脉相承，相互促进，两者统一于浦东、上海、中国的改革开放实践中。

---

[1] 《深化自贸试验推进科技创新成为重中之重》，《浦东时报》，2015 年 5 月 25 日，第 1 版。

[2] 《今年浦东进一步深化综合配套改革》，《浦东时报》，2016 年 4 月 14 日，第 1 版。

二、上海自贸区设立的时空背景及其历史使命

（一）上海自贸区设立的时空背景

"建设中国（上海）自由贸易试验区，是顺应全球经贸发展新趋势，更加积极主动对外开放的重大举措"，这是 2013 年 7 月 3 日国务院常务会议的表述。2013 年 9 月国务院印发的《总体方案》开头即提出："建设中国（上海）自由贸易试验区，是党中央、国务院作出的重大决策，是深入贯彻党的十八大精神，在新形势下推进改革开放的重大举措。"那么，这里就涉及如下问题：全球经贸发展新趋势是什么？新形势是什么？为什么要积极主动对外开放？为什么选择在上海和浦东打造改革开放新高地？只有回答了这些问题，才能揭示上海自贸区诞生的时空逻辑。

1. 上海自贸区设立的时间背景

商务部综合司发布的《2013 年中国对外贸易发展环境分析》指出，从国际看，世界经济中的积极迹象有所增多，但低增长、高风险态势难有大的改观，特别是全球经济增长动力不足、超常宽松货币政策潜藏诸多风险、欧债危机远未解决；从国内看，中国经济运行平稳，隐忧风险依然存在。中国外贸发展面临三个方面的压力与挑战：国际市场需求尚未根本改善、要素成本上升和人民币升值削弱部分产业竞争力、贸易摩擦的影响还在上升（过去 4 年间，中国共遭受贸易救济调查 328 起，涉案金额 534 亿美元，呈现出涉案金额大、多种救济措施并用、贸易问题政治化等新特点）。[①] 赵东麒与桑百川详细分析了中国开放环境的七个新特征，包括由贸易小国变为贸易大国、由吸收投资大国变为对外投资大国、由资本短缺变

---

① 商务部综合司：《2013 年中国对外贸易发展环境分析》（2013 年 4 月 28 日），商务部网站，http://zhs.mofcom.gov.cn/article/Nocategory/201304/20130400107839.shtml，最后浏览日期：2020 年 7 月 16 日。

第一章 改革的热土：从浦东新区开发区到上海自贸区

为资本过剩、由制造业扩张到制造业转型升级、人口红利下降、由经济高速增长到经济下行压力增大、由世界经济边缘到世界经济中心（贸易摩擦增大），以及国际投资规则变动的三大新趋势，如越来越强调投资自由化、各国政府在扩大监管权力的同时收紧了政策空间、非经济领域成为国际投资规则关注的新内容。①

在这种不确定不稳定因素交织的复杂形势下，为稳固和增强国际社会对中国的投资与贸易信心，中国急切需要一个新的创新点向世界证明中国坚定实施改革开放的决心。同时，从实用角度看，中国需要通过制度突破与制度创新来解决制度不适乃至制度短缺问题，也即从制度层面探索深化改革开放的新途径、新模式，激起深化改革的新动力，推动形成高层次改革开放格局，更好地融入经济全球化乃至带动全球经济发展。而且，在经济"新常态"的形势判断下，中国需要在开放的同时推动国内体制机制改革，不断探索以开放来倒逼改革。这种改革，不仅仅是经济政策、经济体制的改革，还应涉及政府职能、政府机构、政府管理模式等的改革。因此，中国迫切需要一个新的事物，赋予其探索以开放倒逼改革、以改革促进开放，推动经济改革与政府治理创新协同并进的新途径、新模式和新制度的使命。

2. 上海自贸区设立的空间背景

那么这个肩负着重要使命的创新事物应该在哪里落地呢？这就涉及试点的选择或设计问题。有学者曾指出，"无论通过何种方式选点，要能够入选成为试验点，都必须满足相应的条件、符合相应的标准。由于政策试点是一次'试错'过程，其所带来的风险和成本不容忽视，这就要求参与试点工作的地区或部门具备相应的能力和条件，以满足试点改革的相关要求，以及能够化解可能随之而来的'副作用'。通常而言，在考虑是否将某个地区或部门列为试验

---

① 赵东麒、桑百川：《中国自由贸易试验区功能定位与投资规则构建》，《亚太经济》2015年第4期，第128—131页。

点时，需要考虑一些硬件、软件方面的准备情况，比如较高的积极性、有一定的工作基础、具备相应的人力物力条件等。这意味着在选择试验点时，必须将候选者的经济社会发展情况、改革实践能力等条件都纳入参考范围"①。

一定意义上可以说，选择上海浦东新区而不是其他地方首先试点建立全国首个自贸区，具有一定的必然性。这种必然性根植于浦东自身拥有与积累的改革开放的基础、条件与经验。从1990年浦东开发开放到2005年起浦东进行综合配套改革试点，在对外开放和对内改革方面，上海浦东新区一直走在前沿。特别是，2005年以后，浦东新区每年都会出台非常具体的综合配套改革试点方案，在市场监管、城市管理、社区服务等领域已然积累了许多改革经验，其成就已经超出单纯的经济领域。案例1-1的数据进一步显示，上海自贸区设立前夕，浦东在金融、贸易、吸引外资、政府治理创新等领域创造了许多个"全国第一"。因此，浦东新区有基础、有条件、有经验，能够承担起深化开放与改革、推动经济改革与政府治理创新协同并进的使命。

可以选取上海自贸区成立前夕的一个具体时间点，进一步分析浦东新区在争取自贸区改革试点上的优势。2013年4月18日是上海浦东开发开放23周年纪念日，这天浦东新区召开综合配套改革试点工作推进大会，上海市委常委、浦东新区区委书记徐麟主持会议并强调，"今年浦东的综改工作要抓好'一件大事、三个重点、一项专题调研'，其中'一件大事'就是围绕试点建立自由贸易试验区，配合好国家和市有关部门，全力以赴做好探索研究和准备工作"②。从这个会议同时发布出来的一些数据可知，在上海自贸区成立前夕，

---

① 周望：《政策试点是如何进行的？——对于试点一般过程的描述性分析》，载汪永成、黄卫平主编：《当代中国政治研究报告》，社会科学文献出版社2013年版，第83—97页。

② 《浦东综改：聚焦重点 务求必成》（2013年4月19日），浦东新闻网，http://www.shzgh.org/qxxc/node39/node43/node75/u1a13975.html，最后浏览日期：2020年7月16日。

第一章 改革的热土：从浦东新区开发区到上海自贸区

浦东新区在政府治理的诸多方面处在上海乃至全国的领先地位。例如，"万人行政编制数为4.9人，不到上海平均数的一半"①，"行政审批事项从最初的724项压缩到242项，减少了三分之二，成为上海市行政审批事项最少的地区，并在全国名列前茅"②，"不断深化的综合配套改革措施让人才宜业宜居，目前浦东新区入选中央'海外高层次人才计划'人才110人，占全市的26%"③。所有这些优势一同构成了全国首个自贸区试点落地浦东新区的必要性。

站在外资企业的立场看，浦东新区是一块投资宝地。这里可以通过一些数据证实浦东对外资企业的良好吸引力。2013年6月6日，浦东新区商务委发布的《2011—2012上海市浦东新区外商投资环境白皮书》显示："财富500强"子公司在浦东的投资规模、从业人数约占外资总量的1/3，但产出效益却占总量的一半以上，充分展示了跨国公司的综合实力；"财富500强"中308强选择浦东。同年9月5日发布的《浦东新区跨国公司地区总部发展蓝皮书》指出，截至2013年上半年，浦东新区已有地区总部202家，占上海全市总部数的48%。④ 德勤的调查表明，在投资者眼中，浦东最具吸引力的投资环境要素是：高效的服务型政府、日趋成熟的商业合作环境、日益壮大的人力资源库、优质的人居环境和完善的基础设施。受访企业对浦东新区政府创新服务的满意率达到96.61%。⑤

外资企业对浦东的青睐由此可见一斑。建立自由贸易试验区的本质是扩大开放，特别是吸引外资，因此，把对外资原本就有较大吸引力的浦东作为自贸区新事物的首个承载地是符合实事求

---

① 《上海浦东开发开放23周年：为中国经济"升级版"作出新贡献》，《光明日报》，2013年4月19日，第4版。
② 宋宁华：《重点难点领域先行先试》，《新民晚报》，2013年4月18日，第2版。
③ 同上。
④ 《浦东发布〈浦东外商投资环境白皮书〉〈跨国公司地区总部蓝皮书〉，"财富500强"中308强选择浦东》，《浦东开发》2014年第1期，第13页。
⑤ 洪浣宁：《外资企业为何对浦东情有独钟？》，《浦东时报》，2013年7月9日，第1版。

是精神的,也符合"在有条件的地方先行先试"这一政策制定惯例。

案例1-1 上海自贸区设立前浦东创造的全国第一[①]

1990年。第一个金融贸易区——陆家嘴金融贸易区,1990年批准建立,迄今为止也是唯一一个以金融贸易命名的国家级开发区。第一个出口加工区——金桥出口加工区,1990年批准建立。第一个保税区——外高桥保税区,1990年批准建立。第一家证交所——上海证券交易所,1990年11月26日成立。

1992年。第一家保税区进出口贸易外国公司——1992年7月26日,全国第一家在中国境内保税区从事进出口贸易的外国公司日本伊藤忠商事有限公司,经国家批准注册在外高桥保税区。第一家外资保险公司——1992年9月25日,美国友邦上海公司经中国人民银行总行批准在浦东注册开业。

1993年。第一次招聘干部——1993年1月28日,浦东首创打破户口、身份和行业的限制,面向全国招聘包括2名副局长在内共40名党政机关干部。第一个尝试土地实转、资金空转的土地开发模式——1993年,浦东在全国率先尝试土地实转、资金空转的土地开发模式,在中国城市建设史上创下了多个第一。第一个设立保税交易市场——1993年11月,外高桥保税区在全国范围率先设立了保税交易市场上海保税生产资料交易市场。

1994年。第一家合作办学项目——1994年11月8日,上海市政府与欧洲联盟创办的上海交大中欧国际工商学院在金桥开发区挂牌奠基。

1995年。第一家外资银行——1995年9月28日,第一家外资银行日本富士银行上海分行在浦东开张营业。第一家合资零售企业——1995年12月20日,中国第一家经国务院批准的中外合资商

[①] 《浦东创造的全国第一》,《解放日报》,2018年4月18日,第6、7版。

第一章 改革的热土：从浦东新区开发区到上海自贸区

业零售企业第一八佰伴有限公司开业。

1996年。第一家合资外贸公司——1996年10月24日，全国第一家中外合资外贸公司兰生大宇贸易公司成立。第一个外资金融机构经营人民币业务试点区域——1996年12月，经国务院同意，中国人民银行批准在上海浦东进行外资金融机构经营人民币业务的试点。

1999年。第一家中美合资电信企业——1999年4月1日，美国朗讯公司与上海市邮政局在浦东建立全国第一家中美合资电信企业。第一家外商参股中资银行——1999年9月10日，总部在美国的国际金融公司参股投资上海银行1亿股（每股2.12元），所占股比例5%。

2000年。第一家钻石交易所——2000年10月27日，成立全国第一家钻石交易所上海钻石交易所，由上海陆家嘴集团公司、中国工艺品进出口总公司及香港公司等共同组建。

2001年。第一家合资基金管理公司——2001年1月17日，国泰君安证券公司与德国德累斯顿银行成立全国第一家中外合资基金管理公司。第一次海外招才——2001年8月16日，浦东赴美招聘人才，238个需求岗位吸引了应聘者2 500人。后来，2003年10月，浦东携带180多个高层岗位赴欧洲招聘国际化高层次人才。第一家合资建造的展览中心——2001年11月，上海新国际博览中心开业。

2005年。第一个开展综合配套改革试点——2005年6月21日，国务院批准在浦东新区率先进行国家综合配套改革试点，着力转变政府职能，着力转变经济运行方式，着力改变二元经济与社会结构。

2006年。第一家信托登记机构——2006年7月，上海信托登记中心在浦东挂牌成立，并与中央国债登记结算公司合作探索建设全国性信托登记平台，为信托在金融服务领域的健康发展提供重要的基础性制度平台。

2007年。第一个金融审判机构——2007年12月,上海金融仲裁院成立。

2008年。第一批聘任制公务员——2008年6月,浦东率先试点聘任制公务员,首批5位聘任制公务员走上政府工作岗位。

2009年。第一个给股权投资管理企业开闸——2009年6月,《上海市浦东新区设立外商投资股权投资管理企业试行办法》出台,成为国内首个允许外资股权私募投资(PE)和风险投资(VC)等以"股权投资管理企业"身份进行合法登记注册的地区。

(二)上海自贸区肩负的历史使命

解释完上海自贸区设立的时空逻辑之后,一个新的问题产生了,即上海自贸区肩负着什么样的使命或功能?有学者认为,自贸区的功能定位是围绕适应国内开放环境以及国际经贸规则变迁设定的,具体表现为五个方面:一是顺应国际经贸规则新变化,为参与新规则的制定奠定基础;二是引领制度创新,进而将经验复制推广,倒逼国内改革;三是促进服务业的发展,推进金融市场的开放;四是带动自贸试验区周边经济发展,起到辐射作用;五是推动中国企业"走出去"。① 罗长远和智艳从拓展外贸发展空间的立场出发,认为上海自贸区应当承担起协调四类贸易(国内贸易和对外贸易、国际贸易和区域内贸易、产业间贸易和产业内贸易,以及企业间贸易和企业内贸易)的功能,例如,为协调好国内贸易和对外贸易,上海自贸区既要自觉地"向外看"和"向前看",以便更好地呼应国际上对于进一步开放的诉求;又要习惯性地"向后看"和"向内看",以便更及时地呼应国内对于进一步改革的诉求。②

对上海自贸区肩负什么样的使命这一问题的回答,还可以转向

---

① 赵东麒、桑百川:《中国自由贸易试验区功能定位与投资规则构建》,《亚太经济》2015年第4期,第128—131页。
② 罗长远、智艳:《中国外贸转型升级与"自贸区"建设探析——兼论上海自由贸易试验区的功能与角色》,《复旦学报》(社会科学版)2014年第1期,第139—146页。

相关的文本表述，包括政策文本和讲话文本。《总体方案》《进一步深化方案》《全面深化方案》《临港新片区总体方案》等政策文件均提及了上海自贸区所肩负的使命，国家领导人、上海市领导人也在不同场合讲过上海自贸区的使命。

2013年《总体方案》明确规定："试验区肩负着我国在新时期加快政府职能转变、积极探索管理模式创新、促进贸易和投资便利化，为全面深化改革和扩大开放探索新途径、积累新经验的重要使命，是国家战略需要……使试验区成为我国进一步融入经济全球化的重要载体，打造中国经济升级版，为实现中华民族伟大复兴的中国梦作出贡献。"

在自贸区运行一周年之际，时任上海市委书记韩正接受了多个媒体的集体采访。他明确地指出："自贸试验区是国家的试验田，不是地方的自留地；自贸试验区的关键是成为制度创新的高地，决不能成为优惠政策的洼地；自贸试验区的制度成果都必须符合可复制可推广的要求，是苗圃，不是盆景……自贸试验区改革探索的根本大背景，是国家全面深化改革中的核心问题，就是要把党的十八届三中全会提出的处理好政府与市场的关系这一根本改革，在自贸试验区里试出整个制度体系，这是最大的国家战略。验证我们改革成果的不是一堆数字，而是探索出一条充分发挥市场在资源配置中的决定性作用和更好发挥政府作用的新路子，这是我们推进中国上海自贸试验区改革探索的应有之义。"①

2015年《进一步深化方案》提出："扩展区域后的自贸试验区要当好改革开放排头兵、创新发展先行者，继续以制度创新为核心，贯彻长江经济带发展等国家战略，在构建开放型经济新体制、探索区域经济合作新模式、建设法治化营商环境等方面，率先挖掘改革潜力，破解改革难题。要积极探索外商投资准入前国民待遇加负面清单管理模式，深化行政管理体制改革，提升事中事后监管能

---

① 《为国家而试验 成果好于预期》，《浦东时报》，2014年9月30日，第A01版。

力和水平……使自贸试验区成为我国进一步融入经济全球化的重要载体,推动'一带一路'建设和长江经济带发展,做好可复制可推广的改革经验,更好地发挥示范引领、服务全国的积极作用。"

2017年《全面深化方案》指出:上海自贸区要"进一步对照国际最高标准、查找短板弱项,大胆试、大胆闯、自主改,坚持全方位对外开放,推动贸易和投资自由化便利化,加大压力测试,切实有效防控风险,以开放促改革、促发展、促创新;进一步加强与上海国际金融中心和具有全球影响力的科技创新中心建设的联动,不断放大政策集成效应,主动服务'一带一路'建设和长江经济带发展,形成经济转型发展新动能和国际竞争新优势;更大力度转变政府职能,加快探索一级地方政府管理体制创新,全面提升政府治理能力;发挥先发优势,加强改革系统集成,力争取得更多可复制推广的制度创新成果,进一步彰显全面深化改革和扩大开放试验田作用。"

2018年10月,习近平对自由贸易试验区建设作出重要指示强调,"把自由贸易试验区建设成为新时代改革开放的新高地,为实现'两个一百年'奋斗目标、实现中华民族伟大复兴的中国梦贡献更大力量"[1]。2018年10月24日,长期在上海工作的现中共中央政治局常委、国务院副总理韩正出席自由贸易试验区建设五周年座谈会并讲话,他从"四个是,四个不是"角度对上海自贸区的历史使命及功能作了比较完整的界定:是国家的试验田,不是地方的自留地,要一切服从服务于国家战略进行探索和试验;是制度创新的高地,不是优惠政策的洼地,要紧紧依靠制度创新激发市场活力;是"种苗圃",不是"栽盆景",要加快形成更多可复制可推广的制度创新成果;是"首创性"的探索,不是简单优化程序,要坚持大胆试、大胆闯、自主改,彰显改革开放试验田标杆示范带动引领

---

[1]《把自由贸易试验区建设成为新时代改革开放新高地》(2018年10月24日),新华网,http://www.xinhuanet.com/politics/2018-10/24/c_1123608494.htm,最后浏览日期:2020年7月16日。

作用。①

2019年8月《临港新片区总体方案》指出，上海自贸区临港新片区要"对标国际上公认的竞争力最强的自由贸易园区，选择国家战略需要、国际市场需求大、对开放度要求高但其他地区尚不具备实施条件的重点领域，实施具有较强国际市场竞争力的开放政策和制度，加大开放型经济的风险压力测试，实现新片区与境外投资经营便利、货物自由进出、资金流动便利、运输高度开放、人员自由执业、信息快捷联通，打造更具国际市场影响力和竞争力的特殊经济功能区，主动服务和融入国家重大战略，更好服务对外开放总体战略布局"。

分析上述文本内容发现，上海自贸区肩负着代表、探索、引领、服务四个方面的历史使命。第一，代表的使命。上海自贸区应当成为在复杂国际形势下中国进一步融入经济全球化的重要载体，代表中国和带动中国融入乃至带动经济全球化。第二，探索的使命。上海自贸区应当为中国特色社会主义制度下政府与市场关系的改革，即为发挥市场在资源配置中的决定性作用和更好发挥政府作用探路，助推形成有利于两个作用有效发挥的整体制度体系。第三，引领的使命。上海自贸区应当在投资、贸易、金融、政府职能转变等领域形成更多可复制可推广到国内其他地区的制度创新成果，引领国内其他地区经济社会发展，引领改革开放潮流。第四，服务的使命。上海自贸区应当服务于长江经济带发展、长三角一体化、"一带一路"倡议等国家战略。通过服务的方式，实现多重国家战略的有效叠加和共同发力（而不是堆积和互不相干），推动国家战略的贯彻落实。

根本上来说，上海自贸区所肩负的使命是由全面深化改革的新时代所赋予的。在全面深化改革时代，中国面临着一系列新的问

---

① 参见《习近平：把自由贸易试验区建设成为新时代改革开放新高地》（2018年10月24日），新华网，http://www.xinhuanet.com/politics/2018-10/24/c_1123608494.htm，最后浏览日期：2020年7月16日。

题,例如,究竟如何进一步深化开放与改革(取得国际竞争优势),政府职能应该如何转变,政府应当实施何种投资管理模式,如何加快转变经济发展方式,如何把握和有效地控制进一步开放可能带来的风险,等等。解决这些问题,有着独特政治经济体制的中国并没有可以直接借鉴的经验。既能够收获开放成果又能够避免风险发生的新途径、新模式究竟是什么,中央也不可能非常清楚。然而,在全面深化改革的时代,中国往哪走,中央却是很清楚的,那就是要实施开放型经济体制,转变经济发展方式,提高国际竞争能力。在这种方向清楚、道路不明的情况下,中央需要通过设置试验田,以试验的方式来探索新模式与新途径,保证全面深化改革走出一条方向正确的道路。由此,上海自贸区的历史使命必然地同一些关键词联系起来,如开放型经济、政府职能转变、转变经济发展方式等。本质上,这些关键词均是"改革开放"一词的细化或具体化。也因此可以说,"建立上海自贸区是中国深化改革和开放的继续"。[①]

三、政府治理的演进动力逻辑:以政治承诺激励地方自主改革

在单一制下,上海自贸区改革是一个典型的央地互动实践:中央提出任务要求并提供相应支持,地方则负责设计细化方案并把任务付诸实施。上海自贸区建设非常强调制度创新和由地方自主改革,但改革是有风险的,这就涉及"地方及地方官员为什么愿意或敢于承担自主改革的风险"的问题。解决不了这个问题,地方的顾忌就无法消除,积极性就无法保证,地方自主改革就无法真正展开,试验必将陷入形式化。因此,来自中央的政治承诺就显得尤为关键。中央必须给予地方以积极的政治承诺,化解地方对自主改革

[①] 夏善晨:《中国(上海)自由贸易区:理念和功能定位》,《国际经济合作》2013年第7期,第11—17页。

风险的担忧，进而激励地方积极开展自主改革和贯彻试验任务，这一过程可称为"以政治承诺激励地方自主改革"。

（一）"大胆闯、大胆试、自主改"的政治承诺

依照传统政治学的观点看，中国在国家结构形式上是单一制国家。但不少研究均指出，中国不是纯粹的单一制国家。例如，艾晓金指出，"我国国家结构与典型单一制或联邦制都有很大区别。我国在本质上是单一制，不过有很强的中国特色，可称之为复合式单一制"[①]。杨光斌对政治与经济进行二元化处理，认为"中国兼具单一制和联邦主义的特征：在我国，在基本制度结构保持稳定的条件下发生了经济上的革命性变革，形成了政治单一制和经济联邦主义的二元结构"[②]。政治上的集权和经济上的分权，成为改革开放时代中国特色中央地方关系的两大内涵。但是，这两者之间不是分割的，而是紧密关联在一起的，那就是经济上的地方分权必须得到中央的政治认可或者说是建立在政治集权的基础上。

因此，对于肩负重要试验任务（主要是经济性任务）的地方来说，中央的预先政治授权是非常重要的，是其争取、探索和执行相应经济管理权限的政治前提。换言之，当要求地方进行经济试验并自主改革时，中央首先需要给予地方一定的"承诺"——通过承诺来化解地方进行试验的各种顾虑。周黎安曾经从财政角度详细地分析过传统高度集权体制下中央承诺的可信性问题，认为中央做的各种试图调动地方积极性的尝试"都遇到一个基本的挑战，那就是，在一个高度集权的行政体制下，在需要的时候，中央如何给地方赋予足够和可信的财政自主权"[③]？故而，中央若期望上海自贸区改革

[①] 艾晓金：《中央与地方关系的再思考——从国家权力看我国国家结构形式》，《浙江社会科学》2001年第1期，第77—82页。
[②] 杨光斌：《中国经济转型时期的中央-地方关系新论——理论、现实与政策》，《学海》2007年第1期，第67—78页。
[③] 周黎安：《转型中的地方政府：官员激励与治理》，上海人民出版社2008年版，第166页。

取得实际成效（需要地方去认真地研究和推动自主改革），必须向承担上海自贸区改革探索任务的上海作出可信承诺。

美国著名经济学家托马斯·谢林（Thomas Schelling）曾对承诺做出如下描述："承诺是指有决心、有责任、有义务去从事某项活动或不从事某项活动，或对未来行动进行约束。承诺意味着要放弃一些选择和放弃对自己未来行为的一些控制。而且这样做是有目的性的。目的就在于影响别人的选择。通过影响别人对已作出承诺一方行为的预期，承诺也就影响了别人的选择。"① 埃伦·加巴里诺（Ellen Garbarino）与马克·约翰逊（Mark Johnson）指出："同信任（trust）相似，承诺被视为成功的长期关系的一个必备元素，它通常被定义为'对维持一份有价值关系的持久愿望'。"② 在上海自贸区案例中，中央给上海的政治承诺可以浓缩为一句话：大胆闯、大胆试、自主改。

"大胆闯、大胆试、自主改"这一政治承诺首先反映在中央领导人的相关讲话之中。如 2014 年 3 月 5 日，习近平在参加他所在的十二届全国人大二次会议上海代表团审议时强调："建设自由贸易试验区是一项国家战略，要牢牢把握国际通行规则，大胆闯、大胆试、自主改，尽快形成一批可复制、可推广的新制度，加快在促进投资贸易便利、监管高效便捷、法制环境规范等方面先试出首批管用、有效的成果。"③ 2016 年 12 月，习近平对上海自贸试验区建设作出重要指示强调："建设上海自贸试验区是党中央、国务院在新形势下全面深化改革和扩大开放的一项战略举措。3 年来，上海市、商务部等不负重托和厚望，密切配合、攻坚克难，紧抓制度创新这个核心，主动服务国家战略，工作取得多方面重大进展，一批

---

① ［美］托马斯·谢林：《承诺的策略》，王永钦、薛峰译，上海人民出版社 2009 年版，第 1 页。
② 刘伟：《政府创新演进的"二进程"模型建构及其实证研究——以市长热线为扩展个案》，复旦大学行政管理专业博士学位论文，2018 年，第 32 页。
③ 《大胆试 大胆闯 自主改》，《文汇报》，2017 年 3 月 7 日，第 1 版。

第一章 改革的热土:从浦东新区开发区到上海自贸区

重要成果复制推广到全国,总体上实现了初衷。望在深入总结评估的基础上,坚持五大发展理念引领,把握基本定位,强化使命担当,继续解放思想、勇于突破、当好标杆,对照最高标准、查找短板弱项,研究明确下一阶段的重点目标任务,大胆试、大胆闯、自主改,力争取得更多可复制推广的制度创新成果,进一步彰显全面深化改革和扩大开放的试验田作用。"①

中央"大胆闯、大胆试、自主改"的政治承诺,能够在一定程度上化解地方领导人关于改革的政治风险的顾虑,从而有利于承接自贸区各项试验任务的上海放开手脚,积极探索全面深化改革与政府治理的新路径与新模式。在此意义上,"大胆闯、大胆试、自主改"的政治承诺,成为上海自贸区改革及地方政府再造后来取得一系列成果的保障。

(二)以自主改革执行国家战略的地方政府的行动逻辑

1. 地方自主改革的必要性及其目标导向

"大胆闯、大胆试、自主改"的政治承诺,为地方有效承接和完成自贸区试验任务提供了保障。但是,仅有口头上的政治承诺是不够的。中央作出的积极政治承诺能够解决地方的行动意愿问题,却难以解决地方的行动能力问题。地方的行动能力,在这里是指有效执行国家自贸区战略的能力,包括把国家战略细化为可操作行动方案的能力(方案细化能力)、组织和协调各方力量的能力(组织协调能力)、控制试验过程中的风险的能力(风险控制能力)、推动形成制度创新的能力(制度创新能力)等。理论上,地方的行动能力受制于多方面因素的影响,例如,地方的开放基础、地方的对外贸易条件、地方所采取的细化方案、国务院各部门提供的实际支持等。

---

① 《习近平李克强对上海自贸试验区建设作重要指示批示》(2016年12月31日),中国政府网,http://www.gov.cn/xinwen/2016-12/31/content_5155227.htm,最后浏览日期:2020年7月16日。

自贸区战略不同于以往的经济特区战略：经济特区战略依赖独占性的政策优惠，而自贸区战略则更加强调以制度创新和地方自主改革来完成试验任务，为国家全面深化改革开放提供新路径新模式。因此，执行自贸区国家战略，对地方政府的自主改革能力提出了非常大的要求。地方政府必须在无法依赖政策优惠或是财税支持，且没有经验可以直接借鉴（主要指国内没有成熟先例可以借鉴）的情况下，充分发挥自身能动性，探索通过制度创新和自主改革完成国家交给的任务。由此，在上海自贸区实践中，上海的自主改革显得尤为重要，它与中央的政治承诺一同构成上海自贸区运转的两大支撑。

那么，执行国家自贸区战略的上海，其自主改革的目标导向是什么？此处可以使用"制度供给"这一概念来回答这个问题。制度供给，也可以说是供给制度，用来形容特定主体为国家与社会生产和提供其所需要的新制度的过程。按照美国经济学家道格拉斯·诺思（Douglass North）的观点，"制度创新来自统治者而不是选民，这是因为后者总是面临着搭便车问题。对统治者来说，既然他没有搭便车问题，他就要不断进行制度创新以适应相对价格的变化"[1]，因此，国家或政府是制度供给的最重要主体。一般而言，政府通过制度创新供给所要实现的目标是双重的："一是经济目标，即力图提高资源配置效率，加速经济增长，实现财政收入最大化；二是政治目标，即实现政治支持最大化。政府期望新的制度安排赢得广泛的政治支持，保持权力中心在政治力量对比中始终处于支配地位，有效地排斥对权力中心的执政地位产生潜在或现实威胁的国际、国内的反对派势力。"[2]

在上海自贸区这一国家级试验田案例中，制度供给的主体是国家或者说是权力中心、中央。但是，在实际中，中央授权并要求上

---

[1] [美]道格拉斯·诺思．《经济史中的结构与变迁》，陈郁、罗华平译，上海人民出版社1994年版，第32页。

[2] 杨瑞龙：《论制度供给》，《经济研究》1993年第8期，第45—52页。

海进行制度研制和制度（创新）供给，上海由此成为制度供给的具体实施者。一言以蔽之，上海需要在自贸区这块土地上，研制出更多的适应国际规则和国内发展实际的制度，为中国安全地、深入地融入乃至引领经济全球化累积经验。

那么，在上海自贸区案例中，上海需要努力供给出什么样的制度呢？以 1.0 阶段为例，按照《总体方案》的要求，上海要供给的制度主要集中在政府职能转变（行政管理体制改革）、投资领域开放、贸易发展方式转变、金融领域开放创新、法制领域制度保障等方面。也即，上海要在这些方面形成一批可复制、可推广的新制度。2014 年 1 月，时任上海市委书记韩正对 1.0 阶段上海自贸区可复制可推广制度的内容作了进一步说明："自贸区的改革远远超过经济领域的范围。政府管理制度的改革更重要的是监管模式改变，不再审批了，而是在事中、事后过程进行监管。安全审查机制、反垄断审查机制、企业年度报告公示制度、信用管理体系、综合执法体系和部门监管信息共享机制，这六项正是上海目前正在构建的事中事后监管的基本制度。可推广、可复制的制度，就是这六个方面。"[①] 当然，由上海进行制度研制和供给的根本目的是推动新制度在更大范围内的复制、推广和落地——这将有助于我国实现一系列政治经济目标，包括向世界展现开放姿态、获取开放收益、巩固政治支持等。

2. 上海推进自主改革的可行空间

以自主改革为国家供给出一批新制度、新经验是中央赋予上海的使命。接着而来的一个问题是，上海何以能够研制和供给出后来被证实为有效的一系列新制度？可以从四个方面解答这个问题。

第一，上海以及浦东新区的地理位置占优，开放基础比较好，本身具有较为丰富的现代中观与微观政策与制度基础，研制适应开

---

① 胥会云：《韩正：自贸区改革是"革政府的命"》，《第一财经日报》，2014 年 1 月 20 日，第 A04 版。

放型经济的新制度的难度相对较小。前文在讨论上海自贸区设立的空间逻辑时也已经涉及这一点,这里不再阐述。

第二,上海地区体制内外的智库比较活跃,这使得上海具备了较强的自贸区政策与制度研制实力。关于智库在推动上海自贸区筹备和建设中的作用,东方网曾经专门做过报道,例如"复旦大学经济学院的袁志刚、袁堂军、罗长远、程大中等教授组成的研究团队早在2012年就深入参与了商务部和上海市'部市合作'的'经济全球化新形势下我国对外开放战略'课题,承接了'自贸区''负面清单'等5项课题"[1]。总之,"在上海自贸试验区建成以后,复旦大学、上海财大、华东政法、上海对外经贸、上海海事等高校,主动请缨、积极为自贸区建设献计献策,形成了上海高校的自贸区'智库群'"[2]。

第三,尽管国内没有可直接借鉴的经验,但是在全球化时代,上海却可以参照其他国家或自贸区的成熟做法。这一过程可称为"对标",即上海在执行自贸区战略和研制具体方案时,可以对标国际上公认的竞争力最强的自由贸易区,通过对标找出各种现行制度的不足,并结合中国实际进行制度创新研制与供给。上海本身是中国向外看的重要窗口之一,国际交流频繁,在接触、消化、吸收国际经验方面拥有优势。

第四,政府把注意力更多地配置到推动自主改革上,而不是争取政策优惠。中共十八大以来,"凡属重大改革都要于法有据"越来越成为共识,上海不得不把注意力的大部分放到以制度创新为核心的自主改革之上。"过去的立法模式,通常是先试点,总结经验之后上升为法律,立法是为了总结和巩固改革经验。但这种模式将成为历史……立法将引领改革,先立法、后改革,即便

---

[1] 朱贝尔:《自贸区"提速"背后的上海"智库"》(2017年4月1日),东方网,http://show.eastday.com/shzw/G/20170401/u1ai10476697.html,最后浏览日期:2020年7月16日。

[2] 同上。

是先行先试,摸着石头过河,也要先有法。有的重要改革举措需要得到法律授权的,应当按照法律程序进行,确保一切改革举措都在法治轨道上进行。"[1] 地方注意力的配置转向,加速了自主改革进程。

---

[1] 《习近平:凡属重大改革都要于法有据》,《新京报》,2014年3月1日,第A04版。

第二章

自贸区政策试点设计与浦东新区
政府职能转变新模式

  2013年9月，上海自贸区正式揭牌成立，其第一阶段的政策试点领域是政府职能转变、投资管理创新、贸易便利、金融开放。与此同时，浦东新区政府不断推进自身职能转变，形成了五个运作新模式，即以取消调整与下放增效为重点的精兵、简政和放权的运作新模式，以部门职能合并与事中事后监管强化为抓手的市场监管的运作新模式，以监管和执法统一为目标的知识产权工作的运作新模式，以便民利企和一网通办为中心的政务服务的运作新模式和以政府购买服务为推动力的社会组织的运作新模式。从政策试点的运作过程看，上海自贸区政策试点的运作有赖于中央的授权与国务院各部门的支持，以及地方政府为提升溢出效应承接能力而开展的地方立法等一系列自主改革行动。上海自贸区政策试点运作的一个直接结果是撬动了地方政府的职能转变进程。

一、自贸区重点领域政策试点的选择

  依据2013年9月印发的《总体方案》，1.0阶段上海自贸区的建设目标是"成为具有国际水准的投资贸易便利、货币兑换自由、监管高效便捷、法制环境规范的自由贸易试验区"。此处依据《总体方案》为文本，详细展示和分析1.0阶段上海自贸区四大重点领域①政策试点的选择情况。

(一) 在深化行政管理体制改革中转变政府职能

1. 方案文本

《总体方案》所提的"加快政府职能转变"任务主要是指"深化行政管理体制改革",具体包括七条政策措施。其一,加快转变政府职能,改革创新政府管理方式,按照国际化、法治化的要求,积极探索建立与国际高标准投资和贸易规则体系相适应的行政管理体系,推进政府管理由注重事先审批转为注重事中、事后监管。其二,建立一口受理、综合审批和高效运作的服务模式,完善信息网络平台,实现不同部门的协同管理机制。其三,建立行业信息跟踪、监管和归集的综合性评估机制,加强对试验区内企业在区外经营活动全过程的跟踪、管理和监督。其四,建立集中统一的市场监管综合执法体系,在质量技术监督、食品药品监管、知识产权、工商、税务等管理领域,实现高效监管,积极鼓励社会力量参与市场监督。其五,提高行政透明度,完善体现投资者参与、符合国际规则的信息公开机制。其六,完善投资者权益有效保障机制,实现各类投资主体的公平竞争,允许符合条件的外国投资者自由转移其投资收益。其七,建立知识产权纠纷调解、援助等解决机制。

2. 方案解读

对于谋求"率先建立符合国际化和法治化要求的跨境投资和贸易规则体系"的上海自贸区来讲,政府职能转变也一定要按照国际化与法治化的要求来进行。而现实中,国际化与法治化要求集中体现在营商环境方面。因此,加快政府职能转变的关键现实导向是建立国际化与法治化的营商环境,通过让"政府更好发挥作用",提升营商环境便利度,打造国际一流的营商环境。就营商环境便利度

---

① "法制领域"的任务及改革措施是政府职能转变、投资、贸易和金融四大领域改革的支撑,此处不再单独列出"法制领域"。同时,《总体方案》所列明的监管和税收制度环境方面的五条改革措施本质上也是为四大领域的改革而服务,也不再单独列出。

的测量，世界银行发布过相应指标，包括开办企业、办理施工许可证、获得电力、登记财产、获得信贷、保护少数投资者、纳税、跨境贸易、执行合同、办理破产等。应该说，《总体方案》提出的七个方面的政策思路与举措都是为了推动上海自贸区建设一流营商环境。例如，第一条政府管理由注重审批转为注重事中、事后监管，意在缩短企业开办的程序和时间，降低"开办企业"成本，提升开办企业的便利度；第六条完善投资者权益有效保障机制，有助于在"保护少数投资者"这一指标上对标国际最好水平。

当然，进一步分析可以发现，《总体方案》关于上海自贸区政府职能转变的具体改革措施及其背后理念并非全新的，特别第二、第四、第五方面的措施早被理论界所倡导或已在各地实践过。例如，对应方案提到的第二项措施，早在1993年4月15日，浦东新区就创造性地改革外资项目审批制度，实行后来被理论界与实践界广为认可的"一门式"服务模式，审批外资项目的时间最长不超过一周。① 不过，上海自贸区此次的政府职能转变更加系统化，也可以在措施落地方面得到更多的授权与支持（缺少授权与支持，很多政策措施可能只能停留在纸面上），从而可以在短时间内快速取得提升营商环境以及为其他地区提供制度经验（通过推动立法创新的方式）的目的。

政府职能转变的政策措施及其理念的新鲜与否是一回事，能否落地又是另外一回事。改革创新的关键不在于措施及其理念是否新鲜，而在于这些措施能否落地并发挥实效，这些理念能否真正地转化为实际的生产力。事实证明，在中央授权和国务院各部门大力支持下②，

---

① 浦东史志办：《浦东开发开放20年大事记（1990—2009）》（2013年12月23日），浦东史志网，http://szb.pudong.gov.cn/pdszb_pdds_dsj/2012-01-31/Detail_410991.htm，最后浏览日期：2020年7月16日。

② 例如，在上海自贸区挂牌一周年之际，国务院印发《关于在上海自贸区内暂时调整实施有关行政法规和经国务院批准的部门规章规定的准入特别管理措施的决定》，为涉及盐业、高铁、石油等领域的新一轮31条扩大开放措施提供法制保障，这一做法被媒体描述为：国务院给自贸区送了31条开放"贺礼"（31条开放措施准生证）。参见宋薇萍：《上海自贸挂牌一周年 国务院送31条开放"贺礼"》，《上海证券报》，2014年9月29日，第1版。

在上海和浦东地方政府的组织下,《总体方案》所布置的诸多任务措施都很快地落地。例如,2013年9月22日,上海自贸区仲裁院正式揭牌成立,该院将为自贸试验区内当事人提供零距离仲裁咨询、立案、开庭审理等法律服务;2013年11月20日,上海自贸区国际商事联合调解庭(上海文化创意产业法律服务平台知识产权调解中心)揭牌成立,有望帮助自贸区企业高效快捷地处理商事纠纷和知识产权纠纷;2014年1月1日,浦东新区正式完成工商、质检、食药监三个部门的合并,成立了统一的市场监督管理局。下一节在分析浦东新区推动政府职能转变的做法时,会进一步探讨其中的市场监管综合执法、知识产权保护这类重要且要求明确的措施的落地情况。

这些政府职能转变措施落地的直接效果是明显的,一个最具代表性的数据是"自贸区一年新增市场主体的数据(12 266家,其中外资企业1 677家,占13.7%),超过了前20年保税区所有企业的总量"[1]。"开办企业"通常是营商环境的首要衡量指标,自贸区一年新增企业一万多家,充分说明了政府职能转变政策措施收到了良好的效果。而诸如上海自贸区仲裁院、国际商事联合调解庭等平台的设立,也为上海自贸区建立一流的国际化、法治化营商环境奠定了组织基础。

案例2-1　上海自贸区国际商事联合调解庭成立[2]

2013年11月20日,中国(上海)自由贸易试验区国际商事联合调解庭暨上海文化创意产业法律服务平台知识产权调解中心在自贸试验区揭牌成立。今后,国际商事联合调解庭将帮助企业快捷、

---

[1]《上海自贸区一周年 新增市场主体超过去保税区20年》(2014年9月27日),新浪网,http://news.sina.com.cn/o/2014-09-27/070030922872.shtml,最后浏览日期:2020年7月16日。

[2] 杨珍莹:《自贸区国际商事联合调解庭成立》,《浦东时报》,2013年11月22日,第A01版。

高效、经济、灵活地处理各种商事纠纷以及知识产权纠纷。

国际商事联合调解庭以上海经贸商事调解中心、上海文化创意产业知识产权法律服务平台为依托,是独立的第三方调解机构。除了本土的专家服务团,调解庭还与英国有效争议解决中心、欧盟国际仲裁协会、新加坡(国家)调解中心、美国最大的争议解决机构JMS 公司等世界著名调解机构合作,通过商事调解这一符合国际规范和惯例的法律资源,帮助中外当事人高效处理商事纠纷。在此之前,上海市浦东新区人民法院自贸区法庭、上海市人民检察院派驻自贸区检察室、上海自由贸易试验区仲裁院等已纷纷挂牌,法制环境与国际迅速接轨。

此外,自贸区海关、检验检疫等职能部门也在快速推进监管模式创新。截至 2013 年 11 月 15 日,自贸试验区内海关各项监管工作运行顺利,共办理"先进区、后报关"业务 33 起,合计重量 8 901.4 吨,涉及货值 7 625.4 万美元。

下一步,上海自贸区还将进一步探索简化进境备案申报要素,争取年内形成操作方案,检验检疫将对一线进境货物,实施进出境检疫和重点敏感货物检验的监管模式等。

(二)以准入开放、优化管理等为重点扩大投资领域开放

1. 方案文本

扩大投资领域的开放是《总体方案》的重要内容。从方案的要求看,除了传统的税收吸引之外,上海自贸区应当从准入开放、优化管理、服务促进渠道扩大投资领域的开放。

首先,上海自贸区应当扩大服务业开放。具体是指在金融服务、航运服务、商贸服务、专业服务、文化服务以及社会服务领域扩大开放(列明了开放清单),暂停或取消投资者资质要求、股比限制、经营范围限制等准入限制措施(银行业机构、信息通信服务除外)。

其次，建立负面清单管理模式。借鉴国际通行规则，对外商投资试行准入前国民待遇，研究制订试验区外商投资与国民待遇等不符的负面清单，改革外商投资管理模式。

再次，构筑对外投资服务促进体系。具体包括对境外投资一般项目实行备案制、加强境外投资事后管理和服务、支持试验区内各类投资主体开展多种形式的境外投资、鼓励在试验区设立专业从事境外股权投资的项目公司等内容。

最后，实施促进投资的税收政策。例如，注册在试验区内的企业或个人股东，因非货币性资产对外投资等资产重组行为而产生的资产评估增值部分，可在不超过 5 年期限内，分期缴纳所得税；对试验区内企业以股份或出资比例等股权形式给予企业高端人才和紧缺人才的奖励，实行已在中关村等地区试点的股权激励个人所得税分期纳税政策。

2. 方案解读

通过集中采取准入开放、优化管理、服务促进以及传统的税收吸引等政策措施，上海自贸区形成了相对完善的投资开放体系。这四个方面的政策措施本质上又可以划分为两大类，其中准入开放和优化管理都属于放松管制类政策措施，服务促进和税收吸引则属于加强服务类政策措施。

在多数情况下，上海自贸区管委会及浦东地方政府是没有权力直接放松对某些事项的管制的，因此放松管制类政策措施的推行，需要更高层级政府甚至全国人大及其常委会对现行的法律法规进行调整或向自贸区管委会及浦东新区政府进行委托授权。这也是制度创新的重点难点和需要特别着力的部分。相对于放松管制类措施，加强服务类的政策措施多多少少带有优惠政策的意味，对现有的法律法规框架冲击不大，其制度创新的意味要淡些。

在准入开放、优化管理、服务促进、税收吸引四个方面的任务及措施中，最为突出和最能体现制度突破和制度创新的当属优化管理，即建立负面清单管理模式。自贸区运行一周年之际，时任上海市委书记韩正表示:"自贸试验区改革的最大亮点是负面清单,最大难点是政府的事中事后监管。"① 负面清单构成上海自贸区在投资领域探索的重要制度创新之一。2013 年 9 月 30 日,上海自贸区开出首份包含 190 项特别管理措施的"负面清单",也即 2013 版负面清单。

首版负面清单出台后,没有真正引起外商的注意,反而受到了不少质疑:"负面清单几乎是此前外商投资管理的主要依据《外商投资产业指导目录》的翻版,甚至有些本来在后者中没有被禁止的内容,也被列入负面清单;负面清单仍是禁止条款少,限制条款多,给管理部门留下解释空间,而这并非负面清单管理模式的初衷;另外,外界对负面清单开放程度不满意。"② 对此,时任上海市政府参事室主任王新奎分析指出:"负面清单质量不高主要受到三个方面因素的限制:一是由于长期以行政审批来管理经济,以行政审批来管理准入,所以各种法律法规、措施、文件汗牛充栋。第二个原因是负面清单本身并不能设计得面面俱到。在试验阶段,一个负面清单的质量高低,首先是看它的长短,如果太长那就变成正面清单了。第三个原因就是外商认定标准。到现在为止中国是按照注册地来认定外商的,但现在全球的趋势是英美法在向大陆法靠拢,大陆法在向英美法靠拢,越来越多地采取住所地认定标准,这个问题我们现在还没有考虑好。"③

---

① 在上海自贸区改革里,负面清单制度建设是最大亮点,而事中事后监管能力建设是最大难点,两者的关系是:打造最大的亮点,会带来最大难点;只有破解了最大的难点,才能真正塑造出最大的亮点。韩正指出,"我在政府工作多年,深切体会到,政府过去对企业的许多监管办法,在如今负面清单的制度之下,是不可用的,必须建立起一套全新的事中事后监管体系和政府管理模式"。参见刘建林等:《上海市委书记韩正接受本报采访 上海自贸区一年收成好于预期(权威访谈)》,《人民日报(海外版)》,2014 年 9 月 29 日,第 2 版。

② 梁宏亮:《"负面清单"是如何一步步变短的?》(2018 年 11 月 27 日),每日经济新闻网,http://www.nbd.com.cn/articles/2018-11-27/1276543.html,最后浏览日期:2020 年 7 月 16 日。

③ 许素菲:《探索服务贸易监管"电子围栏"》,《浦东时报》,2013 年 10 月 15 日,第 B2 版。

第二章　自贸区政策试点设计与浦东新区政府职能转变新模式

2013年版负面清单可以说是个初步探索,事实上该版负面清单发布后不到一年就被新的版本给取代了。2014年7月1日凌晨,上海市政府公布了《中国(上海)自由贸易试验区外商投资准入特别管理措施(负面清单)(2014年修订)》,也即2014年版负面清单。新版负面清单仅有139条,与2013年版负面清单(190条)相比少了51条,长度缩短了26.8%。这一不断改进的负面清单管理模式促进了投资开放,提升了自贸区对外商企业的吸引力。2015年4月份的不完全统计显示,已有2 000多家外商企业投资上海自贸区,90%属于备案制。①

案例2-2　自贸速度:发展"壁垒"被打破②

在上海自贸区成立之前,上海药明康德新药开发有限公司(下称"药明康德")有一组无奈的数据:近3年每年进口的动物源生物样品达到近500批次,其中约10%的动物源样品由于缺乏许可证导致样品不能及时进口,极大影响到相关医药项目研发的进展。

而2014年上海自贸区动物源样品的审批创新政策实行后,这一组无奈的数字消失了,取而代之的是:已实现进口实验用生物材料超过900批次,98%的动物源样品能够在预定时间内进口到研发实验室中,审批时间从以前的1个月缩短到目前的3—5个工作日,样品许可证有效期也从6个月延长到1年。

这一项,在药明康德看来,让企业进口一只实验小白鼠都比其他地区来得快,在与国际同行竞争上,"自贸速度"让他们突破了以往的"瓶颈"。

这一点,也在位于洋山的乔信国际物流(上海)有限公司得到了印证。乔信国际物流(上海)有限公司由总部设在香港的乔

---

① 杨珍莹:《上海自贸区2.0版整装待发》,《浦东时报》,2015年4月17日,第B06版。

② 同上。

达国际有限公司投资设立,公司总经理杨醒强表示,公司是海关上海自贸区创新试点的企业之一,进出口的通关速度已经保持在48小时之内。根据计划,该公司洋山业务还将继续达到30%的增长率。

(三)基于贸易升级、服务提级等推动贸易发展方式转变

1. 方案文本

转变贸易发展方式主要包括推动贸易转型升级和提升国际航运服务能级两个部分。而为实现贸易发展方式转变,《总体方案》还提出创新贸易监管服务模式和实施促进贸易的税收政策两项要求。因此,上海自贸区在贸易领域的改革任务及措施实际上包括贸易升级、服务提级、创新监管、税收吸引四个方面。

一是推动贸易转型升级。包括积极培育贸易新型业态和功能、鼓励跨国公司建立亚太地区总部、深化国际贸易结算中心试点、支持试验区内企业发展离岸业务、鼓励企业统筹并展国际国内贸易、探索在试验区内设立国际大宗商品交易和资源配置平台、扩大完善期货保税交割试点、加快对外文化贸易基地建设等。

二是提升国际航运服务能级。具体包括探索形成具有国际竞争力的航运发展制度和运作模式,积极发展航运金融、国际船舶运输、国际船舶管理、国际航运经纪等产业,加快发展航运运价指数衍生品交易业务,推动中转集拼业务发展,支持浦东机场增加国际中转货运航班,促进符合条件的船舶在上海落户登记,实行已在天津试点的国际船舶登记政策,简化国际船舶运输经营许可流程并形成高效率的船籍登记制度。

三是创新贸易监管服务模式。这里涉及三块内容,即推进实施"一线放开"、坚决实施"二线安全高效管住"和进一步强化监管协作。其中,"一线放开"主要包括探索简化进出境备案清单与简化国际中转、集拼和分拨等业务进出境手续、实行"进境检疫,适当

第二章 自贸区政策试点设计与浦东新区政府职能转变新模式

放宽进出口检验"模式、探索构建相对独立的以贸易便利化为主的货物贸易区域和以扩大服务领域开放为主的服务贸易区域等内容。"二线安全高效管住"主要包括推行"方便进出,严密防范质量安全风险"的检验检疫监管模式、加强电子账册管理、推进企业运营信息与监管系统对接等内容。

四是实施促进贸易的税收政策。这一块内容比较多,包括将试验区内注册的融资租赁企业或金融租赁公司在试验区内设立的项目子公司纳入融资租赁出口退税试点范围;对试验区内注册的国内租赁公司或租赁公司设立的项目子公司,经国家有关部门批准从境外购买空载重量在 25 吨以上并租赁给国内航空公司使用的飞机,享受相关进口环节增值税优惠政策;对设在试验区内的企业生产、加工并经"二线"销往内地的货物照章征收进口环节增值税、消费税;根据企业申请,试行对该内销货物按其对应进口料件或按实际报验状态征收关税的政策;在现行政策框架下,对试验区内生产企业和生产性服务业企业进口所需的机器、设备等货物予以免税,但生活性服务业等企业进口的货物以及法律、行政法规和相关规定明确不予免税的货物除外;完善启运港退税试点政策,适时研究扩大启运地、承运企业和运输工具等试点范围。

2. 方案解读

20 世纪 90 年代以来,中国政府就已经意识到对外贸易发展方式转变的重要性,并制定出台了一系列方针政策。① 但是,一国的贸易方式与一国在全球中贸易价值链的地位息息相关,它们都是在特定内外因素与历史条件下形成的,而且,中国这么大的体量,其贸易方式一旦形成就具有较强的稳定性。因此,对中国来说,转变贸易发展方式必然是一个非常巨大的工程。事实上,造成中国对外贸易发展困境(如出口竞争加剧)的内源性因素就是"我国要素禀

---

① 曹迪:《改革开放 40 年中国对外贸易发展方式转变政策梳理与启示》,《价格月刊》2018 年第 10 期,第 27—30 页。

赋特征仍然表现为劳动相对丰裕、资本与技术相对稀缺"①,而它恰恰是我国传统以产品加工为主要特征的贸易方式的根基。

不过从长期来看,中国人口红利消退、城市土地空间减少、生态环境意识加强,转变贸易发展方式势在必行。自贸区肩负着寻找贸易新增长点、建立贸易新高地,以及为中国转变贸易发展方式探路的使命。这就意味着自贸区需要发掘新的贸易形态和功能,把对外贸易竞争的优势从价格低、产品多转向技术好、品牌强、质量高与服务优,提升我国的全球贸易地位。

《总体方案》要求上海自贸区推动贸易转型升级,并提出了积极培育新型贸易业态和功能、鼓励跨国公司建立亚太地区总部等具体政策措施。当然,长期以来上海以国际航运中心为城市建设目标之一,航运服务是上海的优势,因此《总体方案》还提到上海自贸区应着力提升国际航运服务能级(不管是传统贸易方式还是新型贸易方式,都离不开高质量的航运服务)。贸易升级、服务提级都属于长期工程,需要政府持续地发挥积极的作用,做好规划和统筹,搭建必要的功能型平台,如石油天然气交易和定价中心,同时吸引、鼓励和支持企业主体发挥作用。在此之外,政府还需要做的就是加快研制适应乃至可以引导新型贸易业态发展的政府监管体系,因此创新监管也是《总体方案》提到的一个重要要求。至于税收吸引,可以说是上海自贸区短期内快速集聚贸易创新主体,形成贸易创新效应,建设贸易新高地是应急之举。但从可复制可推广的角度看,税收吸引方面的措施不应长期实行,也不宜作为贸易发展方式转型的核心工具,一个重要的原因在于这些措施的可推广性可复制性较差。

总的来说,在贸易升级、服务提级、创新监管、税收吸引四个方面的政策措施中,创新监管具有核心性,对传统政府管理思维与

---

① 刘国晖、张如庆:《论困境倒逼下的我国对外贸易发展方式转变》,《经济学家》2014年第2期,第59—66页。

第二章 自贸区政策试点设计与浦东新区政府职能转变新模式

习惯冲击最大,最难推进和维系,但却最容易出长期效果,且最容易产生可复制可推广的经验。这一阶段上海自贸区在创新监管上取得的主要实际成果之一就是试点形成了"先入区、后报关"的新型海关监管模式。所谓"先入区、后报关"模式,是指经海关批准,试验区内试点企业可先凭进口舱单信息将货物提运入区,再在规定时限内(自运输工具进境14日内)向海关办理进境备案清单申报手续。和过去传统的"先报关、后入区"的"串联式"通关模式相比,新模式允许企业把提货入区作业与申报备案手续"并联"进行。① 上海自贸区成立一周年之际,"上海海关估计,上海自贸区进口平均通关时间较区外减少41.3%,出口平均通关时间较区外减少36.8%,降低企业的成本10%左右",而且"汇总征税、保税的分类监管等已经开始在苏州工业园区等一些全国特殊监管区域尝试了,后续还有更多创新举措将因地制宜地推广开来"②。

案例2-3 上海打造亚太地区石油天然气交易和定价中心③

在上海市政府批复同意组建上海石油天然气交易中心两个月后,该中心的运作主体上海石油天然气交易中心有限公司已正式成立。2015年3月10日记者从陆家嘴管委会获悉,上海石油天然气交易中心有限公司已于近日完成工商注册登记,正式落户陆家嘴金融贸易区。

"上海石油天然气交易中心目前正在进行管理架构的搭建,预计4月份将正式运作。"陆管委一位工作人员向记者表示,"至于交易等业务开展,应还有一段时间。"

---

① 王延:《首票"先入区后报关"试点货物进库》,《浦东时报》,2013年10月11日,第9版。
② 《上海自贸区通关时间缩4成 前八月进出口额增11%》(2014年9月25日),新浪网,https://finance.sina.com.cn/china/20140925/153620413058.shtml,最后浏览日期:2020年7月16日。
③ 张淑贤:《上海石油天然气交易中心落户陆家嘴》,《浦东时报》,2015年3月11日,第5版。

根据上海市政府昨日批复,上海石油天然气交易中心是根据国家发改委与新华社战略合作协议建立的交易平台。按照定位,上海石油天然气交易中心是一家大宗商品现货交易市场,有别于期货市场。该交易中心有关工作接受国家发展改革委、国家能源局及商品现货交易市场管理部门的指导和监督。

目前,亚洲已成为全球重要的石油天然气进口地区,但却一直没有形成有影响力的油气交易和定价中心。无论从石油天然气表观消费量、生产能力还是管网储运设施各个角度而言,在中国建立国际性石油天然气交易中心的条件已日趋成熟。从另一方面来说,建立这样的中心,也将为天然气价格市场化改革创造更加有利的条件。

在这样的背景下,上海石油天然气交易中心应运而生。据了解,该中心未来将搭建石油天然气交易、交收、结算平台和网络服务体系,最终发展成亚太地区石油天然气交易和定价中心。此外,交易中心平台的搭建具有较高的国家影响力,是国家能源战略的重要部分,意味着中国能源改革迈出了重要一步。

上海市政府的批复中明确表示,市有关部门积极支持上海石油天然气交易中心,加快建设具有国际影响力的石油和天然气交易中心。

记者获悉,在交易中心落户陆家嘴的过程中,陆家嘴管委会和区商务委积极组织召开沟通协调会,与相关部门一起为交易中心筹备组提供建议,修正相关登记材料。同时,在名称核准、注册登记、经营范围确认等过程中,管委会也主动协调市工商部门进行一对一的专人服务,开通绿色通道,提高了办事效率。

(四)金融制度创新与金融服务功能优化并举

1. 方案文本

依据《总体方案》,上海自贸区在金融领域的重点任务是加快金融制度创新和增强金融服务功能。

一是加快金融制度创新。措施包括对人民币资本项目可兑换、金融市场利率市场化、人民币跨境使用等方面创造条件进行先行先试；实现金融机构资产方价格实行市场化定价；探索面向国际的外汇管理改革试点；鼓励企业充分利用境内外两种资源、两个市场，实现跨境融资自由化；深化外债管理方式改革，促进跨境融资便利化；深化跨国公司总部外汇资金集中运营管理试点，促进跨国公司设立区域性或全球性资金管理中心；建立试验区金融改革创新与上海国际金融中心建设的联动机制。

二是增强金融服务功能。措施包括推动金融服务业对符合条件的民营资本和外资金融机构全面开放，支持在试验区内设立外资银行和中外合资银行；允许金融市场在试验区内建立面向国际的交易平台；逐步允许境外企业参与商品期货交易；鼓励金融市场产品创新；支持股权托管交易机构在试验区内建立综合金融服务平台；支持开展人民币跨境再保险业务，培育发展再保险市场。

2. 方案解读

《总体方案》对加快金融制度创新和增强金融服务功能提了许多要求，但这些任务要求比较粗略。中国人民银行于 2013 年 12 月发布《关于金融支持中国（上海）自由贸易试验区建设的意见》。该文件从创新账户体系、探索投融资汇兑便利、扩大人民币跨境使用、稳步推进利率市场化、深化外汇管理改革等方面提出了 30 条具体意见，外界称之为"央行 30 条"。除了"总体原则"部分（包含 3 条意见）和"监测与管理"（包含 5 条意见），其他五个方面的 22 条意见都非常具有针对性。"央行 30 条"为 1.0 阶段上海自贸区的金融制度创新与金融服务功能强化奠定了法理基础，并成为上海自贸区金融领域政策试点的具体实施依据。

以后一系列金融细则的制定与出台，更进一步保障了 1.0 阶段上海自贸区金融创新的形成和发展。例如，2014 年 2 月，央行上海总部发布《关于上海市支付机构开展跨境人民币支付业务的实施意见》并在上海自贸区正式启动支付机构跨境人民币支付业务试点,"银联电子、通联、东方电子、快钱和盛付通 5 家第三方支付机构,分别与其合作的工商银行、中国银行、建设银行、招商银行和民生银行的上海市分行,以及 5 家特约商户代表举行了对接签约"①。该《实施意见》是"央行 30 条"发布后落地的首个金融细则,其意义非常重要:一方面,便利了个体消费者的海外消费行为;另一方面,对于支付机构而言,除了能降低汇率风险,跨境人民币支付业务启动还有利于拓展海外业务。银联电子总经理孙战平接受采访时表示,自去年第三方支付机构获得跨境外汇试点以来,公司海外业务交易量占比尚未达到 10%,随着上海对外贸易的发展以及海外网站平台构建的完成,海外业务的占比肯定会逐步增加。②

2014 年年底,上海自贸试验区管委会财政和金融服务局局长把上海自贸区金融改革的成效归纳为五个方面,其概括得比较全面,这里不妨直接引用如下。

> 第一,金融制度的框架形成。依照金融服务实体经济、进一步促进贸易投资便利化、推动试验区在更高平台上参与国际竞争的原则,一行三会等监管机构推出诸多措施和细则。到目前为止,除了资本市场双向开放还有利率市场化的部分内容需要操作细则的出台以外,大部分的金融创新措施已经进入了实质性的操作阶段。第二,金融改革管理创新模式和先行先试的定位已确立。实现一线放开,二线有限渗透;在先行先试、外汇管理创新等方面亦有突破。第三,金融服务业基本形成蓄势待发的规模。到 2014 年 11 月底,金融相关服务业企业总数达到了 3 488 家,持牌类的金融机构有 106 家,金融服务业成为五大产业之一。第四,金融服务功能已经初步显现。2014 年

---

① 张淑贤:《自贸试验区首份金融细则落地》,《浦东时报》,2014 年 2 月 19 日,第 A01 版。
② 同上。

第二章 自贸区政策试点设计与浦东新区政府职能转变新模式

10月跨境人民币在经常项下的结算总额呈现出非常快的增长态势，跨境人民币的境外借款累计金额是190亿元。还有双向资金池业务、自由贸易账户推动等，均态势良好。第五，对金融创新的风险防范加强。监管协调方面是市政府和国家相关部门、一行三会成立的金融监管协调机制；另外人民银行上海总部牵头施行跨境资金流动的监测和跟踪分析机制；试验区管委会和上海人民银行总部成立协作机制，反洗钱、反恐融资和反逃税；最后一项是各类金融机构在本领域内出台风险防控机制，比如上海银监局就自贸试验区金融发布了银行业监管相关制度安排通知，就银行业的风险评估、统计监测、机构监管给予了明确的监管指引，并且积极探索国际金融监管部门驻沪机构的驻区监管。①

尽管已经取得上述改革成效，但上海自贸区的金融改革仍需要进一步深化。政府系统内部专业人士鉴于当时的实际，曾对下一步改革作了展望：首先，接下来最主要的还是资本市场投融资汇兑便利的推动，载体是全面开展以自由贸易账户为基础的资本账户开放改革，进一步推动投融资的汇兑便利。中资银行已经可以进入自由贸易账户体系，下一步推动外资银行包括非银行的金融机构设立这个单元。其次，推动建立本外币一体化的自由贸易账户体系，这个体系当中还要建立宏观审慎下的外债管理体系、推动资本市场双向开放在这个方面进一步拓展自由贸易账户的功能，提升金融服务的能级。再次，关于多层次的金融市场建设，在国务院给自贸试验区的批复方案当中明确：在自贸试验区有一个最主要的任务，就是建立面向国际的金融市场。目前来讲，试验区面向国际金融市场的体系在逐渐形成和不断完善。2014年9月18日，黄金交易所国际板已正式上线，这是由"伦敦金"到"上海金"的突破。能源交易所

---

① 《自贸试验区将进一步推动投融资便利化》，《浦东时报》，2014年12月5日，第B01版。

已经成立，希望 2014 年年底或者 2015 年年初原油期货可以上市。上海证券交易所已经原则得到批准，在试验区成立国际金融资产交易平台，有一系列的金融要素市场都在研究利用自贸试验区来设立平台，或者开展业务。这样的金融市场建设事实上有利于提升自贸试验区的金融资源配置能力，这是我们下一步的重点工作。最后，金融服务业的对内、对外开放。民营银行已经在自贸试验区注册，下一步将进一步推动华润银行，包括其它的民营资本进入自贸试验区、进入金融服务业，尽快开展业务。不断提高对外开放的领域和程度，比如探索外资的金融机构准入门槛，金融机构都是在负面清单之内的，还要放宽外资的持股比例、拓展业务范围等。外汇监管等某些监管角度，需要探索负面清单的管理模式。①

二、浦东新区推动政府职能转变的五大运作新模式

政府职能转变和深化行政管理体制改革是《总体方案》为上海自贸区设定的首要任务，具体又包括推进政府管理转向注重事中事后监管等方面的措施要求。从几大领域改革任务之间的关系看，政府职能转变是投资领域改革、贸易领域改革和金融领域改革的基本保障。从上海自贸区试点与浦东的关系看，上海自贸区实施四大重点领域的改革试点，无疑会给浦东新区政府以及上海市政府带来很大的治理挑战。例如，实施贸易开放就要求政府具备更强的事中事后监管能力，以发扬贸易开放的利，消解贸易开放的弊。正如有研究指出，贸易开放是一把"双刃剑"：一方面，自贸区能带来经济发展和商品繁荣，另一方面，其建设对海关、金融、法律等方面都有较高要求，若制度设计不完善也很可能带来税收大量流失等，对发展中国家表现为福利损失。② 因此，在 1.0 阶段上海自贸区重点

---

① 《自贸试验区将进一步推动投融资便利化》，《浦东时报》，2014 年 12 月 5 日，第 B01 版。
② 《自贸区试验区助力开放促改革》，《解放日报》，2013 年 5 月 8 日，第 11 版。

领域建设任务出来之后,浦东新区政府在上海市政府的领导下加大了自我改革和职能转变的力度。结合其他资料,特别是《浦东时报》①的相关权威报道,可以把上海自贸区改革1.0阶段浦东新区在政府职能转变及政府治理方面的主要做法和经验概括为如下五个方面。

(一) 以取消调整与下放增效为重点的精兵、简政和放权运作新模式

1. 精兵与区级机关"瘦身"

行政体制改革往往首先从机关改革与编制改革入手,这是倒逼政府转变职能的关键步骤。2013年,时任上海市委常委、浦东新区区委书记沈晓明把精兵、简政、放权当作推进浦东新区政府职能转变的三个关键词。其中,精兵是简政的前提,兵不精,政不可能简,精兵的途径就是把年轻干部放到改革发展的主战场、保持稳定的第一线、服务群众的最前沿去摔打锤炼。而事权下放要和人员下沉相结合,要把有专业知识和审批经验的精兵强将一起放下去,充实街镇管理队伍,充实开发区管委会队伍,做到机关"瘦身"、基层"强身"、职能部门"健身"。②

经过一段时间的研究,浦东新区于2014年5月制定了"两个15%"的机关"瘦身"改革计划,即区级机关内设机构精简15%,区级机关行政编制精简15%。按照"两个15%"改革计划,浦东区级机关人员编制核减了近300名,区级机关内设机构核减了36个。据统计,改革推行百日后,"先后有100名机关干部'下沉'

---

① 《浦东时报》(PUDONG TIMES)现由上海报业集团主管主办,浦东时报社出版,是全面和集中报道浦东改革开放前沿动态的权威综合性报纸。该报正式创刊于2008年11月11日,最初是每周两刊(每周二、周五),2012年1月3日起增加至每周三刊(每周二、周四、周五),2014年1月1日起增加至每周五刊(每周一到周五)。该刊开通了在线浏览和全文查询创刊以来所有报道的功能。有鉴于此,本书在介绍上海自贸区改革及浦东地方政府再造的相关情况时,以该报为重要的可信来源。

② 《机关瘦身 基层强身 职能部门健身》,《浦东时报》,2013年12月13日,第A01版。

到基层，到问题和矛盾集中的第一线""下基层的 100 名机关干部中，大部分担任了村居委员会党支部书记"。① 到了 2015 年 4 月 17 日，也即 2.0 阶段正式开启的前几日，数据显示，"浦东各区级机关累计核减行政编制 299 名，核减内设机构 39 个，精简率达到或超过 15%"②。

2. 简政与审批事项取消、调整

地方推动简政的核心是优化政府与市场的关系，其关键实现形式是取消和调整政府的行政审批事项，并在此基础上压缩审批的环节。浦东新区本身就是一个非常强调"小政府"理念的地方政府，在上海自贸区改革背景下，浦东新区进一步简政的主要做法，一是持续通过取消和调整两种方式削减行政审批事项，特别是社会类行政审批事项；二是针对市场准入和基本建设项目审批这类市场"痛点"多的领域，压缩审批的环节，通过压缩来实现简政。

这里展示一些与简政相关的数据。《2015 年浦东新区政府工作报告》显示，2014 年浦东新区"行政审批制度改革持续深化，落实中央和全市部署要求，取消、调整一批审批事项，新区审批事项从 242 项减少到 204 项"。2015 年 4 月 18 日正值浦东开发开放 25 周年纪念日，前一天的《浦东时报》统计指出："浦东在过去 10 年大刀阔斧精简审批事项，社会类行政审批事项从最初的 724 项减少到现在的 203 项。同时优化审批流程，推进市场准入和基本建设项目审批领域改革，平均审批环节从 3.4 个精简到 2.8 个，平均审批时限从法定 22 个工作日压缩到 8.4 个工作日。"③

3. 放权与扁平化审批服务模式

政府扁平化（horizontalization of government）是政府对市场组织走向扁平化趋势的一个学习和应用，本质上反映着后现代社会

---

① 王志彦：《上海浦东新区机关"瘦身健体"百日报告》，《解放日报》，2014 年 8 月 10 日，第 1 版。
② 《浦东综改：十年磨砺形神兼备》，《浦东时报》，2015 年 4 月 17 日，第 B07 版。
③ 同上。

第二章　自贸区政策试点设计与浦东新区政府职能转变新模式

对科层制范式的挑战。[①] 向基层赋权是政府扁平化的一个重要实践形式。为有效解决浦东新区管理幅度过大的问题，发挥开发区、大市镇和街镇在审批服务方面的作用，提高行政审批效率和服务水平，浦东新区政府决定推进扁平化行政审批体制改革，于2014年9月10日印发《浦东新区扁平化行政审批体制改革实施方案》。

依照该改革实施方案，浦东新区实施扁平化行政审批体制改革的基本思路是把"直接面向基层、量大面广、由地方管理更方便有效的经济社会审批事项，一律下放地方和基层管理"，主要目标是"实现行政审批在区级审批服务平台、区域审批服务平台、街镇审批服务平台的分级布局"。其中，从办事服务载体和审批服务职能来看，区级审批服务平台的主要载体是市民中心，主要承担综合性强、专业化程度高、社会影响面大、占用公共资源多、跨区域、需面上统筹调控的审批服务职能；区域审批服务平台的主要载体是开发区和大市镇行政服务中心，主要承担为企业服务的经济发展类和建设项目类等审批服务职能；街镇审批服务平台的主要载体是社区事务受理中心，主要承担为市民服务的民生类和社会类等审批服务职能。

第一级（区级）和第三级（街镇）审批服务平台的办事服务载体都是现成的，难在如何设计第二级（开发区和大市镇）的办事服务载体。浦东采取的策略是分步骤推进，首先选择陆家嘴管委会、金桥管委会、张江管委会、世博地区办和自贸试验区管委会（包括森兰区域）（即"4+1"区域）作为第一批改革区域，覆盖周边街镇[②]，

[①] 敬乂嘉：《政府扁平化：通向后科层制的改革与挑战》，《中国行政管理》2010年第10期，第105—111页。

[②] 改革实施方案明确了不同区域所覆盖的范围。其中，陆家嘴管委会审批服务平台覆盖陆家嘴金融贸易区，包括陆家嘴街道、洋泾街道、潍坊新村街道、塘桥街道、花木街道（含内环线以外区域）。金桥管委会审批服务平台的覆盖范围在当前金桥经济技术开发区（包括北区和南区）、南汇工业园区、金杨新村街道、沪东新村街道、浦兴路街道的基础上，增加金桥镇、曹路镇、高桥镇、高行镇、高东镇；张江管委会审批服务平台的覆盖范围在当前张江高科技园区、康桥工业园区（包括南区）、国际医学园区、周浦繁荣工业区、张江东区（银行卡产业园、光电子产业园、医疗器械产业园）的基础上，增加张江镇、唐镇、合庆镇、康桥镇、周浦镇、航头镇；世博地区办审批（转下页）

建立区域审批服务平台。

事权的下放也是分步骤推进的。在第一批"4+1"区域审批服务平台建成后，浦东从 2014 年 9 月起开始下放第一批审批事权。其中，新区政府把 66 项审批事权委托给自贸试验区管委会（包括森兰区域）落实，陆家嘴管委会、金桥管委会、张江管委会和世博地区办将已实施的由新区发改委、规土局、建交委、环保局等部门掌握的 13 项审批事权覆盖周边街镇。

如果单从形式上来看，浦东新区的审批服务改革并不是朝向扁平化的，因为浦东不仅没有减少审批服务层级，反而增加了一个审批服务层级——区域审批服务平台。但是，若从浦东新区辖区面积过大的实际情况来看，在开发区和大市镇增设区域审批服务平台，有助于把区级委托或下放的相关审批服务事项，进而方便企业和群众办事，起到了审批服务扁平化的作用。总之，三级审批服务平台建立能够为浦东解决管理幅度过大，更好发挥区域审批服务平台的优势（特别是其贴近企业和民众的优势）和促进区级和街镇审批服务平台联动的作用，提升行政审批服务效率提供一个很好的抓手。

（二）以部门职能合并与事中事后监管强化为抓手的市场监管运作新模式

市场监管职能是地方政府职能的一个重要组成部分，并深刻影响着地方政府的其他职能（公共服务职能、社会管理职能、环境保护职能等）的运行。建立市场监管综合执法体系，化解市场监管多头执法、重复执法问题，已经是一项共识。《总体方案》对上海自贸区建设提出的一项具体要求是"建立集中统一的市场监管综合执法体系"。浦东新区推进市场监管职能转变、建立市场监管综合执

（接上页）服务平台的覆盖范围在当前世博园浦东地块、耀华地块、前滩地块和南码头街道、周家渡街道、上钢新村街道、东明路街道的基础上，增加三林镇、北蔡镇。自贸试验区管委会审批服务平台覆盖自贸试验区和森兰区域。

第二章 自贸区政策试点设计与浦东新区政府职能转变新模式

法体系的主要做法是合并与市场监管相关的部门,也即工商部门、质检部门和食品药品监管部门等,成立新的市场监管大部门。

2013年9月,与上海自贸区建设相同步,浦东新区开始探索市场监管体制改革,到了2014年1月1日,浦东新区正式完成工商、质检、食药监三个部门的合并,成立了统一的市场监督管理局。后续又并入价格监督检查职能,形成"四合一"市场监管综合执法体制。[①] 此时的监管机构改革主要发生在浦东新区层面,也就是说,浦东新区层面建立了新的市场监管"大部门",但上海市市级层面的机构设置并未改变。

相关报道指出,浦东新区市场监管机构整合"百日"之后,市场监管出现了四点变化:一是更快速,企业登记从"多窗口"变为"一门式";二是更便民,消费维权从"几条热线"变为"一个平台";三是更高效,监管执法从"分散式"到"全覆盖";四是更精简,改革使机关"瘦身"、基层"强身"。[②] 这些变化说明了浦东新区市场监管"三合一"改革取得了一定的实际成效。

当然,浦东新区这种以部门职能合并和事中事后监管强化为抓手的市场监管新模式并不是完美的。新的市场监管模式在运行中面临的一个难点是如何与市级层面的原有机构进行有效沟通。此外,新的市场监管局应当如何在街镇和管委会层面进行排兵布阵,也是非常具有挑战性的工作。换言之,部门职能合并和事中事后监管强化并不能解决所有的问题,市场监管体系的建立还需要在许多方面进行努力。新模式运行不久,就有一些学者进行了跟踪研究,他们指出了这种模式存在的问题以及需要进一步改革的方向。例如,浦东新区区委党校的李江萍和邰鹏峰认为,浦东新区市场监管新模式

---

① 《浦东市场监管改革走在全国前列》(2017年3月6日),浦东政府网,http://www.pudong.gov.cn/shpd/news/20170306/006001_f271c8d1-2320-4133-b560-6d144efb37ed.htm,最后浏览日期:2020年7月16日。

② 徐玲:《从"四点变化"看"三合一"成效》,《浦东时报》,2014年4月16日,第A01版。

还存在几个方面的问题：法制保障缺乏，突出表现为新部门的监管仍然依据原有四个部门的数百部法律法规，这些法律规范之间尚未进行相应整合，导致新部门执法困难重重；在实际工作中，职责不清的问题依然存在，如新部门在初级农产品方面与农业部门存在职责不清；针对大量下放的职能与事权，如何做到综合监管和专业监管相促进，仍待解决；与市级层面的部门在工作对接上存在诸多不便。①

2015年上海市工商局办公室课题组对浦东新区市场监管新模式近半年的运作情况进行评估指出，浦东新区的市场监管有待在以下三个方面进一步深化推进：一是通过取消、转移行政许可事项，解决无限监管责任困境，整合知识产权行政保护、反垄断执法等市场监管执法职能来深化政府职能转变；二是通过梳理合理划分机关与基层的事权，建立专业监管所等方式理顺监管机制；三是通过理顺综合执法稽查支队与基层执法的关系，突出专业执法优势等路径优化执法体系。② 此外，陈奇星提出了"注重监管与服务相结合""推进国际和地区间监管互认与合作""加强监管影响评估的制度建设"等创新性对策。③

案例2-4 浦东新区破解市场监管"九龙治水"格局④

深化机构改革，浦东理应走在先行先试的最前列。按照精简、高效、统一的原则，整合市场监管执法资源，优化市场准入方式，强化事中、事后监管为宗旨整合而成立的浦东新区市场监督管理局

---

① 李江萍、邵鹏峰、刘思弘：《浦东"四合一"市场监管模式的问题与优化》，《浦东开发》2015年第3期，第46—49页。

② 上海市工商局办公室课题组：《上海推进市场综合监管体制改革的调研报告》，《中国工商管理研究》2015年第5期，第75—80页。

③ 陈奇星：《强化事中事后监管：上海自贸试验区的探索与思考》，《中国行政管理》2015年第6期，第25—28页。

④ 陈洁：《破解市场监管"九龙治水"格局》，《浦东时报》2014年1月1日，第A02版。

将力求构建覆盖生产、流通、消费全过程的监管体系,缓解市场监管领域的"九龙治水"问题。

公众诉求处置一体化老百姓切切实实受惠

一直以来,由于市场监管功能的交叉和缺位,导致企业办起事来"碍手碍脚",各种行政审批困扰着企业也阻碍着市场的快速发展。改革后的浦东新区市场监督管理局通过整合原工商、质监以及食药监的相关职能,并成立市场监督管理局注册许可分局,实现"一门受理、一表申请、一口办理"。

举例来说,过去企业在登记时,营业执照的办理要到工商部门,组织机构代码证的办理要到质监部门,餐饮服务许可证则要到食品药品监管部门办理,而现在所有的行政审批环节将由市场监督管理局一家承担,通过减少中间环节,缩短准入时限来优化审批流程。这样一来,企业和老百姓再也不用为找那么多部门伤脑筋了。

不仅如此,对于老百姓来说,过去一旦发现食品安全、产品质量等方面的问题,经常会发现不知道该找哪个部门投诉,或者投诉后由于涉及多头监管而被推诿。为此,新成立的浦东新区市场监督管理局将实现"公众诉求处置一体化",通过原三个部门涉及的12315、12331、12365、12345等投诉、求助平台以及热线进行整合,以同一个公众诉求处置平台形式统一受理,更快更好地维护消费者的合法权益。

宽进严管提高政府过程监管

激活市场活力,并非不管,而是要做到宽进严管,真正理顺政府和市场的管理,厘清什么该管、什么不该管,什么必须管好管住。

新成立后的新区市场监管局一方面将加强基层所建设,从人员、技术上充实基层力量,切实提高基层一线综合监管效能;另一方面整合成立综合执法稽查支队,除了负责新区36+X的地区的日常监管工作,对于跨区域、跨领域以及专业性较强的重大案件进行专门的执法监管,严厉查处市场违法行为。

此外,未来新区市场监管局还将进一步加强社区联动执法,发挥街镇对地区市场安全特别是食品安全的总牵头作用,加大区域综合协调和联合执法力度,构建社会共治格局,切实发挥企业的主体作用、社区的纽带作用以及公众的参与作用。

(三)以监管和执法统一为目标的知识产权工作运作新模式

保护知识产权是中国加入 WTO 后对世界作出的承诺。早在 2008 年 6 月,国务院就印发《国家知识产权战略纲要》,把"完善知识产权制度"作为战略重点之一,其中提到要"及时修订专利法、商标法、著作权法等知识产权专门法律及有关法规";"健全知识产权执法和管理体制。加强司法保护体系和行政执法体系建设,发挥司法保护知识产权的主导作用,提高执法效率和水平,强化公共服务。深化知识产权行政管理体制改革,形成权责一致、分工合理、决策科学、执行顺畅、监督有力的知识产权行政管理体制"。但知识产权制度改革是个长期过程,从知识产权管理组织和职能的角度看,整个国家层面尚未意识到专利职能、商标职能和著作权相关职能分设可能存在的问题,包括多头管理和重复执法问题。

2014 年 11 月,浦东新区成立了知识产权局(于 2015 年 1 月 1 日正式运行),这是全国首个单独设立的知识产权局,它集合了专利、商标、版权行政管理和综合执法职能。而且,新设的知识产权局把专利行政执法事权、版权行政管理和执法事权从由市局管理变为由新区政府"属地管理"。从发展方向看,新设立的浦东新区知识产权局将着力构建"监管和执法统一、保护和促进统一、交易和运用统一"的知识产权工作体系,切实提高知识产权的创造、运用、保护、管理和服务水平,有助于浦东促进国际创新资源导入,加快推进上海市知识产权法院落户(2014 年 12 月 28 日揭牌成立),

进而提升全球资源配置能力，加快建设具有全球影响力的科技创新中心。① 机构和职能的整合与优化，同时有利于集中收集、分析和处理知识产权侵权相关投诉，提高投诉的政府回应力，更为有效地维护民众与企业的合法权益。

应该说，在上海自贸区建立有效的知识产权保护制度体系，是中国对标国际最高标准推进自贸区改革的应有之义。浦东新区以监管和执法统一为目标，推动知识产权相关机构的整合，试图建立知识产权工作运作的新模式，有助于自贸区和浦东新区优化营商环境，更好地吸引和集合技术、知识、人才等要素与产品。

案例 2-5 "三合一"不是简单的归并整合②

遇到商标侵权，原来只能找市工商局，2015年1月起，只需要到浦东新区知识产权局就能解决；申报专利，原本需要跑到市里的，2015年1月起，在浦东就可以办理了。昨天的浦东新区知识产权局成立大会，透露出的改革新风提振市场信心，带给普通百姓的改革红利看得见摸得着，尤其是对建设创新型社会提供了新的契机。

首先，这次"三合一"改革，不是简单的归并整合，而是按照先进可行性和科学合理性的要求，对涉及知识产权创造、运用、保护和管理各个环节的全部要素进行重新构架，实现专利、商标、版权等知识产权的监管和执法统一、培育和促进统一，以及交易和运用统一，实现了更高层次的制度创新。

新设立的浦东新区知识产权局整合了区科委（知识产权局）的专利行政管理职责和区市场监督管理局的商标行政管理和执法职责，增加了市知识产权局委托的部分专利管理和执法事权、市版权

---

① 张琪：《浦东新区知识产权局昨日成立》，《浦东时报》，2014年11月17日，第A01版。
② 张琪：《"三合一"不是简单的归并整合》，《浦东时报》，2014年11月17日，第A01版。

局委托的部分版权管理事权，增加了著作权方面的行政执法职责。未来，根据实际运作情况，再逐步争取更多国家和市层面的事权下沉。同时，新局还将积极充实加强知识产权保护、促进知识产权创造和运用等方面的职责职能，切实提高浦东知识产权的创造、运用、保护、管理和服务水平。

其次，管理体制变化了：浦东新区是直辖市的辖区，改革之前没有专利行政执法权，版权的行政管理和执法权限也在上海市版权局。今后，专利行政执法事权、版权行政管理和执法事权从原来由市局管理变为由新区政府"属地管理"，不仅实现综合执法，而且进一步将行政执法职能下放到区县，有利于进一步发挥地方政府的综合协调功能。

由此，公众诉求响应加快了——从原专利、商标、版权分别由不同部门处理申诉、举报变为"诉求处置一体化"。比如原先专利纠纷由市知识产权局负责，版权纠纷由市版权局负责，商标纠纷由区市场监管局负责，行政管理相对人遇到侵权纠纷等问题时，可能涉及多个部门，会遇到不知道到哪个部门申诉、举报的问题。知识产权"三合一"管理体制改革后，能更快更好地维护企业和老百姓的合法权益。

（四）以便民利企和一网通办为中心的政务服务运作新模式

依照服务对象的不同，可以简单地把政务服务划分为三种类别：第一类是针对普通民众的政务服务，如户籍办理、不动产登记；第二类是针对法人的政务服务，如企业开办、社会组织登记注册、投资审批；第三类是既针对法人也针对普通民众的政务服务，如政府信息公开服务、投诉受理服务等。在1.0上海自贸区改革阶段，浦东新区以便民利企为中心，在智慧社区建设、行政审批流程再造、智慧政府门户建设、集成化诉求受理与处置平台建设方面开展了有效的工作，推动了政务服务运作模式创新。这为日后浦东新区乃至整个上海全面推行政务服务"一网通办"积累了经验。其中智慧社区建设主要针对普通民众，旨在为普通民众提供优质的社区管理服务，并为民众体验新技术和新生活创造机会。行政审批流程再造主要针对企业，着力解决企业办事中的"痛点"和"难点"。智慧政府门户建设和集成化诉求受理与处置平台建设，既针对民众也面向企业，是浦东优化政府与社会沟通的主要抓手。

1. 智慧社区建设

推动新兴技术进入民众生活，既利于促进新兴技术发展，也利于民众生活质量提升，其结合点之一就是智慧社区建设。在上海自贸区正式挂牌前一个月，浦东新区发布《浦东新区智慧社区建设指导意见》，率先在上海推出智慧社区建设试点。在这一过程中，浦东电信局发挥了重要的作用。截至2013年11月底，浦东电信局与浦东新区23个街镇达成共建"智慧社区"战略合作，在新区28万IPTV用户、1 121个社区开通了"智慧社区"平台应用，基本实现浦东新区全覆盖，并提前完成年初确定的与18个街镇开展"智慧社区"建设和覆盖461个社区的目标任务。浦东电信局积极承接上海电信公司"智慧社区"专项工作，并与浦东新区信息化协会、智慧城市发展研究院进行"智慧社区"建设课题研究，形成了《浦东新区智慧社区建设指导意见》。与此同时，浦东电信局在浦东安老宜居社区服务指导中心、周浦镇社区事务受理中心、中国电信昌里东路营业厅等建成了"智慧社区"体验点，使社区居民能够实际体验智慧应用给生活带来的各种便利。此外，浦东电信局通过与厂商的合作创新，与14个街镇开展了22个项目合作，在平安社区、信息发布、政务网络提升等方面形成项目突破。一批标杆项目，如陆家嘴街道的"智慧社区"、南码头街道的"平安社区"和新区民政局科技助老服务平台等，在这一过程中涌现出来。①

---

① 徐丙伟：《"智慧社区"覆盖浦东1 121个社区》，《浦东时报》，2013年12月24日，第A07版。

2. 行政审批流程再造

行政审批流程再造既是浦东新区综合配套改革的内容，也是浦东新区回应、服务上海自贸区建设的重要切入口。回过头来看，1.0阶段浦东新区实施行政审批流程再造的突出表现是在外资准入上推进实施"一口受理"与"五证联办"。事实上，于2014年3月推出的外资准入"一口受理"与"五证联办"，正是浦东新区综合配套改革与上海自贸区建设联动推出的首个改革创新举措。

这里的"五证联办"是指把外资准入涉及的外资审批、企业登记、税务登记、组织机构代码、食品前置许可五项办事流程予以整合，把通过前台一口受理所汇集的企业相关材料交由后台部门（浦东新区市场监管局、商务委、税务局）联合办理。通过"一口受理"与"五证联办"的流程再造，浦东新区大大地缩短了外资准入的审批流程，为企业节约了时间成本。

浦东新区的流程再造创造了六个"最"：外资企业获取"出生证"时间最短、联动部门最多、行业覆盖面最广、受理事项最齐全、办事流程最透明、制度创新最彻底。[①] 截至2014年6月底，外资"一口受理"窗口共受理申请332户，其中企业设立120户，变更212户。新政实施的三个月里，通过"一口受理"程序完成的外资设立、变更申请案由原先的12个工作日缩短到平均4.7个工作日。[②]

3. 智慧政府门户建设

2013年10月30日，"智慧浦东第一门户"网站（个人生活专区）正式开通上线。从最初目标看，"智慧浦东第一门户"是以服务民生为主，致力于为浦东新区市民提供多方位、多维度的智慧化应用服务，解决市民"衣食住行"的一站式智慧浦东门户网站。该

---

① 徐玲：《首创"五证联办"外资办理再提速》，《浦东时报》，2014年3月27日，第A01版。
② 徐玲：《浦东市场监管开启2.0时代》，《浦东时报》，2014年7月8日，第A05版。

门户网站将主要包括个人生活、企业服务、政府服务、商旅投资四大服务板块。当天上线的个人生活板块,以成长树的形式展现个人生活各阶段所需的各种服务,如母婴保健、便民缴费、住房政策、居家养老等。市民可在成长树上迅速、清晰查找到个人所需的服务信息。①

4. 集成化的诉求受理与处置平台

服务型政府的一个重要维度是"民有所呼,政府有所回应",这一点进一步要求政民沟通渠道要顺畅。现实中,推动政民沟通畅通的主要思路是建立一体化的沟通渠道:沟通渠道没有是不行的,但沟通渠道太多(如热线电话太多)又容易导致民众不知所措,乃至不同热线之间的相互推诿。在上海自贸区建设背景下,浦东新区加快了一体化政民沟通渠道的建设步伐,推动形成集成化的诉求受理与处置平台。

例如,在浦东市场监管体制改革中,有一项重要内容是公众诉求处置的"一体化"。通过将新区"12345"、工商"12315"、食药监"12331"、质监"12365"、物价"12358"等热线操作系统,统一归并至"公众诉求处置平台",各条热线转来的公众诉求,都由消保处归口接收、分派、反馈,从而实现"五线合一、并网处置"。然而,有市民担心"热线少了,消费者权益保障力度会不会降低"。对此,市场监管局消保处副处长王瑾瑜认为,"五线合一"其实是"由一至五"。以不久前的一起案例来说,由于某网络商家打广告号称自己的蛋糕"沪上最美味""打折最低价",消费者徐女士便买了一磅蛋糕,收货后却发现蛋糕没有配料表,而且实物小、价格虚高、品质差。徐女士先与商家协商无果,后致电公众诉求处置平台反映。由于这起纠纷涉及食品质量、广告、价格等相关市场标准,改革前,相关职能部门间信息沟通不畅,导致调解过程中"壁垒重

---

① 王延:《"智慧浦东第一门户"昨日上线》,《浦东时报》,2013年10月31日,第2版。

重"。改革后则不同,徐女士打来电话反映问题,市场监管局在最短时间,派最少人员,统一出动,统一调度。由于一个干部同时具备多项专业调解能力,问题很快被妥善解决。①

案例2-6　高效:4个工作日完成注册登记②

工商、税务、海关等部门同台受理,企业网上就能提交申请,4个工作日就能办出"四证"……昨日,中国(上海)自由贸易试验区综合服务大厅迎来了自2013年10月8日正式受理业务后的首批获证企业。

早上8:10,自贸试验区综合服务大厅外就排起了队伍,排在首位的一位女士告诉记者,她6:45就到这里等待拿号了,她预备设立在自贸试验区的公司已经前期做好了核名,希望将所有材料提交上去后,能尽快拿到营业执照。

钱圣荣则成为了当天第一个拿到"四证"的企业代表,而他所代理的拓佳丰圣(上海)科贸有限公司也成为自贸试验区正式受理企业登记注册业务以来,首批获证公司之一。让钱圣荣最为惊讶的是此次获证的效率,短短4天内就办妥了包括营业执照、机构代码证、税务登记证、外商投资企业备案证明在内的四个证照,并顺利拿到了手上。"9号我才刚刚在网上完成申报,第二天递交了材料,想不到14号就拿到证照了。"钱圣荣表示。据了解,拓佳丰圣(上海)科贸有限公司属于外商独资企业,按照以前的流程,拿到证照至少需要20天,而试验区施行负面清单管理、备案制等"宽进"措施,让企业的"出生"大大缩短了时间。

同样感受到这一"超速服务"的还有方玉书,作为一家专业保险服务第三方平台公司的首席执行官,他一直关注自贸试验区的消

---

① 徐阳:《"五线合一"其实是"由一至五"》,《浦东时报》,2015年4月15日,第2版。
② 杨珍莹:《高效:4个工作日完成注册登记》,《浦东时报》,2013年10月15日,第1版。

息。今年,他所在的公司完成了外资投融资,当自贸区建立后,他立刻在8日就来到综合服务大厅办理相关注册手续,成为当天提交外商设立材料的第一人。而昨日,他也成为首批拿到证照的外商独资企业。"我们准备25日才搬到自贸试验区办公的,没想到今天证照都下来了,搬家的速度没赶上成立的速度啊!"方玉书说。

国家工商总局推出的支持中国(上海)自由贸易试验区建设意见,全面改革工商登记制度,让企业可以试行注册资本认缴登记等,则让企业的资金流压力大为减少。首批拿到营业执照、税务登记证及机构代码证的内资企业——远时投资(上海)有限公司就采取了认缴制的方式,注册资本 5 000 万元,分期认缴。企业办事流程实行备案制只需 4 个工作日,原来至少需要 29 个工作日。此外,申请资料也由原来"厚厚一叠"变成只需一张"投资者备案申请表和承诺书"的纸,且以往一个职能部门就要交一份材料,而现在一份材料交到办事大厅后,就可以在大厅的各个窗口进行内部流转,实现协同受理,大大方便了企业办事。

据工商部门统计显示:2013 年 10 月 14 日,60 家企业从自贸区综合服务大厅内拿到了营业执照。有趣的是,他们手上的营业执照,与区外版本并不相同。工商部门解释,专为自贸试验区设计的新版营业执照为竖版,强调在印刷版式上与国际惯例接轨。工商部门表示:自贸区综合服务大厅自 8 日开始,咨询量及名称查询量成数倍增长,在名称核准上每天差不多增加 100 家。目前整个自贸区最大的集中量还是在咨询和名称核准上,办事流程有个传导性,估计到后两周就会传导到企业设立这个环节。

(五) 以政府购买服务为推动力的社会组织运作新模式

政府职能由政府主体向社会主体转移,也即政府职能转移,是通常所谓的政府职能转变的一项重要内容。有效的政府职能转移,至少建立在三个方面的要求或条件之上:一是政府敢于和真正地通过政府购买服务的方式,把非核心政府职能转移出去;二是需要有相应的具备一定承接能力的社会主体(特别是社会组织);三是对转移出去的非核心职能的履行情况,政府监督之,或者主导建立社会监督机制监督其实效。

本质上,政府职能转移与转变的过程也是社会组织发展和政社合作的过程。浦东新区通过率先探索政社合作,推动社会组织积极发挥作用,实现了政府职能的有效转变,同时避免了公共治理真空的出现。2013年年底,在浦东新区三届区委五次全会上,时任浦东新区区委委员王志荣和区委委员李宝令都谈到,政府要转变工作方式和方法,按照市场的方式来配置资源,把政府的部分职能转移给社会组织,政府则要加强统筹协调,培育、扶持、孵化适合本地特点的社会组织,让社会组织为不同地区量身定制社会服务项目。①

总体来看,浦东新区的社会组织发展起步较早,发展基础好。例如,早在2000年,浦东新区就成立了新经济组织和新社会组织党建联席会议,从党建切入推动新社会组织发展。2007年开始,浦东通过《浦东新区关于政府购买公共服务的实施意见》较早地将政府购买公共服务制度化,并借以购买公共服务带动社会组织发展。2008年9月的一份统计显示,新区社会组织近700家,而且年均保持10%以上的增长势头,居全市各区县之首。② 从2009年起,浦东开始举办社会组织公益活动月系列活动,这一活动一年一次,已经延续至今。2011年5月,浦东新区政府印发《"十二五"期间促进浦东新区社会组织发展的财政扶持意见》,决定通过财政扶持的方式支持社会组织发展。③ 最新数据显示,近1 800家社会组织

---

① 洪浣宁等:《浦东:改革创新是唯一动力》,《浦东时报》,2013年12月26日,第A02版。
② 《浦东新区社会组织改革迈出新步伐》(2008年9月19日),中国社会组织公共服务平台网,http://www.chinanpo.gov.cn/1938/31497/preindex.html,最后浏览日期:2020年7月16日。
③ 浦东新区政府:《关于印发"十二五"期间促进浦东新区社会组织发展的财政扶持意见的通知》,浦府〔2011〕113号。

在为老助残、帮扶济困、环境保护等诸多公共领域,发挥不可替代的作用。

以浦东新区研发机构联合会为例,其运行与发展反映了社会组织承接政府职能的过程及作用。浦东新区研发机构联合会创立于2010年,是一个非营利性、综合性的社团组织,它在建设资源支撑平台、服务创新企业和研发机构等方面发挥着特定的作用。在过去的2013年里,浦东新区研发机构联合会承担了多项政府委托服务,包括课题研究(如承接了浦东新区科协的重要课题"浦东新区企业创新业态的发展调研")、组织"创新创业服务月"活动、承担优秀科技论文评选评审组织工作等,在求得自身发展的同时,积极承担政府职能转移,联合会会长、中科院院士邹世昌透露,接下来的一年里,在承担政府职能转移方面,浦东研发机构联合会将有"更大作为"。①

2014年2月,浦东成功创建全国社会组织建设创新示范区。据报道,政府购买社会组织服务发源于浦东,并被写进了中共十八届三中全会决定。② 塘桥街道办事处作为浦东新区的先行者,在引导社会组织发展的过程中走过了社会组织的培育、社会组织的发展、社会组织的评估三个阶段。时任街道办事处主任徐平说:"政府之前的工作重点是扶持社会组织,而现在工作重点为规范社会组织管理,促使其向现代社会组织体系转变。"从2014年开始,塘桥街道自己培育的20多家社会组织就逐步跟政府脱钩,通过参与投标获得政府支持;而2015年,街道将通过市场来推动社会组织的自身发展。徐平表示:"公务员不会增加,只会减少,为了更好地承接政府职能转变而来的工作,塘桥街道将会扩大购买社会组织服务数量,为探索构建一个支持性社会组织的联盟而努力。"③

---

① 李音:《政府职能转移将有更大作为》,《浦东时报》,2014年1月21日,第A02版。
② 《社会组织服务值多少钱可估价了》,《浦东时报》,2014年1月7日,第A03版。
③ 同上。

由上可见，在上海自贸区 1.0 阶段，浦东新区在原先较好基础上继续努力，形成了社会组织运作新模式。具体来说，浦东形成了以政府项目和政府购买服务为重要支撑的社会组织引导和培育模式，政府培育与自主发展相互促进的社会组织发展壮大模式，政府评估和第三方评估相结合的社会组织评估管理模式。新模式的形成推动了政社合作的深化，反过来又为浦东地方政府职能的有效转变提供了保障。

案例 2-7　浦东新区成功创建全国社会组织建设创新示范区①

2014 年，浦东新区成功创建"全国社会组织建设创新示范区"。与浦东一同获得该荣誉的，还有北京市西城区等 70 个地区。

浦东新区开发开放以来，始终坚持"小政府、大社会"的发展理念，以构建新型政社合作关系为突破口，不断加大社会组织培育扶持和监管服务力度，基本形成与经济社会发展相协调、结构合理、功能完善的社会组织发展格局和监督有力、引导有方、民主自律的社会组织管理格局。

目前，全区社会组织总数达 1 672 家（其中社会团体 356 个、民办非企业单位 1 316 个），约占全市总量的近 1/7。另有备案的社区群文团队 5 200 余家，每年获得市区各级政府补助和政府购买服务资金达 5 亿多元。涌现出 300 多家比较优秀的社会组织，一批社会组织领军人才当选市区两级的党代表、人大代表和政协委员，积极参政议政。有 220 多家组织获评社会组织规范化建设评估等级，其中有 5A 级组织 22 家，4A 级组织 44 家。社会组织在承接政府转移职能、整合社会资源、引导社会参与、协调社会关系等方面的作用日益发挥，成为浦东社会建设的一支重要力量。

浦东新区民政局副局长庄大军说，在社会组织建设方面，浦东

---

① 徐玲：《浦东新区成功创建全国社会组织建设创新示范区》，《浦东时报》，2014 年 4 月 3 日，第 A06 版。

新区一直走得比较靠前。新区高度重视社会组织建设工作，先后出台了一系列扶持政策，突破了行业协会登记方面的政策瓶颈，完善政府购买公共服务机制，通过组织社会组织参与"公益项目招投标"、"公益创投大赛"等形式，进一步拓展资金来源渠道和方式。

庄大军告诉记者，在创建示范区的一年里，新区对照创建标准积极展开自评，从发展环境、服务管理、能力建设和作用发挥四个层面推进工作。以"浦东公益服务园"为主体的三园一街［浦东公益服务园、浦东基金会服务园、社区公益服务（塘桥）园和浦东公益街］获得全市首个"上海公益社会组织示范基地"；洋泾街道成立了全市唯一一家社区基金会；塘桥街道率先推出街道层面购买服务的办法和目录；上钢街道、航头镇等大型社区积极引入社会组织参与公共管理，为居民提供公共服务。这些都是创建过程中的亮点，创建活动也带动了浦东社会组织整体的建设水平全面提升。

下一步，新区将以此为契机，继续深入贯彻落实有关精神，紧紧围绕推进社会组织管理制度改革，激发社会组织活力，发挥社会组织作用，进一步提高创建标准，重改革创新，切实发挥示范带头作用，为社会组织改革发展探索和总结更多更好的经验。

三、政府治理的政策试点逻辑：以政策试点撬动政府职能转变

（一）授权与支持："八方支援"下的上海自贸区政策试点

上海自贸区改革的重点领域是由国家直接规定的，是国家意志和国家战略的体现。而且，各项制度创新试点主要是在全国人民代表大会常务委员会（以下简称"全国人大常委会"）、国务院（及各职能部门）、上海市人大等主体的特别授权或特别支持下展开的。例如，在自贸区设立的当月，国家工商总局就将"外商投资企业登记管理权"授予了上海市工商行政管理局自贸区分局。这是一种典

型的中央层面的条对地方层面的条的授权，实质是中央层面的条对块（地方）的支持。此处用授权和支持两个描述性概念（即"那些被认定为客观且能显示其存在的'事实'"①）来揭示上海自贸区重点领域制度创新试点的形成与发展逻辑。授权（上对下的授权）是指中央把相应的权力授予地方，且这种授权是一种特别性授权，不是中央对所有地方的普遍性授权。支持（条对块的支持）的概念容易理解，无需解释。

1. 上对下的授权

在上海自贸区案例中，中央的授权主要是指法律授权，它包括两个环节。第一个环节是全国人大常委会授权国务院在上海自贸区暂时调整相关法律规定的行政审批。② 例如，2013 年 8 月 30 日，第十二届全国人大常委会第四次会议决定：授权国务院在上海自贸区内暂时调整《外资企业法》《中外合资经营企业法》和《中外合作经营企业法》规定的 11 项行政审批。2014 年 12 月 28 日，第十二届全国人大常委会第十二次会议决定授权国务院在包括上海自贸区在内的四个自贸区范围内暂时调整《外资企业法》《中外合资经营企业法》《中外合作经营企业法》和《台湾同胞投资保护法》规定的 12 项行政审批。③ 从文本看，此处所谓"暂时调整"实际上全部是指"暂停实施"，即暂停实施上述法律所设定的特定行政审批并改为备案管理。

第二个环节是国务院在上海自贸区暂时调整有关行政法规、经

---

① ［英］安德森·海伍德：《政治学核心概念》，吴勇译，天津人民出版社 2008 年版，第 5 页。
② 有关全国人大常委会此种授权模式本身合法性的讨论，参见范进学：《授权与解释：中国（上海）自由贸易试验区变法模式之分析》，《东方法学》2014 年第 2 期，第 127—132 页。
③ 2016 年 9 月 3 日，第十二届全国人大常委会第二十二次会议决定修改《外资企业法》等四部法律，在相应部分新增了如下表述："……规定的审批事项，适用备案管理。国家规定的准入特别管理措施由国务院发布或者批准发布。"该决定通过后，分别于 2013 年 8 月和 2014 年 12 月通过的两个具体决定的效力相应终止，而国务院在外资企业管理等方面的权力则明显增加。

第二章 自贸区政策试点设计与浦东新区政府职能转变新模式

国务院批准的部门规章和国务院文件规定的行政审批或者准入特别管理措施。目前这种形式至少已经出现了多次（不限于1.0阶段），例如，2013年12月，国务院决定在上海自贸区暂时调整32项行政审批及准入特别管理措施；2014年9月，国务院决定在上海自贸区暂时调整27项有关资质要求、股比限制、经营范围等准入特别措施；2016年4月，国务院决定在上海浦东新区暂时调整《药品管理法实施条例》等11部行政法规和国务院文件规定的6项行政审批等事项；2017年12月，国务院决定在包括上海自贸区在内的所有自贸区暂时调整《船舶登记条例》等11部行政法规、2件国务院文件以及2件经国务院批准的部门规章的有关规定；2018年8月，国务院决定在上海浦东新区暂时调整实施《医疗器械监督管理条例》和《饲料和饲料添加剂管理条例》两部行政法规的相关规定。通过"暂时调整（主要是指暂停实施）"自身设立或批准的有关规定，国务院完成了授权，即授予上海自贸区以不受有关规定约束的权力。对上海自贸区而言，国务院授予的这种实际权力构成了其抽象意义上"先行先试权"的基础。

2. 条对块的支持

条对块的支持，是上海自贸区得以顺利运行的重要保障，正如时任上海市委书记韩正在自贸区运行一周年时所说，"自贸试验区的每一项制度创新、每一项制度突破、每一项工作中瓶颈和问题的解决，都是在国家各有关部门和主管部门帮助指导下实现的；下一步的可复制可推广也都是在国家各部门主导下进行的。所以，自贸试验区建设取得的阶段性重大成果，是国家各个部门和上海市按照中央的要求、按照总书记关于国家试验田的要求，共同努力、紧密合作的产物"[①]。具体来说，条对块的支持主要有如下几个方面。

（1）软硬资源注入。例如，2013年9月，国家质检总局提出要

---

① 《探索政府与市场关系这一根本改革》，《浦东时报》，2014年9月30日，第B01版。

支持国家质检中心落户试验区，为金融服务业、专业服务业、软件与信息服务业等提供检测服务。① 2014年5月，海关总署印发《中国（上海）自由贸易试验区海关监管服务模式改革方案》，决定采取措施加大对上海自贸区的资源支持，包括整合设立上海自贸区海关机构（副厅局级），多途径充实一线监管力量，更新配置高性能的识别、监控、查验、通信等科技设备，全面提升上海自贸区内海关特殊监管区域信息化系统功能等。

（2）管理权限下沉。管理权限下沉有三种实现形式。一是直接授予。2013年9月，工商总局把外商投资企业登记管理权授权授予上海市工商局自贸区分局。② 二是直线委托实施。2014年5月，国家林业局委托上海市林业局实施野生动物行政许可事项，适用范围是上海市自贸区注册的企业。③ 2014年3月，国家旅游局委托上海市旅游局受理并审批外商在上海设立中外合资经营旅行社、中外合作经营旅行社和外资旅行社。④ 三是联合委托实施。这里的联合是指国务院各部门与上海市政府的联合，其意在将上海市层面相关职能部门的管理权限下沉到自贸区管理机构。

（3）行政审批简化。2013年9月，中国银监会发文决定简化准入方式，将试验区内银行分行级以下（不含分行）的机构、高管和部分业务准入事项由事前审批改为事后报告，并设立区内银行业准入事项绿色快速通道，建立准入事项限时办理制度，提高准入效率。⑤ 2013年9月，海关总署提出，按照"一线放开"的要求创新

---

① 国家质检总局：《关于支持中国（上海）自由贸易试验区建设的意见》，国质检通〔2013〕503号。

② 国家工商总局：《关于支持中国（上海）自由贸易试验区建设的若干意见》，工商外企字〔2013〕147号。

③ 国家林业局：《委托上海市林业局实施野生动物行政许可事项的公告》，2013年第9号。

④ 国家旅游局：《关于旅游支持中国（上海）自由贸易试验区建设的意见》，旅发〔2014〕10号。

⑤ 中国银监会：《关于中国（上海）自由贸易试验区银行业监管有关问题的通知》，2013年第40号。

第二章　自贸区政策试点设计与浦东新区政府职能转变新模式

"一线"进出境通关模式，包括探索推进货物状态分类监管、简化进出境备案清单和通关手续等内容。① 2014年5月，国家濒危办决定在上海自贸区简化许可程序、放宽许可条件、缩短许可时限。②

（4）政策试点支持。2013年9月，交通运输部决定，允许中资航运公司利用全资或控股拥有的非五星旗国际航行船舶，经营以上海港为国际中转港的外贸进出口集装箱在国内对外开放港口与上海港之间的捎带业务。③ 2013年9月，中国保监会发文指出，支持在自贸区内试点设立外资专业健康保险机构，支持自贸区保险机构开展境外投资试点，积极研究在自贸区试点扩大保险机构境外投资范围和比例。④ 2014年5月，中国保监会决定，允许上海航运保险协会试点开发航运保险协会条款，报备后由会员公司自主使用。⑤ 对于该项政策试点，上海保监局局长裴光表示，"这是中国保险监管领域首次允许行业协会作为条款报备主体"⑥。

（5）业务技术支持。国务院各部门实施业务指导与技术支持的对象既包括上海市政府，也包括上海自贸区相关管理部门以及区内相关企业。2013年9月，质检总局发文指出："支持试验区制定、发布一批与国际标准及国际通行规则相适应的区域性地方标准……支持对区内企业进行WTO/TBT相关标准、技术法规和合格评定程序的通报工作，并为消除、减少技术性贸易壁垒提供咨询

---

① 海关总署办公厅：《关于安全有效监管支持和促进中国（上海）自由贸易试验区建设的若干措施》，2013年9月30日。
② 国家濒危办：《关于简化中国（上海）自由贸易试验区有关办事程序的公告》，2014年第2号。
③ 交通运输部：《关于在上海试行中资非五星旗国际航行船舶沿海捎带的公告》，2014年9月27日。
④ 中国保监会：《支持中国（上海）自由贸易试验区建设主要举措》，2013年9月28日。
⑤ 中国保监会办公厅：《关于进一步简化行政审批支持中国（上海）自由贸易试验区发展的通知》，2014年5月15日。
⑥ 《保监会发布支持上海自贸试验区建设的三项举措》（2014年5月19日），中国政府网，http://www.gov.cn/xinwen/2014-05/19/content_2682223.htm，最后浏览日期：2020年7月16日。

与服务。"① 中国保监会表示,支持国际著名的专业性保险中介机构等服务机构以及从事再保险业务的社会组织和个人在自贸区依法开展相关业务,为保险业发展提供专业技术配套服务。② 商务部发文表示,指导自贸试验区建立产业安全预警体系,以《对外贸易法》为依据,结合自贸试验区的开放特点,以"四体联动"机制为基础,创建与之相适应的预警体系。③

(6) 务虚性支持。工商总局发文要求上海市工商局"在上海市委、市政府的领导下,深入贯彻落实科学发展观,围绕中心、服务大局,切实履行法定职责"④;国家旅游局发文给上海市旅游局指出,"你局应在上海市政府的领导下切实履行法定职责,加强监管,不断创新,为推动试验区建设作出积极贡献"⑤。国务院各部门的这类支持虽然是务虚性的,并没有写明具体的措施,但却可能有助于提升上海市政府对市级层面条线部门的领导力与组织力,进而有助于上述诸方面务实性支持的落地。

(二) 溢出效应承接:自贸区政策试点撬动地方政府职能转变

1. 溢出效应承接的内涵

为推动自贸试验区各项任务(多与扩大开放有关)的顺利完成,作为一级地方政府的浦东新区政府必须转变政府职能。一定意义上,浦东新区的政府职能转变是被倒逼的,即开放倒逼改革。反过来,上海自贸试验区的设立也为浦东新区转变政府职能提供了契

---

① 国家质检总局:《关于支持中国(上海)自由贸易试验区建设的意见》,国质检通〔2013〕503 号。
② 中国保监会:《支持中国(上海)自由贸易试验区建设主要举措》,2013 年 9 月 28 日。
③ 商务部:《关于支持自由贸易试验区创新发展的意见》,商资发〔2015〕313 号。
④ 国家工商总局:《关于支持中国(上海)自由贸易试验区建设的若干意见》,工商外企字〔2013〕147 号。
⑤ 国家旅游局:《关于旅游支持中国(上海)自由贸易试验区建设的意见》,旅发〔2014〕49 号。

第二章 自贸区政策试点设计与浦东新区政府职能转变新模式

机。在前期综合配套改革经验的基础上,浦东新区积极探索推动政府职能转变,形成了精兵简政放权新模式、市场监管新模式、知识产权工作新模式、政务服务新模式、社会组织发展新模式。理论上,可以把这一过程概括为"溢出效应承接"。

溢出效应"是指经济主体的经济活动,对他人和社会造成的影响。当然,对其他经济主体来说,这是一种不需要付出代价就可以享受的收益"。有研究认为,"自由贸易区高度的开放性,打开了上海与世界市场之间的通道,为物流体系提供了便利条件,也为出口加工提供了优良的环境,使得物资的进出口能够满足上海城市经济发展的需求。同时,世界商贸信息在自贸区内传播具有深度与广度,信息的外溢也为上海其他地区获得优质商机提供了平台。而且,自贸区的改革,使得投融资高度便利化,从而吸引大量国内外投资,也会吸引国外先进的技术和经验,派生出一系列新兴产业活动,进而通过前向关联效应和后向关联效应带动上下游产业的发展"。①

整个"溢出效应承接"过程的顺利展开建立在两个基本条件之上:一是上海自贸区政策试点确实能够产生一定的溢出效应;二是上海市及浦东新区必须具备相应的承接能力。在此意义上,又可以把"溢出效应承接"过程细化为"自贸区政策试点产生溢出效应"和"地方通过自主改革提升承接能力"两个环节。

2. 自贸区政策试点产生溢出效应

由于自贸区本身就是诸多政策试点的集合地,"自贸区政策试点产生溢出效应"这一基本条件是很容易成立的。这里可以透过一个非常具体的例子来阐释自贸区政策试点的形成和推广(产生溢出效应)的过程。2014年11月,上海自贸区10项创新税收服务措施在浦东新区全面复制推广,其"试点形成—试点实施—试点推广

---

① 汤蕴懿、董露露:《自贸区制度"溢出"路径下的城市发展与管理规制——以上海自贸区的清单管理与辐射效应为例》,《上海城市管理》2015年第6期,第40—44页。

（产生溢出效应）"过程包括三个阶段。

第一阶段是授权试点阶段。2014年6月，国家税务总局发布《关于支持中国（上海）自由贸易试验区创新税收服务的通知》（税总函2014年第298号），要求上海市国家税务局、地方税务局在上海自贸区内落实好网上自动赋码、网上自主办税、电子发票网上应用、网上区域通办、网上直接认定、非居民税收网上管理、网上按季申报、网上备案、纳税信用网上评价、创新网上服务（网上信息收集、网上信息推送、网上信息查询）10项措施。

第二阶段是试点细化和实施阶段。2014年7月7日，上海市政府举行新闻发布会，正式对外公布"税收一网通办"10项措施，分别为"网上自动赋码""网上发票应用""网上区域通办""网上自主办税""网上审批备案""网上资格认定""网上非贸管理""网上按季申报""网上信用评价"以及"网上服务体验"，上海市国家税务局局长、市地方税务局局长过剑飞在发布会上详细指出，"十项举措的选定是从制度层面体现创新，自贸区承担一个很重要的内容就是成熟以后，切实可行的要可复制、可推广……今天推出的十项举措应该说是逐步推行的，例如自贸区试验区受理新的税务登记明天就自动赋码了"[1]。

第三阶段是复制推广阶段。上述10项措施仅仅在自贸区试点了四个月，到2014年11月13日，上海市政府就决定把10项创新税收服务措施率先在浦东全面复制推广。浦东新区成了自贸区改革创新溢出效应的第一承接地，其背后的故事是浦东新区相关部门在试点细化方案一公布就开始策划进行承接：自贸试验区"办税一网通"公布后，浦东税务局就开始了精心筹划和周密部署，按照"先行先试、风险可控、分步推进、逐步完善"的16字原则开展复制推广工作的梳理准备，主动对接做好自贸试验区创新税收服务措施

---

[1] 《市政府新闻发布会问答实录（2014年7月7日）》（2014年7月8日），上海政府网，http://www.shanghai.gov.cn/nw2/nw2314/nw9819/nw9820/u21aw897727.html，最后浏览日期：2020年7月16日。

的复制和推广。①

3. 地方通过自主改革提升承接能力

上海自贸区"溢出效应承接"的关键在于第二个条件,即上海市及浦东新区必须有意识地去承接,并全方位打造其承接能力,这一点是非常不容易做到的。2014年1月,时任浦东新区区委书记沈晓明曾强调,"浦东综合配套改革试点必须形成与自贸试验区改革的联动效应。自贸试验区放在浦东,自贸试验区改革的目的就是为了形成可复制、可推广的经验。因此,自贸试验区的改革,浦东不仅应该第一时间学习、第一时间复制推广,而且还应该形成加快改革的倒逼机制。复制自贸试验区改革,绝不能出现其他地区已经做了而浦东还没有做的情况。只有这样,浦东才能在优化服务经济发展环境上取得突破"②。

近水楼台先得月,事实证明,浦东新区在许多时候都是上海自贸区改革经验的首个复制地。例如,2014年12月12日,国务院常务会议决定"将(上海自贸区)部分开放措施辐射到浦东新区"。12月18日,上海海关率先与浦东新区签署合作备忘录,推进自贸试验区海关监管服务创新制度的复制推广,探索非特殊监管区海关监管制度创新,并推出23条改革措施建议,支持浦东对接自贸试验区,进一步扩大开放。③ 在具体的实践中,上海市及浦东新区通过如下一系列自主改革提升了其承接能力,也进而保证了上海自贸区的有效运转。

(1)积极完善地方立法。《总体方案》规定,上海市要通过地方立法,建立与试点要求相适应的试验区管理制度。2013年9月,

---

① 《自贸区10项税收新政全区推广》,《浦东时报》,2014年11月14日,第A02版。
② 《区级机关核减人员充实到第一线》,《浦东时报》,2014年1月22日,第A03版。
③ 《海关23条措施推广至浦东 打造自贸改革创新复制推广示范区》(2014年12月19日),东方网,http://sh.eastday.com/m/20141219/u1a8497564.html,最后浏览日期:2020年7月16日。

上海市政府第24次常务会议通过《中国（上海）自由贸易试验区管理办法》（以下简称"《管理办法》"）。《管理办法》是规范上海自贸区运作的第一部地方政府规章，上海据此设立了自贸区的管理机构（即上海自贸区管委会），并规定了自贸区在投资管理、贸易发展和便利化、金融创新与风险防范、综合管理和服务等方面即将采取的创新性举措，如实施外商投资准入特别管理措施（负面清单）管理模式。紧接着，上海市又发布了一系列规范性文件，如《中国（上海）自由贸易试验区外商投资项目备案管理办法》《中国（上海）自由贸易试验区境外投资项目备案管理办法》《中国（上海）自由贸易试验区外商投资企业备案管理办法》《中国（上海）自由贸易试验区境外投资开办企业备案管理办法》《中国（上海）自由贸易试验区外商投资准入特别管理措施（负面清单）（2013年）》。第一部地方性法规《中国（上海）自由贸易试验区条例》于2014年7月诞生，上海由此初步形成了与中央要求相适应并预留创新空间的自贸区管理制度。

（2）细化落实试验任务。为推动中央授权与条的支持的有效落地，上海在完善地方立法的基础上，不断细化试验任务，以制度创新为核心推进各项具体改革。例如，在外商投资管理方面，出台了全国首个外商投资准入特别管理措施（负面清单）[①]，甚至创新性地把负面清单模式扩散至跨境服务贸易[②]等领域。在工商登记管理方面，积极实施注册资本认缴登记制、"先照后证"登记制等改革措施。在金融创新方面，细化和明确了资本项目可兑换、利率市场

[①] 上海单独发布过两份外商投资准入类负面清单，其中2013年版负面清单包括190项措施，2014年则减少为139条。自2015年全国新增广东、天津、福建三个自贸区起，全国自贸区开始共用一份负面清单，清单的长度也进一步减少，到2018年时仅为45条。关于负面清单"长度"变化的梳理与讨论，参见梁宏亮：《"负面清单"是如何一步步变短的?》（2018年11月27日），每日经济新闻网，http://www.nbd.com.cn/articles/2018-11-27/1276543.html，最后浏览日期：2020年7月16日。

[②] 2018年10月，上海市政府发布《中国（上海）自由贸易试验区跨境服务贸易负面清单管理模式实施办法》和《中国（上海）自由贸易试验区跨境服务贸易特别管理措施（负面清单）（2018年）》，这是全国第一张服务贸易领域的负面清单。

化、人民币跨境使用、外汇管理等方面的举措。在自贸区综合管理和服务方面，采取的具体措施包括加大行政透明度建设、建立"一口受理"工作机制、实行企业年报公示制度等。

（3）加强监管能力建设。自贸区承担的试验任务大都与暂停实施相关法律、取消现有行政审批事项相关，这对政府的事中事后监管能力提出了很大要求。为此，从自贸区设立之初，上海就注重从多个方面加强和提升事中事后监管能力。例如，将大量分散于各个部门的行政处罚权交由管委会综合执法机构集中行使；率先（2014年元旦）实施监管大部门制，整合原有的工商、质检、食药监的力量，成立浦东新区市场监督管理局；推行基于信用的分类监管；建立和实施企业年报公示制度；在自贸区建设统一的监管信息共享平台，整合监管资源，提高联合监管和协同服务的效能。

（4）优化地方政务服务。政务服务是营商环境的基础构件之一，它已经成为地方政府竞争力的新源头。在承接自贸区试验任务之前，上海就有着比较好的政务服务基础，在承接任务之后上海更注意采取措施优化政务服务。例如，在投资建设领域，浦东新区积极实施重大产业项目行政审批告知承诺改革和行政审批中介服务改革，推进基于跨部门信息共享的网上政务大厅建设。

（5）完善风险防控机制。试验是有风险的，力度越大，潜在的风险也就越多。为有效地预防和控制试验风险，上海主动建立健全各类风险防控机制。例如，为防控金融开放可能带来的风险，上海探索建立国家金融管理部门驻沪机构、市金融服务部门和管委会参加的自贸试验区金融工作协调机制；为防控投资安全风险，建立涉及外资的国家安全审查工作机制；为防控日常风险，由上海市发展改革部门牵头、管委会和上海市其他部门共同参与，建立包括风险评估在内的自贸区综合性评估机制。

在从上述方面推动地方自主改革的过程中，上海注意保持与国务院各部门及中央的联系。一方面，通过联合发文等机制加强与国务院各部门的合作，如2013年9月与交通部联合制定并发布《关于落实〈总体方案〉加快推进上海国际航运中心建设的实施意见》、2014年1月与工业和信息化部联合发布《关于中国（上海）自由贸易试验区进一步对外开放增值电信业务的意见》。另一方面，利用中央领导考察上海的机会，以及常态化的请示报告等机制与中央保持联系，注意把自主改革过程中遇到的重大事项、重大问题交由中央决定。这一点保障了上海的自主改革始终不脱离中央的视线，有助于改革的行稳致远。

案例2-8　浦东如何发挥自贸区的溢出效应[①]

2013年11月，在接受《浦东时报》等媒体的集体采访时，上海市委常委、浦东新区区委书记沈晓明就浦东如何发挥自贸区的溢出效应这一热点问题作了详细的回答。

浦东全力支持配合自贸区的建设，做好配角和配合工作

建立中国（上海）自由贸易试验区，是中央作出的重大决策，是我国新时期全面深化改革开放的重大举措，也是上海推进转型发展的重大机遇。自贸试验区的成立，标志着浦东开发开放由此进入了新的历史阶段，是历史给予浦东一次新的机遇，浦东又一次勇立于改革开放的潮头。我们将按照中央精神和全市的统一部署，把自贸试验区作为当前和今后一段时期浦东改革的重中之重，举全区之力配合服务好自贸试验区建设。

这里，我要着重介绍一下外高桥股份公司。外高桥股份公司原来是在一幢漂亮的白色楼房里办公，现在楼顶招牌已变成了花旗银行。他们与花旗银行签署协议之后，7天就全部腾出地方，搬到了一个面积只有2 000平方米的待拆迁仓库，刚进去的时候，连电压都无法保证，空调、暖气甚至厕所都没有，后来在电力公司的大力支持下已经得到解决了。这件事情充分说明，浦东人艰苦奋斗的创

[①] 《浦东再次勇立改革开放潮头》，《浦东时报》，2013年11月28日，第A03版。

第二章 自贸区政策试点设计与浦东新区政府职能转变新模式

业精神没有丢,我们并没有当"富二代"。最近我提出,要使这种艰苦创业的精神,在我们深化改革、推进二次创业的过程中蔚然成风。我建议各位记者有时间的话到外高桥股份公司去看一看。

最大限度地促进自贸区内外联动,发挥自贸区的溢出效应

自贸试验区目前主要是4个海关特殊监管区,面积是28平方公里。如何实现区内区外联动、发挥自贸区的溢出效应,是摆在我们面前的一项重要任务。溢出效应的内涵很多,有的现在已经显现出来了,有的还在探索。

例如,企业机构集聚的溢出效应。自贸试验区的空间有限,目前远远不能满足广大企业入驻的需求。因此,一方面,我们将突破土地制度的瓶颈制约,加快推进自贸区内的土地二次开发,为企业入驻发展提供更多的载体空间;另一方面,浦东的其他区域,可以利用天时地利,想方设法主动接受辐射,承接这些企业,使得落户自贸区的企业在浦东形成"哑铃型"的发展模式,就是说,注册在自贸区内,但实际运作也可以在浦东、在自贸区以外。我们将争取探索设立分支机构、开展业务联动等形式,将试验区内在金融创新、服务业开放等领域的试点效应向区外释放,带动浦东金融、贸易、航运核心功能创新突破,加快提升总部经济发展水平。

例如,制度创新的溢出效应。中央要求自贸试验区要形成可推广、可复制的经验,首先就应该是在浦东的其他区域可推广、可复制。比如,商事登记制度改革,浦东将率先借鉴推广试验区的改革经验,试点推动注册资本认缴制、"先照后证"登记制、外商投资企业设立联动登记等制度改革,不断优化市场准入,激发市场活力。比如,临港国家再制造产业示范基地,可以依托毗邻洋山保税港区的先天优势,借助自贸区的政策突破,试点开展境内外高技术、高附加值的检测维修业务,形成新的经济增长点。

第三章

自贸区试点扩大与浦东新区政府整体再造

2014年12月28日,第十二届全国人大常委会第十二次会议决定授权国务院在上海自贸区扩展区域暂时调整《中华人民共和国外资企业法》《中华人民共和国中外合资经营企业法》《中华人民共和国中外合作经营企业法》和《中华人民共和国台湾同胞投资保护法》规定的有关行政审批。这一决定(2015年3月1日起施行)意味着上海自贸区将迎来新的发展机遇:实施范围由原先的28.78平方公里扩至120.72平方公里。2015年4月27日,扩展区域正式挂牌,标志着上海自贸区正式进入2.0发展阶段。而自贸区与行政区合署办公构成新阶段上海自贸区改革与浦东地方政府再造的新情境。这一时期政府治理的逻辑可以称为试点扩大(包括物理扩容与试点深化)逻辑。合署办公意味着浦东新区政府参与实施自贸区试点改革任务的外部情境发生变化、激励结构发生转换,它需要更加积极地探索一级地方政府整体再造。

一、自贸区扩区与重点领域政策试点的扩大

在第十二届全国人大第十二次会议的决定正式施行之后,国务院印发《进一步深化方案》,把上海自贸区的实施范围由原来的4个海关特殊监管区域(28.78平方公里)扩充到包括陆家嘴金融片区、金桥开发片区、张江高科技片区在内的120.72平方公里范

围。这次扩区之后，上海自贸区的实施范围占据了浦东新区总面积的十分之一。新增的三个片区在定位上各有侧重：陆家嘴金融片区面积34.26平方公里，是上海国际金融中心建设的核心区域、上海国际航运中心的高端服务区，以及上海国际贸易中心的现代商贸集聚区；金桥开发片区面积20.48平方公里，是上海重要的先进制造业核心功能区、生产性服务业集聚区、战略性新兴产业先行区和生态工业示范区；张江高科片区面积37.2平方公里，是上海贯彻落实创新型国家战略的核心基地。① 这三个各有特色、基础雄厚、潜力无限的新片区的加入，把上海自贸区改革推向新阶段。新阶段上海自贸区改革仍以政府职能转变、投资、贸易和金融作为重点领域，但不同的是，各领域改革试点的措施更加丰富、力度有所加深。

(一) 深化和拓展政府职能转变

1. 方案文本

1984年，"职能"一词首次出现在中共中央文件中（《中共中央关于经济体制改革的决议》）。此后，尤其是在2001年中国加入世界贸易组织、2003年SARS事件发生以来，政府职能转变一直是中国行政管理领域的热点话题。王浦劬认为，"切实加快政府职能转变，是全面深化改革，推进国家治理现代化的核心环节和实践抓手"②。通过政府职能转变撬动、推动、保障上海自贸区改革任务的顺利实施，助推地方治理现代化，既有理论上的合理性，也有实践上的必要性。上海自贸区成立之初就把政府职能转变作为首要任务，而从政策方案文本的设计（如次序、篇幅）看，政府职能转变依然是2.0阶段上海自贸区改革的首要任务。

---

① 《上海自贸试验区区域范围即将扩展》，《浦东时报》，2014年12月29日，第A02版。
② 王浦劬：《论转变政府职能的若干理论问题》，《国家行政学院学报》2015年第1期，第31—39页。

2015年《进一步深化方案》提出"加快政府职能转变",并设定了12项比较具体的改革举措。(1)完善负面清单管理模式。推动负面清单制度成为市场准入管理的主要方式,转变以行政审批为主的行政管理方式,制定发布政府权力清单和责任清单,进一步厘清政府和市场的关系。强化事中事后监管,推进监管标准规范制度建设,加快形成行政监管、行业自律、社会监督、公众参与的综合监管体系。(2)加强社会信用体系应用。(3)加强信息共享和服务平台应用。(4)健全综合执法体系。(5)健全社会力量参与市场监督制度,其中包括支持行业协会和专业服务机构参与市场监督,探索引入第三方专业机构参与企业信息审查等事项,充分发挥自贸试验区社会参与委员会作用,试点扩大涉外民办非企业单位登记范围,支持全国性、区域性行业协会入驻等内容。(6)完善企业年度报告公示和经营异常名录制度。(7)健全国家安全审查和反垄断审查协助工作机制。(8)推动产业预警制度创新。(9)推动信息公开制度创新,其中一项非常规举措是实施投资者可以提请上海市人民政府对自贸试验区管理委员会制定的规范性文件进行审查的制度。(10)推动公平竞争制度创新,具体包括严格环境保护执法,建立环境违法法人"黑名单"制度;引导自贸试验区内企业申请环境能源管理体系认证和推进自评价工作。(11)推动权益保护制度创新,其中包括完善知识产权行政管理和执法体制机制、纠纷多元解决机制、社会参与机制;推进上海亚太知识产权中心建设;支持国际知名商事争议解决机构入驻,提高商事纠纷仲裁国际化程度;探索建立全国性的自贸试验区仲裁法律服务联盟和亚太仲裁机构交流合作机制。(12)深化科技创新体制机制改革。

2. 方案解读

与《总体方案》相比,《进一步深化方案》大大增加了关于政府职能转变的文本叙述规模,并提出了更多的具体改革任务和措施。事实上,《进一步深化方案》使用了一千八百字左右的篇幅来描述加快政府职能转变的具体任务和措施,远远超过了《总体方案》,后者仅使用了三百多字的篇幅。这一变化进一步证实了一点,在强政府体制环境下,政府职能转变具有牵引改革的作用,且是实施改革的首要实践抓手。

从具体内容上看,《总体方案》中所提及的所有七个方面任务与措施均出现在《进一步深化方案》之中:前四个方面大体一一对应,第五个方面对应后者的第九个方面,第六、第七个方面对应后者的第十一个方面。这说明尽管 1.0 阶段上海自贸区改革在政府职能转变取得了许多成就,但还有一些任务仍需要进一步深化推进。

与《总体方案》相比,《进一步深化方案》关于政府职能转变的要求的突出亮点反映在"深化"和"拓展"两个方面。在深化方面,一是深化了事中事后监管的要求,强调把事中事后监管与完善负面清单管理模式结合起来推进;二是深化了行业信息综合性评估的要求,提出加强社会信用体系应用,包括探索建立采信第三方信用产品和服务的制度安排等;三是完善了信息网络平台和加强部门协同的要求,非常明确地提出加快建设以大数据中心和信息交换枢纽为主要功能的信息共享和服务平台建设;四是深化了市场监管综合执法的要求,提出应当明确执法主体以及相对统一的执法程序和文书,推进网上执法办案。

在拓展方面,一是拓展了健全社会力量参与市场监督制度的要求,涉及发挥自贸区社会参与委员会作用、扩大涉外民办非企业单位登记范围、试行"一业多会、适度竞争"等创新性措施;二是拓展了完善企业年报公示和经营异常名录制度建设的要求;三是拓展了健全国家安全审查和反垄断审查协助工作机制的要求;四是拓展了推动产业预警制度创新的要求;五是拓展了深化科技创新体制机制改革的要求。

综上所述,不管是文本叙述规模还是具体内容,《进一步深化方案》提出的政府职能转变任务及措施都大大超越了《总体方案》,如在新提出的"深化科技体制机制改革"方面设定了全面推进知识产权、科研院所、高等教育、人才流动、国际合作等领域体制机制改革，建立积极灵活的创新人才发展制度，健全企业主体创新投入制度，建立健全财政资金支持形成的知识产权处置和收益机制，建立专利导航产业发展工作机制，构建市场导向的科技成果转移转化制度，完善符合创新规律的政府管理制度等全方位的要求。限于篇幅，此处不再逐一评估上述 12 个方面的任务及措施的落地及实施情况①，但可以使用一个案例场景来展示浦东新区在落实政府职能转变任务方面（具体是指"加强社会信用体系应用"）的努力。而且，下一节会继续探讨合署办公情境下浦东新区政府在政府职能转变上采取的行动及其效果。

案例 3-1　浦东联手第三方征信机构，打通企业与个人信用信息共享通道②

浦东在探索信用监管上又放出实招、硬招。2016 年 5 月 24 日，新区市场监管部门与蚂蚁金服旗下独立第三方征信机构芝麻信用签署合作协议，打通企业与个人信用信息共享通道。此举将有利于在政府部门间进行信用联合惩戒的基础上，进一步构建市场性、行业性、社会性的多维度信用约束机制，提高事中事后监管效能，促进企业守法守信。

此次，浦东新区市场监管局向芝麻信用提供的主要是行政处罚、经营异常名录、严重违法失信、罚款逾期未缴纳等多类浦东新区范围内的企业信用信息，首批总计近 6 万条，数据保持实时更新。随着相关信息的不断累积，这个数量还会逐步增加。

据芝麻信用数据统计，浦东市场监管局提供的首批失信企业的法定代表人在芝麻信用消费信贷场景中的平均违约率为 1.2%，比平均水平高出 0.4 个百分点，这恰好印证了对信用水平偏低的企业

---

① 至少从官方的报道中可知，上海及浦东已完成了这些任务，得到了中央的认可，并因此而取得了把上海自贸区改革与政府再造推向 3.0 阶段的机会。

② 徐阳:《浦东再出实招探索信用监管》，《浦东时报》，2016 年 5 月 25 日，第 1 版。

及个人开展信用联合惩戒的必要性。据芝麻信用相关负责人介绍，目前已有 5 万多经匹配核实的失信企业和个人被列入芝麻信用重点关注名单，并将接收到的失信企业信息披露给相关合作商户，此外，还会在各种信用服务的应用场景中，对失信者酌情予以限制。

新区市场监管局局长陈彦峰表示，政府部门与征信机构的此次合作将产生多方共赢的积极效应。以某文化公司的法定代表人潘某为例，2014 年潘某曾因与他人的债务纠纷上了法院的失信被执行人名单，2015 年 7 月，最高法和芝麻信用共享信息联惩"老赖"后，潘某被限制申请贷款、不得在网上有高消费行为。如今企业又上了芝麻信用的重点关注名单，是因其 2015 年由于虚假宣传受到浦东市场监管局的行政处罚，所以潘某将在企业信用和个人信用方面均受到关注和约束。

新区市场监管局一位负责人表示，这个案例绝非特例，政府部门与第三方商业征信机构尝试联合惩戒，让信用约束的"大网"从政府部门拓展至更为广阔的市场、社会，渗透到日常生活的方方面面，让失信者"一处失信、处处受限"，真正体会到只有诚信守法才是做大做强的正道。

信息互通共享还可以帮助应用平台过滤违约风险高的客户，维护商家的合法利益。上海银行小企业金融服务中心负责人表示，芝麻信用传递的信息对银行方面评估用户的信用状况、偿还能力等具有重要参考价值，他们会积极加以运用，限制失信者申请贷款、融资等金融行为，"这既保护了我们银行的利益，也是银行身为金融机构支持社会信用体系建设的责任"。

同时，商业征信机构反馈至政府部门的数据也是"宝贝"。一方面，浦东新区市场监管局计划对芝麻信用重点关注名单上的企业采取高风险预警、适当增加检查频次、实施全项彻查等重点监管措施。另一方面，守信行为也会对企业信用评估产生正面影响。

据悉，商业征信机构对企业及个人不良信息的保存期限，自不良行为或者事件终止之日起为 5 年，超过 5 年的，会予以删除。企业及个人一旦出现被列入经营异常名录、受到行政处罚等失信行为，也不是全部"一刀切"。浦东市场监管局和芝麻信用均表态，会通过告知提醒、分级限制等手段给失信者"改过自新"的机会，且只要被移出经营异常名录、切实整改违法违规行为，对信用的负面影响会逐渐减弱。据了解，4月1日至5月19日，有1 100余家企业到浦东市场监管局申请移出经营异常名录。

业内人士指出，上海自由贸易试验区作为改革试验田，一直致力于创新监管理念和监管模式，积极建立以企业信息公示为基础，企业信用约束为核心的新型监管机制。目前，浦东市场监管局已经制定并即将率先推行经营异常名录企业信用约束办法，其他配套信用约束制度也在抓紧研究中，也希望更多的第三方机构和公众投身到信息共享、信用共建中来，营造全社会广泛参与的共治格局。

（二）继续推进投资准入开放与管理创新

1. 方案文本

投资是经济发展的一个主要驱动力，促进投资是上海自贸区改革的核心任务之一。在投资领域，《进一步深化方案》提出了进一步扩大服务业和制造业等领域开放、推进外商投资和境外投资管理制度改革、深化商事登记制度改革和完善企业准入"单一窗口"制度四个方面的任务。

第一，进一步扩大服务业和制造业等领域开放。具体举措包括实施外商投资负面清单制度，减少和取消对外商投资准入限制，提高开放度和透明度；把已试点的对外开放措施适用于陆家嘴金融片区、金桥开发片区和张江高科技片区；在服务业和先进制造业等领域进一步扩大开放；将自贸区部分对外开放措施和事中事后监管措施辐射到整个浦东新区。

第二，推进外商投资和境外投资管理制度改革。具体举措包括对负面清单之外领域，按照内外资一致原则，外商投资项目实行备案制;将外商投资企业设立、变更及合同章程审批改为备案管理;对境外投资项目和境外投资开办企业实行以备案制为主的管理方式,建立完善境外投资服务促进平台;试点建立境外融资与跨境资金流动宏观审慎管理政策框架,支持企业开展国际商业贷款等各类境外融资活动;统一内外资企业外债政策,建立健全外债宏观审慎管理制度。

第三,深化商事登记制度改革。具体举措包括探索企业登记住所、企业名称、经营范围登记等改革,开展集中登记试点;推进"先照后证"改革;探索许可证清单管理模式;简化和完善企业注销流程,试行对个体工商户、未开业企业、无债权债务企业实行简易注销程序。

第四,完善企业准入"单一窗口"制度。具体举措包括加快企业准入"单一窗口"从企业设立向企业工商变更、统计登记、报关报检单位备案登记等环节拓展,逐步扩大"单一窗口"受理事项范围;探索开展电子营业执照和企业登记全程电子化试点工作;探索实行工商营业执照、组织机构代码证和税务登记证"多证联办"或"三证合一"登记制度。

此外,在税收优惠上,《进一步深化方案》要求研究完善促进投资和贸易的税收政策,其中包括继续维持自贸试验区内的海关特殊监管区域实施范围和税收政策适用范围。

2. 方案解读

2.0版上海自贸区投资管理改革方案延续并深化了1.0版所采用的准入开放、优化管理、服务促进等思路。其中,在准入开放上,2.0版改革方案通过缩减负面清单、扩大投资开放清单(从单纯的服务业领域转为服务业和先进制造业等领域)、扩大对外开放措施的适用与辐射范围等措施,为外资外商便利进入中国市场创造了更大的空间。而优化管理与服务促进是2.0版改革方案相对于1.0版的最大创新,具体来说:一是进一步明确地指出外商投资项目同内资一样实行备案制,将外商投资企业设立、变更及合同章程审批改为备案管理（新增了外商投资企业设立改为备案管理）①，对境外投资项目和境外投资开办企业实行以备案制为主的管理方式（新增了对境外投资项目实行以备案制为主的管理方式）；二是提出深化商事登记制度改革，特别是要创新性地推进"先照后证"改革②和探索许可证清单管理模式；三是深化完善企业准入"单一窗口"制度，扩大"单一窗口"受理事项范围，并通过深化应用信息技术与实施并联登记等方式进一步优化开办企业流程。

总的来说，投资准入开放与管理创新是大势所趋，这一阶段的投资改革基本延续了上一阶段的思路，并做了许多具体而实际的政策措施创新，如扩大投资开放清单、把外商投资企业设立改为备案管理等，为自贸区投资便利化奠定了更坚实的基础。

在实践中，衡量投资准入开放与管理创新政策实施效果的最简单方式，是看自贸区新增了多少扩大开放项目以及引进了多少外资。《2017年上海统计年鉴》显示，2016年全年上海新设外商直接投资合同项目5 153个，其中上海自贸区2 760个，占比约54%；新增外商直接投资合同金额509.78亿美元，其中上海自贸区350.56亿美元，占比约69%。③进一步的数据显示，2017年上半年，上海自贸区新增服务业扩大开放项目183个，包括国内首家中外合作经营性教育培训机构、首家外商独资海员外派机构等标志性项目；引进外资总额占浦东新区的90%以上，外贸总额占上海全市的40%以上。④上述数据充分说明，上海自贸区投资管理制度创新

---

① 2016年10月8日，商务部公布《外商投资企业设立及变更备案管理暂行办法》，意味着上海自贸区的外商投资企业设立及变更备案管理制度创新正式推广到全国。
② 值得一提的是，数月后，即2015年11月，国务院发布《关于"先照后证"改革后加强事中事后监管的意见》，要求各地区各部门要切实落实"先照后证"改革，按照法定条件和法定程序规范审批行为，实现审批行为的公开便利。
③ 《2017年上海统计年鉴》（2019年1月17日），上海市统计局网站，http://tjj.sh.gov.cn/tjnj/20190117/0014-1001529.html，最后浏览日期：2020年7月16日。
④ 《上海自贸区持续扩大开放 吸引外资占浦东90%以上》（2017年7月21日），新华网，http://www.xinhuanet.com/local/2017-07/21/c_1121359987.htm，最后浏览日期：2020年7月16日。

是有利于加强对外资吸引力的，起到了扩大开放的效果。①

案例 3-2　促进投资便利化才是自贸区的核心②

全球化给世界贸易格局带来了新的变化。其中，最大的改变是从加工物流的自由化向贸易投资的便利化转型。

而在过去的 35 年中，中国一半以上的出口都来自加工贸易。这实际上是物流意义上的自由化，而不是真正意义上的服务贸易概念。如何实现贸易投资便利化，一直是上海自贸区改革试验的重点之一。

从制造业向服务业转变，促进投资便利化，才是上海自贸试验区的核心。自贸区试验，不是国家给一块地发展，而是要拿出国家需要的经验。自由贸易区的核心，是投资不是贸易，是服务不是制造，是试验区不是经济特区，是提升贸易功能不是降低关税，是制度创新不是特殊政策，是政府改革不是管理弱化，是开放倒逼改革不是单纯对外开放，是国家战略不是地方战略。

为什么自贸试验区的核心是投资？因为服务业的开放是自贸区的核心内容。我们看到自贸区方案当中，所开放的各个服务业部门，包括金融、保险、航运、服务、中介、人才管理等，核心内容都不是贸易更加自由化。我们讲自贸区不是讲贸易自由化的积极作用，而是讲有比较完善的贸易制度安排。

作为自贸区功能开发和发展的重点，不是引进外资，而是要促

---

① 当然，这里需要说明，外资引进受多重因素影响，因此，今年实施了某些制度创新并不必然预示今年的引进情况就会好于去年。事实上，通过比较官方统计数据发现，2016 年上海自贸区新设外商直接投资合同项目 2 760 个（合同金额为 350.56 亿美元），低于 2015 年的 3 072 个（合同金额为 396.26 亿美元）。制度创新并不能预测具体的引进情况，但是能够通过为外资进入提供更多的便利的方式，提升外资引进的可能性。在其他影响因素难以控制或高度不确定的情况下，深化与扩大开放相适应的投资管理制度创新是关键之举。数据来自：《2017 年上海统计年鉴》（2019 年 1 月 17 日），上海市统计局网站，http://tjj.sh.gov.cn/tjnj/nj17.htm?d1＝2017tjnj/C0104.htm，最后浏览日期：2020 年 7 月 15 日；《2016 年上海统计年鉴》（2019 年 1 月 17 日），上海市统计局网站，http://tjj.sh.gov.cn/tjnj/nj16.htm?d1＝2016tjnj/C0104.htm，最后浏览日期：2020 年 7 月 15 日。

② 张幼文：《促进投资便利化才是自贸区的核心》，《浦东时报》，2015 年 4 月 28 日，第 6 版。

进投资。

自贸区试验是打造有利于走出去的金融机制环境、有利于人民币走出去的条件等，这些在一年多的试验中，可以看出都是上海自贸试验区的金融看点。大规模海外并购带来大规模技术回流，技术上去了，产业地位就提升了、国内财富增长了，又带动了对外投资，成为了一个循环。

自贸区方案的内涵，就是投资超越贸易。上海自贸试验区自由贸易账户就是这一尝试的结果，此举体现了金融自由化的探索，它的目的是推进中国金融和中国经济对外的影响力，特别是对外的投资。

此次上海自贸试验区扩区至陆家嘴、张江、金桥，未来的探索，显然不是为了推进出口加工为主，而是为了产业、技术的创新。

中国真正要发展，就要发展投资，包括引进来和投出去，适应全球性经济发展。

中国对外投资，是中国开放型经济发展的新的增长点，也是自贸区发展的最大特点。或者说，未来，上海自贸试验区和其他自贸区最大的差别、应该着力的重点就在推动对外投资上。

上海自贸区试验、复制推广后，最有可能给自己留下的功能、最有可能形成上海特色的，成为中国企业走出去的，就是金融支持、法律支持、人才支持。

（三）以"单一窗口"为抓手创新贸易监管制度

1. 方案文本

贸易监管制度创新是 2.0 阶段上海自贸区改革的核心任务之一。《进一步深化方案》花了比较大的篇幅，从以下五个方面来说明这项任务。

第一，在自贸区海关特殊监管区域深化"一线放开"和"二线安全高效管住"贸易便利化改革。具体举措包括推进海关特殊监管区域整合优化，完善功能；加快形成贸易便利化创新举措的制度规范,覆盖到所有符合条件的企业;加强口岸监管部门联动,规范并公布通关作业时限;鼓励企业参与"自主报税、自助通关、自动审放、重点稽核"等监管制度创新试点。

第二,推进国际贸易"单一窗口"建设。一方面,完善国际贸易"单一窗口"的货物进出口和运输工具进出境的应用功能,进一步优化口岸监管执法流程和通关流程,实现贸易许可、支付结算、资质登记等平台功能,将涉及贸易监管的部门逐步纳入"单一窗口"管理平台。另一方面,探索长三角区域国际贸易"单一窗口"建设,推动长江经济带通关一体化。

第三,统筹研究推进货物状态分类监管试点。这点主要是指,按照管得住、成本和风险可控原则,规范政策,创新监管模式,在自贸试验区内的海关特殊监管区域统筹研究推进货物状态分类监管试点。

第四,推动贸易转型升级。具体举措包括推进亚太示范电子口岸网络建设;加快推进大宗商品现货市场和资源配置平台建设,强化监管、创新制度、探索经验;深化贸易平台功能,依法合规开展文化版权交易、艺术品交易、印刷品对外加工等贸易,大力发展知识产权专业服务业;推动生物医药、软件信息等新兴服务贸易和技术贸易发展;按照公平竞争原则,开展跨境电子商务业务,促进上海跨境电子商务公共服务平台与境内外各类企业直接对接;统一内外资融资租赁企业准入标准、审批流程和事中事后监管制度;探索融资租赁物登记制度,在符合国家规定前提下开展租赁资产交易;探索适合保理业务①发展的境外融资管理新模式;稳妥推进外商投资典当行试点。

第五,完善具有国际竞争力的航运发展制度和运作模式。具体

---

① 保理(Factoring)业务是为以赊销方式(open account)进行销售的企业设计的一种综合性金融服务,是一种通过收购企业应收账款为企业融资并提供其他相关服务的金融业务或产品。保理的一般做法是,保理商从其客户(供应商或卖方)的手中买入通常以发票所表示的对债务人(买方)的应收账款,同时根据客户需要提供与此相关的包括债款回收、销售分户账管理、信用销售控制以及坏账担保等单项或多项服务。参见徐燕:《我国保理业务发展研究》,《金融研究》2003年第2期,第49—62页。

举措包括建设具有较强服务功能和辐射能力的上海国际航运中心，不断提高全球航运资源配置能力；加快国际船舶登记制度创新，充分利用现有中资"方便旗"船税收优惠政策，促进符合条件的船舶在上海落户登记；扩大国际中转集拼业务，拓展海运国际中转集拼业务试点范围；拓展浦东机场货邮中转业务；优化沿海捎带业务监管模式，提高中资非五星旗船沿海捎带业务通关效率；推动与旅游业相关的邮轮、游艇等旅游运输工具出行便利化；发展航运运价衍生品交易业务；深化多港区联动机制，推进外高桥港、洋山深水港、浦东空港国际枢纽港联动发展；符合条件的地区可按规定申请实施境外旅客购物离境退税政策。

2. 方案解读

与 1.0 版相比，2.0 版贸易领域改革方案在许多方面保持不变，主要是对前者的补充、延续和深化。例如，实施"一线放开、二线安全高效管住"贸易便利化改革、推进货物状态分类监管试点、推进大宗商品现货市场和资源配置平台建设、支持融资租赁企业、开展跨境电子商务业务、发展沿海捎带业务、推进国际船舶登记制度创新等既是 1.0 版改革方案的内容，也是 2.0 版改革方案的内容。这些政策措施的共同特征是，难以在短期内落地生根和发挥实效，需要持续地高位推进。

从创新与超越的角度看，2.0 版改革方案在贸易领域的突出亮点是提出推进国际贸易"单一窗口"建设。国际贸易"单一窗口"是上海自贸区的首创，其成熟经验后来成为全国版国际贸易"单一窗口"制度设计的基础。

贸易管理制度改革的根本目标是促进贸易便利化。而国际贸易"单一窗口"建设牵一发而动全身，其实质是以贸易管理前台的"单一窗口"要求，倒逼上海海关、国检、海事、边检等诸多贸易管理后台进行数据、业务与流程的整合。因此，可以说国际贸易"单一窗口"建设是 2.0 阶段上海自贸区实施贸易监管制度创新和推动贸易便利化的关键抓手。特别是由于上海口岸"本身占全国 1/4 的进出口贸易量，出口货物 65% 来自长江经济带区域其他省市"①，以"单一窗口"为抓手的贸易管理制度创新对于提升全国贸易活跃度、形成贸易发展新势头乃至推动长三角一体化发展具有重要的意义。

此外，上海自贸区不断深化"三互"（信息互换、监管互认、执法互助）大通关建设改革，并探索在通关一体化改革试点中引入"三自一重"（自主报税、自助通关、自动审放、重点稽查）理念。2016 年的数据显示，全年受理"三自一重"报关单 5 155 单、货值 69.83 亿元、征收税款 12.04 亿元，同比分别增长 7.5 倍、3.0 倍和 3.1 倍。全年区内外贸进出口总额 7 836.80 亿元，增长 5.9%，其中出口额 2 315.85 亿元，增长 14.5%。②

案例 3-3　上海以国际贸易"单一窗口"促进贸易便利化③

地处江海交汇处的上海，全国约四分之一的贸易量都经过于此。因此，上海的贸易便利化程度提升一点，就能大幅提升贸易效率。在国务院第三次大督查中，督查人员发现上海通过深化国际贸易"单一窗口"建设，减少了通关环节，降低了通关成本，促进了贸易便利化。

上海国际贸易"单一窗口"改革缘何引人注目？因为口岸是全球供应链的关键节点，监管环节最为复杂，也是企业最盼望提高效率的环节。而放眼全国，上海口岸又是重中之重。数据显示，上海口岸占全国 1/4 的进出口贸易量，出口货物 65% 来自长江经济带区域其他省市。因此，上海市国际贸易"单一窗口"改革，具有全局性意义。

---

① 《以国际贸易"单一窗口"促进贸易便利化》，《解放日报》，2017 年 2 月 11 日，第 2 版。
② 《2016 年上海市国民经济和社会发展统计公报》（2017 年 3 月 2 日），上海政府网，http://www.shanghai.gov.cn/nw2/nw2314/nw2319/nw11494/nw12335/u21aw1210720.html，最后浏览日期：2020 年 7 月 16 日。
③ 《以国际贸易"单一窗口"促进贸易便利化》，《解放日报》，2017 年 2 月 11 日，第 2 版。

上海口岸全面实施国际贸易"单一窗口",更具有实实在在的经济效益。从2014年2月启动试点以来,上海口岸95%的货物申报、全部的船舶申报,都已经通过国家贸易"单一窗口"办理,使企业能够通过单一接入点一次性向管理部门提交单证数据,减少了通关环节,降低了通关成本。测算显示,通过国际贸易"单一窗口"让数据跑路,压缩了通关时间,节约了各类申报企业的时间和人力成本,每年可达20亿元以上。

春江水暖鸭先知,对于国际贸易"单一窗口"的改革成果,企业的感受最为真切。

天天果园联合创始人赵国璋告诉记者,现在进口水果很受国内消费者欢迎,比如来自澳大利亚的樱桃、新西兰的苹果、泰国的芒果和美国的橙子等。改革之后,这些产品的成本降幅分别从10%到40%不等。

作为进出口贸易的亲历者,中远"比利时"号船长陈雷辉也告诉记者,自从创新改革以来,每一次到上海洋山港,都会节约2到3个小时。

国际贸易"单一窗口"如何为企业节省时间和成本呢?记者了解到,在国际贸易"单一窗口"的背后,是上海海关、国检、海事、边检等23个部门,企业去一家窗口,就等于跑完几乎所有相关部门。

除了形式上的整合,更重要的是监管流程上的整合。国际贸易"单一窗口"后台对传统"线下"和"串联式"口岸通关流程进行整合改造,变为"线上"和"并联式"。由此,原来企业需要四处跑部门的过程,变成了一个覆盖通关作业各环节的流程,时间和成本自然省了出来。

想企业少跑腿,还要让数据多跑路。对此,上海市口岸办通关协调处副处长尚俊松告诉记者,国际贸易"单一窗口"通过打通各监管系统的后台,货物申报数据减少1/3,船舶申报数据减少2/3;为方便企业申报,不仅提供了网页版、客户端版和企业ERP直传

3种申报提交方式,还开发了移动版,方便贸易商和代理之间也可以进行信息交换和共享。

(四)在更大空间里推进金融制度创新

1. 方案文本

关于金融领域的改革试点,《进一步深化方案》强调"加大金融创新开放力度,加强与上海国际金融中心建设的联动",但没有提及具体的举措,只是说明"具体方案由人民银行会同有关部门和上海市人民政府另行报批"。仅从该方案中,我们看不到金融制度创新的趋向。但实际上,2.0阶段金融制度创新进程将加快和朝向整体性制度创新迈进,原因在于随着上海自贸区扩容,也即三大各有特色、基础雄厚、潜力无限的新片区的加入,金融制度创新的施展空间大为增加。特别是上海自贸区的新片区之一——34.26平方公里的陆家嘴金融片区,原本就是上海国际金融中心建设的核心区,它将成为上海自贸区金融制度创新与上海国际金融中心建设联动和互促的基础。

2015年10月29日,由中国人民银行、商务部、银监会、证监会、保监会、外汇局和上海市政府联合制定的金融创新与改革的具体方案——《进一步推进中国(上海)自由贸易试验区金融开放创新试点 加快上海国际金融中心建设方案》(以下简称"《进一步推进金融开放创新方案》")经国务院批准同意。《进一步推进金融开放创新方案》是2.0阶段上海自贸区金融改革的指示图:"坚持以服务实体经济、促进贸易和投资便利化为出发点,根据积极稳妥、把握节奏、宏观审慎、风险可控原则,成熟一项、推进一项,加快推进资本项目可兑换、人民币跨境使用、金融服务业开放和建设面向国际的金融市场,不断完善金融监管,大力促进自贸试验区金融开放创新试点与上海国际金融中心建设的联动,探索新途径、积累新经验,及时总结评估、适时复制推广,更好地为全国深化金融改革和扩大金融开放服务。"

按照该方案的要求，2.0阶段上海自贸区金融开放创新要从如下五个方面同时着手。第一，率先实现人民币资本项目可兑换。按照统筹规划、服务实体、风险可控、分步推进原则，在自贸试验区内进行人民币资本项目可兑换的先行先试，逐步提高资本项下各项目可兑换程度。第二，进一步扩大人民币跨境使用。扩大人民币境外使用范围，推进贸易、实业投资与金融投资三者并重，推动资本和人民币"走出去"。第三，不断扩大金融服务业对内对外开放。探索市场准入负面清单制度，开展相关改革试点工作。对接国际高标准经贸规则，探索金融服务业对外资实行准入前国民待遇加负面清单管理模式。推动金融服务业对符合条件的民营资本和外资机构扩大开放。第四，加快建设面向国际的金融市场。依托自贸试验区金融制度创新和对外开放优势，充分发挥人民银行上海总部统筹协调功能，推进面向国际的金融市场平台建设，拓宽境外投资者参与境内金融市场的渠道，提升金融市场配置境内外资源的功能。第五，不断加强金融监管，切实防范风险。建立适应自贸试验区发展和上海国际金融中心建设联动的金融监管机制，加强金融风险防范，营造良好金融发展环境。

2. 方案解读

除了上述较为宏观的方案之外，回过头来看，在2.0阶段，由中国人民银行上海总部出台的与上海自贸区金融制度创新相关的政策法规并不多，主要有三个，即2015年2月12日发布的《中国（上海）自由贸易试验区分账核算业务境外融资与跨境资金流动宏观审慎管理实施细则（试行）》①、2015年4月21日发布的《关于启动自由贸易账户外币服务功能的通知》（银总部发2015年第6

---

① 尽管此时国务院《进一步深化方案》尚未出台（上海自贸区进入2.0阶段的重要标志），但是关于上海自贸区物理扩区的决定已于2014年年底由全国人大常委会做出。因此，可以把中国人民银行上海总部2015年2月12日发布的这份文件作为规约2.0阶段上海自贸区金融开放创新的一项重要政策法规。

号）和 2016 年 11 月 18 日发布的《关于进一步拓展自贸区跨境金融服务功能支持科技创新和实体经济的通知》。

其中，前两份文件都是以"特急"的形式发布的，这也一定程度上反映出自贸区金融创新开放的紧迫性。从内容上看，前两份文件都是对 1.0 阶段上海自贸区相关金融创新开放文件精神的细化和延伸：《中国（上海）自由贸易试验区分账核算业务境外融资与跨境资金流动宏观审慎管理实施细则（试行）》主要根据《中国人民银行关于金融支持中国（上海）自由贸易试验区建设的意见》（银发 2013 年第 244 号）制定；《关于启动自由贸易账户外币服务功能的通知》主要根据 2014 年 5 月中国人民银行上海总部发布的《中国（上海）自由贸易试验区分账核算业务实施细则（试行）》和《中国（上海）自由贸易试验区分账核算业务风险审慎管理细则（试行）》制定。这也说明，与 1.0 阶段相比，2.0 阶段上海自贸区金融制度创新的目标并没有改变，依然是资本项目可兑换和金融开放。只不过，2.0 阶段上海自贸区金融制度创新的活动空间大为增加，而且不同功能区域金融制度创新将有不同的侧重点。诸如自由贸易账户功能拓展等新的向好的变化，活跃了金融市场，为形成上海自贸区金融制度整体创新框架和推动上海国际金融中心建设奠定了基础。

2.0 阶段上海自贸区金融制度创新取得的成效是明显的。仅以 2016 年为例，上海保险交易所[①]、上海票据交易所、中国信托登记

---

① 上海保险交易所按照"公司化、市场化、专业化"原则组建，首期注册资本 22.35 亿元。按照相关规划，上海保险交易所将着重探索和发挥助力盘活保险存量、支持用好保险增量两方面作用，按照夯实基础、逐步完善、形成服务体系三个阶段，重点搭建国际再保险、国际航运保险、大宗保险项目招投标、特种风险分散的"3+1"业务平台，持续探索更为丰富的交易内容，实现产品更加透明、信息披露更加充分、服务更加便捷、功能更加完备，并切实做到资源优化、风险可控，努力建成"立足上海、面向全国、辐射全球"的保险综合服务平台。上海保交所填补了保险要素市场空白，进一步完善了上海国际金融中心市场体系和功能；有利于吸引国际保险、再保险主体集聚，进一步增强上海国际金融中心全球影响力；有助于探索现代保险服务创新，为自贸试验区和国际金融中心建设联动发展提供有效载体。参见孟群舒：《上海保险交易所正式开始运营》，《解放日报》，2016 年 6 月 13 日，第 1、6 版。

有限责任公司等对上海国际金融中心建设意义重大的公司正式开业,自贸试验区"国际版"大宗商品交易平台已有7家通过验收。从金融机构数量看,2016年期末监管类金融机构数为815个,比上年增长7.5%;新兴金融机构数为4 651个,比上年增长11.9%。至2016年年底,上海自贸试验区开设自由贸易账户超过6.34万个,账户收支总额5.74万亿元。人民币跨境交易规模持续扩大,2016年全年保税区跨境人民币境外借款40.70亿元,跨境人民币结算总额已达11 518亿元,跨境双向人民币资金池业务收支总额累计3 520.13亿元。①

案例3-4 金融创新是2.0版自贸区重头戏②

"探索以资本项目可兑换和金融开放为目的的金融创新制度,从而服务实体经济",这是上海自贸区挂牌一年半来的创新之一。一项调查显示,82%的企业对上海自贸区金融创新给予了比较高的评价。

而随着陆家嘴、金桥和张江三大片区的加盟,上海自贸区的物理范围从28平方公里拓展至120平方公里,2.0版的上海自贸区如何唱好深化改革的重头戏,关键在于打好金融创新牌。

扩区后金融创新腾挪空间大了

"相比其他三个自贸区,上海自贸区的一大优势,是已搭建了本外币一体化的自由贸易账户体系。"这已经成为多位业内人士的共识。

在听到上海自贸区扩区的消息后,浦发银行一位负责自贸区业务的相关人士相当兴奋,"扩区后,资本市场支持上海自贸区

---

① 《2016年上海市国民经济和社会发展统计公报》(2017年3月2日),上海政府网,http://www.shanghai.gov.cn/nw2/nw2314/nw2319/nw11494/nw12335/u21aw1210720.html,最后浏览日期:2020年7月16日。
② 《金融创新是2.0版自贸区重头戏》,《浦东时报》,2015年4月16日,第6版。

第三章　自贸区试点扩大与浦东新区政府整体再造

的细则有望加快推出，届时上海自贸区的创新维度更广，空间更大"。

该人士向记者表示，上海自贸区 1.0 版时代，企业业务空间待开发的已差不多了，必须有新的内容，同时配以资本项目可开放，才能搭建人民币的国际中心，希望扩区后速度能快点、再快点。

中国银行的一份调查显示，上海自贸区扩区后，企业由 2.8 万户扩大至 5.8 万户，企业类型也从航运贸易和物流类为主，扩展至金融、制造和高端装备类企业，这些企业的产值占浦东 GDP 的比重为 90%，占上海全市的 GDP 的比重达 30%，留给金融机构的业务空间可想而知。

人民币国际化先行先试的平台

上海自贸区金融创新空间大了，但目标未变，依然是人民币国际化先行先试的平台。

"上海自贸区和上海国际金融中心的功能叠加，为实现人民币国际化这一国家战略目标提供了重要基石。"陆管委副主任张湧撰文指出，上海自贸区是金融创新和开放的"国家实验室"。

上海最大的优势是有足够深度广度的交易所、银行间交易平台和众多交易要素市场，从这一角度来看，上海无疑将成为人民币回流最大的目的地和集聚地。

发展离岸金融业务是路径

打造人民币国际化先行先试平台的路径之一显然是大力发展离岸金融业务。

在近日举行的"第三届中国自由贸易试验区论坛"上，对于上海自贸区扩区后的金融创新，上海市人民政府发展研究中心主任肖林建议，上海应加快发展人民币离岸业务，逐步拓展离岸保险、离岸证券、离岸信托、离岸银行等离岸金融业务。

"不断完善离岸金融法律法规体系，抓紧制定以离岸银行业务管理、离岸账户管理、离岸业务税收、离岸公司登记注册为主要内容的法律法规,探索符合国际惯例和便利业务开展的审慎监管模式。"肖林表示。

正在制定的上海自贸区金改新51条,将进一步完善人民币回流机制,比如允许外国企业到自贸区发行人民币债券,用于区内和境外的业务拓展等。同时,QDII2(个人境外投资试点)也有望破题,即允许上海自贸区的居民,到境外进行包括证券投资在内的多项投资。

拓展离岸金融业务是加速人民币国际化的路径之一,但并非目的。张湧认为,上海自贸区一线放开有利于拓展离岸业务,但目的应该不是做成离岸市场,而是为了在更大的开放中,提升上海"四个中心"特别是国际金融中心的辐射力、创新力、影响力和资源配置力。

二、浦东新区一级地方政府的整体再造

(一)以合署办公为特征的自贸区管理体制再造

2013年揭牌成立之初,上海自贸区所采用的管理体制是政府主导型的管理委员会模式。在这种模式下,上海自贸区的直接管理机构是上海自贸区管委会,后者的身份不是公司,而是上海市政府的派出机构。依照2013年发布的《中国(上海)自由贸易试验区管理办法》(以下简称"《管理办法》"),上海自贸区管委会主要履行九个方面的职责:一是负责推进落实自贸试验区各项改革试点任务,研究提出并组织实施自贸试验区发展规划和政策措施,制定自贸试验区有关行政管理制度;二是负责自贸试验区内投资、贸易、金融服务、规划国土、建设、绿化市容、环境保护、劳动人事、食品药品监管、知识产权、文化、卫生、统计等方面的行政管理工作;三是领导工商、质监、税务、公安等部门在自贸试验区内的行

政管理工作，协调海关、检验检疫、海事、金融等部门在自贸试验区内的行政管理工作；四是承担安全审查、反垄断审查相关工作；五是负责自贸试验区内综合执法工作，组织开展自贸试验区内城市管理、文化等领域行政执法；六是负责自贸试验区内综合服务工作，为自贸试验区内企业和相关机构提供指导、咨询和服务；七是负责自贸试验区内信息化建设工作，组织建立自贸试验区监管信息共享机制和平台，及时发布公共信息；八是统筹指导自贸试验区内产业布局和开发建设活动，协调推进自贸试验区内重大投资项目建设；九是市政府赋予的其他职责。

在执法方面，上海自贸区实施综合执法。管委会建立综合执法机构并履行如下职责：集中行使城市管理领域、文化领域的行政处罚权，以及与行政处罚权有关的行政强制措施权和行政检查权；集中行使原由本市规划国土、建设、住房保障房屋管理、环境保护、民防、人力资源社会保障、知识产权、食品药品监管、统计部门依据法律、法规和规章行使的行政处罚权，以及与行政处罚权有关的行政强制措施权和行政检查权；集中行使市政府决定由管委会综合执法机构行使的其他行政处罚权。

在界定自贸区管委会和管委会综合执法机构职责的基础上，《管理办法》以附件的形式，进一步明确了上海自贸区管委会承担的行政审批事项和具体管理事务，以及管委会综合执法机构集中行使的行政处罚权。

2014年7月25日，《中国（上海）自由贸易试验区条例》经上海市人大常委会通过，并于2014年8月1日起正式施行。《中国（上海）自由贸易试验区条例》将《管理办法》中关于上海自贸区管委会综合执法工作的规定移到管委会职责中集中进行表述，并通过如下条款明确了管委会与其他政府部门之间的关系：一是海关、检验检疫、海事、边检、工商、质监、税务、公安等部门设立自贸试验区工作机构（即驻区机构），依法履行有关行政管理职责；二是市人民政府其他有关部门和浦东新区人民政府按照各自职责，支持管委会的各项工作，承担自贸试验区其他行政事务；三是管委会应当与驻区机构、有关部门建立合作协调和联动执法工作机制，提高执法效率和管理水平；四是管委会、驻区机构应当公布依法行使的行政审批权、行政处罚权和相关行政权力的清单及运行流程。在进一步解决管委会与其他主体之间的关系之后，上海自贸区的政府主导型管委会体制算是正式和完整地确立了起来。

总的来说，政府主导型的管委会模式有许多优点。例如，有一支专门化或项目化的管理队伍来实施各项改革任务，利于形成专家型管理队伍；组织规模相对小，组织运转灵活，沟通环节与沟通幅度小，利于特定改革任务的快速与精准实施；作为市政府派出机构，地位相对超然，有助于超越部门主义和实施广泛的协调。但是，政府主导型的管委会模式也存在相应的弊端或运作风险：一是客观上导致自贸区试点改革任务与一级政府其他任务脱节，降低了改革的系统性与协同性，并进一步阻碍了自贸区改革效应的有效释放；二是在具体跟进与服务企业与人才（特别是提供社会化服务）方面，存在着天然的短板；三是无法应对片区空间布局的新变化，一旦所管理的片区过多且片区呈现分散化，那么管委会开展行政管理与执法的成本将加大。

理论上，没有一种管理模式是绝对优于其他模式的，应当依据具体的管理情境来选择相应的管理模式。2014年年底，上海自贸区物理扩区成为中央的新部署。2015年4月27日，自贸区扩展区域正式挂牌，意味着自贸区管委会的管辖面积一下子从28.78平方公里变成120.72平方公里。为应对这一变化，防止自贸区行政管理与执法成本升高，同时充分发挥上海自贸区七个片区都在一个完整行政区的优势，上海对自贸区管委会管理体制进行调整，其结果是形成了一种新型的自贸区管理体制：自贸区管委会与浦东新区政府合署办公体制。与此同时，为加强研究、规划与协调，上海在市级层面设立了自贸区推进工作领导小组及其办公室，办公室设在上

第三章 自贸区试点扩大与浦东新区政府整体再造

海市发展改革委员会。① 在内设机构方面，上海自贸区管委会内设了三个职能局，即综合协调局、政策研究局、对外联络局。在片区层面上，设置5个区域管理局，分别为保税区管理局、陆家嘴管理局、金桥管理局、张江管理局、世博管理局。依据官方的公布情况，上海自贸区的总体组织架构如图3-1所示。

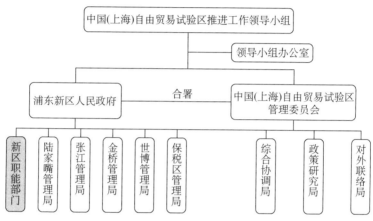

图3-1 合署办公体制下上海自贸区的组织架构

资料来源：《上海自贸区组织架构图》（2015年4月27日），上海自贸区网站，http://www.china-shftz.gov.cn/InstitutionalFramework.aspx?CID=845655BA-C13E-44A1-B861-0460EB9F9635&types=0&navType=1，最后浏览日期：2020年7月4日。

当然，合署办公新体制本身就是一种创新，是上海对自贸区扩区和进一步深化改革所做出的主动反应。浦东新区是多重国家战

---

① 在扩区工作情况说明会上，时任市政府副秘书长、中国（上海）自由贸易试验区推进工作领导小组办公室主任陈寅表示，领导小组办公室主要承担以下几方面的工作职责：一是根据领导小组的部署和要求，研究制定上海自贸试验区深化改革方案和年度工作安排，争取重要政策突破，提出需请领导小组决策的建议方案；二是加强对国际高标准投资贸易规则体系以及中美BIT谈判的跟踪分析研究，把握试点方向；三是加强对世界自由贸易园区以及广东、天津、福建等自贸试验区的跟踪和分析，开展比较研究；四是加强与国家部委和本市各部门的沟通联系，推动相关部门落实上海自贸试验区各项试点任务，协调解决试点过程中遇到的重大问题；五是深入调查研究，跟踪上海自贸试验区各项改革试点进展情况，定期组织开展综合评估，总结提出可复制可推广的试点经验；六是协调全市复制推广上海自贸试验区改革试点经验相关工作，指导各区县学习借鉴自贸试验区经验；七是承担领导小组交办的其他专项工作任务。参见张淑贤：《自贸区推进工作领导小组明确七项主要工作职责》，《浦东时报》，2015年4月28日，第2版。

略、上海战略的集中承载区，自贸区管委会与新区政府合署办公有助于浦东把各类分散的资源整合到一起，更好地推动包括自贸区战略在内的多重战略的实施。对于浦东新区政府来说，这一合署办公新体制要求其对自身进行更深层次的再造，否则将无法适应日新月异、变化迅速的自贸区经济社会环境。后文会接着分析指出，浦东新区在一级政府层面开展了多项导向政府整体再造的创新实践，如实施经济管理体制大部制改革、推进基于"证照分离"的市场监管机制再造等。

案例3-5　合署办公不是简单的合二为一[①]

对于扩区之后的管理体制框架，自贸区管委会常务副主任孙继伟介绍，按照"有利推进、减少震动、强化统筹、有效衔接"的原则，经市委市政府同意，对自贸试验区管理体制进行相应的调整。

主要是在市级层面，设立自贸试验区推进工作领导小组及其办公室；在浦东新区层面，自贸试验区管委会与浦东新区人民政府合署办公，承担统一管理自贸试验区各功能区域，推进浦东全区落实自贸试验区改革试点任务的主体责任。孙继伟表示，扩区之后，上海自贸区将实施"双主任制"。

对于自贸试验区管委会和浦东新区人民政府合署办公，孙继伟认为，这是扩区后体制改革的一个特色，也是一个亮点。

"把自贸区的建设和试点落在完整的一级政府框架下、在常态化情况下进行探索和创新，而不是放在特殊的机制或者临时的机制里进行试验。我认为这种设计更加具有意义，更加具有试验价值。"孙继伟说，"合署不是简单的合二为一，更不是用旧瓶装新酒，而是面临着重大的改革创新。我们要按照自贸区的规则，按照建设一个开放度最高的自贸区的要求来改造一级政府，进而探索一级地方政府管理的新模式和政府运作的新体制。因此政府的自身改革和政

[①]《将设置保税区等5个区域管理局》，《浦东时报》，2015年4月28日，第2版。

府的职能转变一定会成为下一步工作的重中之重。"

孙继伟表示，合署办公对下一步自贸区的推进，将有利于四个方面：有利于明确自贸区建设的主体责任；有利于统筹协调几个片区，加强片区之间的协调；有利于把自贸区试验的成功经验和创新做法推广到浦东新区全境；有利于统筹协调区内区外资源。

在片区层面上，则将设置5个区域管理局，分别为保税区管理局、陆家嘴管理局、金桥管理局、张江管理局、世博管理局。保税区管理局负责管理保税区域（28.78平方公里）的行政事务。作为市政府派出机构，委托浦东新区管理。

孙继伟同时强调了重点加强的两个机制：一是强化市级层面统筹协调机制。市级层面加大横向和纵向的协调。二是建立区级层面整体推进机制。管委会3个内设职能局成立后，其他有关行政职能由浦东新区政府相关部门对应承接，区政府管理体制机制按照自贸试验区率先转变政府职能的要求，适时进行相应优化和调整。

（二）以科经委大部门体制为突破口的经济管理体制再造

经济管理是浦东新区政府的重要职能之一。在合署办公新体制形成之后，以自贸区为窗口打造开放型经济的新形势，不断倒逼浦东新区一级政府加快转变经济管理职能，建立起能够更加适应开放型经济的经济管理体制。首要任务是对现有经济管理领域的组织机构进行调整和改革。浦东新区的具体做法是把原有的经济和信息化委员会与科技委员会整合成一个新机构：浦东新区科技和经济委员会（以下简称"科经委"）。2016年6月，上海市委市政府批复同意经信委、科委机构调整建议方案，8月24日，科经委正式揭牌成立。新成立的科经委同时与安监局合署，并挂信息委和海洋局的牌子。由此，科经委承担起了原先分散在多个部门的经济管理职能，包括科技、工业、信息化、高新技术产业化、海洋、安全生产监督管理、科学普及等,"大经济管理"格局呼之欲出。

以科经委为载体的大经济管理体制诞生的现实原因,是浦东新区的科技创新同产业发展之间缺乏充足的联动。联动不足进一步导致科技创新性企业在发展壮大过程中得不到有力支持。浦东新区副区长王靖指出,在浦东战略性新兴产业的统筹推进上,经信委主要负责产业化推进,科委主要负责科技创新推进,然而根据战略性新兴产业的实际特点,产业化和科技创新往往相辅相成,导致两个部门在履行职能时容易产生职责交叉、政策重叠等问题。① 那么,新的科经委成立后,有望通过"内部化"的方式解决以往存在的职责交叉、政策重叠等问题,避免科技和经济"两张皮",推动科技创新和产业发展的联动。这一过程也是体现"政府更好发挥作用"的过程。

浦东新区科经委内部机构的设置也充分地体现了转变政府职能和建设服务型政府的要求。例如,科经委内设的企业服务处整合了原先分散在经信委、科委多个处室的企业服务职责,这样更加有利于为企业提供集成化和专业化的公共服务。

(三)以"证照分离"改革为核心的市场监管体制再造

浦东新区于2014年元旦成立了市场监督管理局。市场监督管理局整合了工商、质检、食药监三个部门的职能,浦东新区以此为基础形成了市场监管的运作新模式。但是,客观来讲,市场监管机构整合只能解决部门间职能交叉、相互推诿等政府内部关系问题,并不能完全解决政府外部关系问题,特别是政府对市场主体干预过度、干预方式落后、"准入不准营"等问题。在2.0阶段,浦东新区把更多注意力从机构改革转向机制再造、关系再造,以"证照分离"改革为核心加快市场监管体制整体再造。

---

① 《浦东科技和经济委员会昨天揭牌》,《浦东时报》,2016年8月25日,第1版。

第三章 自贸区试点扩大与浦东新区政府整体再造

2015年12月，国务院批复上海市政府报请审批的《上海市开展"证照分离"改革试点总体方案》，同意在上海浦东新区率先开展"证照分离"改革试点，试点期为自批复之日起3年。① 分析该方案的文本内容发现，在浦东新区推进"证照分离"改革的目标是解决"先照后证"后市场主体办证难的问题。

浦东新区"证照分离"改革沿着两条路径展开。一是改革审批方式，对现有的116项行政许可事项实施"五分类改革"：（1）取消审批，涉及设立可录光盘生产企业审批等10项；（2）取消审批，改为备案，涉及加工贸易合同审批等6项；（3）简化审批，实行告知承诺制，涉及机动车维修经营许可等26项；（4）提高审批的透明度和可预期性，涉及会计师事务所及其分支机构设立审批等41项；（5）对涉及公共安全等特定活动，加强市场准入管理，涉及设立经营性互联网文化单位审批等33项。二是加强综合监管，措施包括以信息互联共享为基础实施协同监管、以诚信管理为手段实施分类监管、以行业协会商会为依托实施自律监管、以社会力量参与为辅助实施社会监督，以及以风险防范为底线实施动态监管。

从政府内部管理本身看，"证照分离"改革是政府市场监管机制再造。从政府外部管理看，"证照分离"改革意味着政府与市场关系、政府与社会关系的再造。对于浦东新区来说，"证照分离"改革兼具内部管理创新和外部管理创新双重含义，其直接结果是企业准入和经营更为便利。当然，"证照分离"改革的顺利运行，还需要浦东新区继续在综合监管能力建设等方面努力。

---

① 在浦东新区进行"证照分离"改革试点，这一设想（愿望）是先由地方提出，而后由中央批复同意的。2015年11月25日，李克强总理在考察上海自贸区行政服务中心的时候，有关负责人介绍了上海自贸区的改革推进情况，希望进行"证照分离"改革试点。李克强总理当场肯定了这一想法，并提出改革试点要在一些易操作、可管理的领域先行展开。参见《上海浦东获准开展"证照分离"改革试点》，《浦东开发》2016年第1期，第10—11页。

案例3-6 "证照分离"试点半年成效显著[①]

近几个月来,丁香路上的新区市民中心来往人群络绎不绝。数据统计,自2016年4月1日"证照分离"改革正式在全区实施以来,前往窗口咨询的企业负责人达2.5万多人次,受理量近1万件,做出告知承诺并当场作出审批决定的企业申办共1 283件。各项改革让受益企业数量逐月增加。

"双告知"让监管责任避无可避

以前,要想拿下一张电影放映经营许可证,至少要45个工作日。若遇上材料不齐全、审核不符合要求等意外情况,除去在窗口滞留询问的时间,人还得来回跑路,电影院拿证开业变得遥遥无期。现在,在市民中心内当场受理、当场拿证。窗口人员只需要收到申请人签章的告知承诺书,承诺符合申请条件后,当场即可作出行政审批决定。"真没想到能这么快!"来浦东新区市民中心办理电影放映经营许可证的郑平,吃了一惊。

有人担心取消审批,或审批改备案、改告知承诺后,监管是否容易缺位?新区市民中心窗口人员透露,现在实行"双告知"机制,即企业收到告知书的同时,审批部门也收到企业"出生证明",这要求相关部门必须主动关注、跟进监管。

对于企业来说,告知书上明确其下一步应该做什么,办事效率大大提高。对于职能部门来说,"双告知"让以往审批式的"衙门官"坐不住了。因为收到企业"出生证明"的相关部门,必须主动关注、跟进监管。浦东新区文广局文化产业处副处长夏怀逸认为,机制上跨前一步,监管就避无可避。现在,全区104个行业,新区各部门责任清晰、监管到位。

---

① 徐阳:《"证照分离"试点半年成效显著》,《浦东时报》,2016年7月20日,第1、2版。

第三章　自贸区试点扩大与浦东新区政府整体再造

新区审改办方面透露，新区已对116个事项进行改革试验。对于仍然存在审批事项的，采用"谁审批谁监管"，对于已经取消审批事项的，则采用"谁主管谁监管"。此次浦东先期开展的"双告知"内容包括区级层面的128个许可事项，涵盖16个政府职能部门。截至6月17日，浦东市场监管局已向16个部门推送登记信息11 887条。

围绕诚信系统强化事中事后监管

事中事后监管一直是"证照分离"需要突破的最难点，浦东找不到可以借鉴的经验，都是摸着石头过河。

浦东走的方向，是构建以市场主体自律为基础，以综合监管和专业监管为支撑，以"诚信管理"为创新突破口的事中事后监管体系。"尤其是对涉及国家安全、公共安全、生态环境保护及直接关系生命财产安全等特定活动，按照国际通行规则，加强风险控制和管理。"新区市场监管局负责人介绍。

比如，在食品经营许可方面，为了强化风险较高的散装熟食及现场制售的审核要求，新区建立并完善了食品监管平台与食品经营许可平台，将日常监管信息纳入许可的延续审批和变更审批工作中。

"诚信管理是经营许可平台建设的核心元素"，新区市场监管局局长陈彦峰曾表示，浦东新区市场监管局与芝麻信用开展合作，由市场监管局向芝麻信用提供行政处罚、经营异常名录、严重违法失信、罚款逾期未缴纳等多类浦东新区范围内的企业信用信息，首批总计近6万条，数据保持实时更新。

"我们和芝麻信用之间是信息共享关系，之后的惩戒是芝麻信用和其他第三方之间的合作。比如，若企业纳入到异常关注名单中去了，芝麻信用会把这个信息列入并推送给其他金融机构，企业在做贷款时，银行就可以去查询为什么企业会进入黑名单。"陈彦峰介绍。

(四) 以执法事项整合和职业体系重塑为重点的城管执法体制再造

执法力量碎片化是阻碍事中事后监管能力提升的重要因素。在2.0阶段，浦东新区重塑一级政府管理体制的一个重要着力点是城市管理执法体制，而其采取的主要方案是执法事项整合。具体来说，就是把原本分散于浦东新区环保局、建交委、规土局、发改委等部门的相关执法事项，集中划入新成立的城市管理行政执法局（以下简称"城管执法局"）。这是继1.0阶段实施市场监管大部门制之后，浦东新区在城市管理执法体制上采取的又一个重要举措。2015年7月14日，浦东新区城管执法局挂牌成立，标志着浦东新区新型城管综合执法体制的建立。

现实中，针对行政执法类公务员的激励是另外一个大问题：人员众多，职务级别低，晋升空间小。随着自贸区改革的深化，以及浦东新区政府工作方式从事前审批向事中事后监管的转变，基层行政执法任务越来越重，工作要求越来越高，浦东新区迫切需要建立一支受到充分激励、工作有干劲的专业化行政执法队伍。

从2015年年底起，浦东新区率先把城管执法局和市场监管局两个部门的行政执法类公务员从现行公务员统一管理模式中单列出来，通过一套全新的与执法工作规律、职业特点相适应的职业体系来进行管理。行政执法类公务员实行新的职务序列，不再沿用综合管理类非领导职务序列[①]：新序列从低至高设置执法员、主办、督办三类共十个职务层次，与综合管理类职务层次不一一对应，但与级别保持一定的对应关系，各职务层次之间不存在上下级领导的隶

---

① 浦东在行政执法类公务员分类管理改革方面是先行者。这里需要说明，浦东此时所设计的行政执法类公务员的职务层次分为三类（督办、主办、执法员）十个层次，而稍后于2016年7月8日起施行的《行政执法类公务员管理规定（试行）》（中共中央办公厅、国务院办公厅印发）则略为改变了浦东的做法，把行政执法类公务员的职务层次分成四类（督办、高级主办、主办、行政执法员）十一个层次。

属关系。其中，最基层的执法员分为一、二级，大致相当于科员和办事员；其上为主办，分为四级，相当于正、副科级；督办也分为四级，相当于正、副处级。[①]

通过上述分类方式，行政执法人员的职务等级设置跳出了基层执法机构的规格的限制，"其薪酬和晋升不再与工作年限紧密相关，而是与执法数量与质量挂钩，与群众满意度以及操守相关"[②]。总之，行政执法人员有了更多的晋升机会，特别是在待遇上能够有望突破科级、处级"天花板"。这种做法有助于解决基层行政执法类公务员的激励不足问题，为打造一支适应自贸区改革和政府职能转变新形势与新要求的专业化行政执法队伍创造了条件。

案例3-7　打造执法一竿子到底"浦东样本"[③]

2015年7月14日，浦东城管执法局正式挂牌成立。以科学、规范、常态、高效为目标的新城管体制改革，在浦东率先拉开序幕。原本"挂靠"在环境保护和市容卫生管理局名下的浦东城管，此次机构单列，重心下移，将分散在不同部门的相关执法事项集中划入，打造执法一竿子到底的"浦东样本"。

充实一线执法力量

新成立的浦东城管执法局遵循综合执法试点"两个相对分开"原则，即政策制定职能与监督处罚职能相对分开，监督处罚职能与技术检验职能相对分开，由此进一步规范机构设置、理顺职责关系、集中执法事项，避免多头执法，推动管理与执法适当分离。

据市政府副秘书长、浦东新区区长孙继伟介绍，单独设立的城

---

① 赵天予：《浦东启动行政执法类公务员改革试点》，《浦东时报》，2016年4月12日，第1版。
② 《行政执法类公务员分类管理改革试点启动》，《人民日报》，2016年4月13日，第11版。
③ 《打造执法一竿子到底"浦东样本"》，《文汇报》，2015年7月15日，第3版。

管执法机构在全市率先提出了"职业化""专业化""准军事化"的队伍建设标准。其设置将采取"机关轻型化""层级扁平化",以"重心下移""权限下放"切实提高执法效能,将大量人员充实到基层一线执法队伍中。

具体而言,执法局下设两个支队,即城管执法支队和环境监察支队。其中,城管执法支队按区域统筹设置六支区域性执法队伍和两支特殊区域执法中队(国际旅游度假区中队、世博中队),保留现有的36支街镇执法中队。

事权下放后,区域性执法大队类似于"专家门诊",街镇执法中队相当于"全科医生",今后将充分发挥街道乡镇属地管理的优势,由街镇政府"多管齐下",依法相对集中行使有关行政管理部门的行政处罚权,涉及城市综合管理的城市公共基础设施、市容环境、环境保护、园林绿化执法权和其他相关事权都会依次下放,实现地域网格化的无缝对接,提高执法效能。

啃下联合执法"硬骨头"

要治理好"三违"、群租、"黑车"、无证设摊等各种城市管理顽症,关键在于深化行政执法体制改革,推进综合执法,实现跨部门联合执法。

为了啃下"硬骨头",结合浦东新区当前城市管理领域的核心问题,浦东此次将分散在新区环保局、建交委、规土局、发改委等部门的相关执法事项,集中划入浦东城管执法局。体制调整后,今后新区城市管理领域的规划、土地、环保、水务、市政、环卫等执法事项,以及绿化、交通、建管、房管领域的部分执法事项都将逐步集中由浦东城管执法局承担。

与此同时,为健全并强化公安部门对城市管理综合执法的保障作用,在新区层面,区公安分局副局长兼任城管执法局副局长,公安负责配合保障城管执法;街镇层面,在花木街道和小陆家嘴区域试点公安、城管联动,提高问题发现和处置的效率。

孙继伟说,城市管理执法的权威性一直是一个难点,这次改革要求公安机关尽快落实专门力量、明确联勤联动机制,配合城管综合执法队伍开展工作,加强城市管理综合执法面对暴力抗法时的执法保障,提升城管执法的权威性和实效性。

(五) 以权责清单制度为基础的政府外部关系再造

权责清单制度是简政放权、依法行政和政府信息公开的延续与深化,是当今中国试图给出的建构现代政府的重要方案,其制度精神表现为划定政府权力边界、消除设租寻租空间和塑造有为敢为政府相统一、深化政府信息公开与保障社会知情权相统一、权责清单制度建设与全面推进依法行政相统一。① 在这一制度的地方实践中,浦东新区表现得颇为卓越。

2015年4月28日,浦东新区按照"法无授权不可为""法定职责必须为"的总体要求在"上海·浦东"网站公布了首批行政权力清单(6 460项)和行政责任清单。根据官方说明,此次首批公布"两张清单"的是24家区级部门和4家区属开发区管委会,暂未覆盖至街道、镇、上海自贸试验区扩区后的5个区域管理局以及法律、法规授权的具有管理公共事务职能的组织;权力事项的设定(实施)依据,目前原则上为法律、法规、规章以及浦东综合配套改革文件(经上海市人大常委会授权并备案)。2015年6月,笔者曾登录"上海·浦东"网站,对权力清单和责任清单的公布页面进行了截图(如图3-2所示)。

由图3-2可知,浦东新区把行政权力细分为18类:行政审批、行政处罚、行政强制、行政确认、行政检查、行政备案、行政给付、行政征收、行政征用、行政奖励、行政合同、行政指导、行政裁决、行政调解、行政规划、行政决策、行政复议、其他权力。与

---

① 唐亚林、刘伟:《权责清单制度:建构现代政府的中国方案》,《学术界》2016年第12期,第32—44、322页。

政府治理的逻辑：自贸区改革与政府再造

图 3-2 浦东新区行政权力清单

资料来源："浦东新区行政权力清单"，浦东政府网，http://www.pudong.gov.cn/shpd/，最后浏览日期：2015 年 6 月 1 日。

当时浙江、安徽、山东、内蒙古、福建等地通常把行政权力划分为 10 类左右相比，浦东新区的做法独具特色。

在行政责任清单方面，浦东新区设计了主要职责、行政协同责任、事中事后监管制度、重点行业重点领域监管措施、公共服务导航 5 个展示模块（如图 3-3 所示）。

从官方说明来看，浦东新区公布清单的目的是"努力打造依法行政、透明高效的'有限'政府和服务到位、监管到位的'有为'政府"。其中，不难看出，行政权力清单对应"有限"政府，而行政责任清单则对应"有为"政府。换言之，浦东新区试图以行政权力清单和行政责任清单的建构，为有限政府和有为政府的形成奠定制度基础。权责清单制度反映着浦东新区在 2.0 阶段加快转变政府职能，再造政府与市场关系、政府与社会关系的制度化努力。

当然，由于政府职能范围应随着经济社会发展而做相应调整，因此，政府权责清单制度建设并没有一个确定的终点。事实上，自发布首份权责清单以来，浦东新区不断地调整和更新权责清单制度，目前的权责清单制度（包括权责细分标准等）已同 2015 年大不相同。

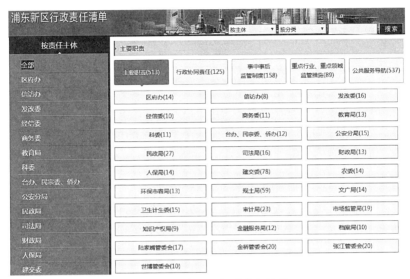

图 3-3 浦东新区行政责任清单

资料来源："浦东新区行政责任清单"，浦东政府网，http://www.pudong.gov.cn/shpd/，最后浏览日期：2015 年 6 月 1 日。

三、政府治理的试点扩大逻辑：以合署办公倒逼政府整体再造

（一）试验成效、中央认可与自贸区试点扩大

1. 1.0 阶段上海自贸区的试验成效

经过一年多的努力，《总体方案》确定的各项改革试点任务全面铺开。2014 年年底，时任上海市政府副秘书长、上海自贸区管委会党组书记、常务副主任陈寅总结了 1.0 阶段上海自贸区改革的制度成果：以负面清单管理为核心的投资管理制度已经建立，以贸易便利化为重点的贸易监管制度平稳运行，以资本项目可兑换和金融服务业开放为目标的金融创新制度基本确立，以政府职能转变为导向的事中事后监管制度基本形成，在建立与国际

投资贸易通行规则相衔接的基本制度框架上,取得了重要的阶段性成果。①

上海自贸区建立了负面清单管理为核心的投资管理新体制,负面清单从2013年的190条减少至2014年的139条,下降26.8%,负面清单管理模式为外商进入中国投资营造了宽松的环境。一份不完全的统计显示,已有2 000多家外商企业投资上海自贸区,90%属于备案制。②上海自贸区的经济数据也很突出,特别是在合同外资、内资企业注册资本等方面,取得了明显的成效,以2014年为例,上海自贸区经营总收入达1.6万亿元,比上年增长11%;商品销售额为1.38万亿元,比上年增长11.5%;航运物流服务收入1 180亿元,比上年增长15%;税务部门税收576.4亿元,比上年增长13.4%;合同外资为118亿美元,比上年增长5.2倍;新增企业注册数为11 440家,比上年增长1.6倍;内资企业注册资本3 329亿元,比上年增长2.9倍。③

2. 中央对上海自贸区试验成效的认可

上海自贸区的试验成效得到了中央认可。正值上海自贸区成立一周年的2014年10月,习近平在主持召开中央全面深化改革领导小组第六次会议时强调:"上海自由贸易试验区成立以来,在党中央、国务院领导下,在中央有关部门和上海市委、市政府共同努力下,以制度创新为核心,以形成可复制可推广经验为要求,在简政放权、放管结合、加快政府职能转变、体制机制创新、促进贸易投资便利化以及营造市场化、国际化、法治化营商环境等方面,进行了积极探索和大胆尝试,取得了一系列新成果,为在全国范围内深

---

① 杨珍莹:《上海自贸区扩区:更广范围检验改革》,《浦东时报》,2014年12月30日,第A01版。
② 杨珍莹:《上海自贸区2.0版整装待发》,《浦东时报》,2015年4月17日,第B06版。
③ 《2014年上海市国民经济和社会发展统计公报》(2015年3月27日),上海政府网,http://www.shanghai.gov.cn/nw2/nw2314/nw2319/nw11494/nw12335/u21aw99 4813.html,最后浏览日期:2020年7月16日。

化改革和扩大开放探索了新途径、积累了新经验。"① 同年 12 月，国务院发文指出，上海自贸区已经"形成了一批可复制、可推广的改革创新成果"，党中央、国务院批准将上海自贸区的 35 个改革事项推广到全国其他地方。②

3. 试点扩大的形成及其后果

中央认可的侧面表现是中央决定进一步推进上海自贸区建设，开启了上海自贸区建设的 2.0 阶段。与 1.0 阶段相比，2.0 阶段的主要变化表现在物理扩容和试点深化两个方面：一是物理扩容，即上海自贸区的面积从 28.78 平方公里扩大为 120.72 平方公里；二是试点深化，即上海自贸区在政府职能转变、投资、贸易和金融领域的改革试点进一步深化。物理扩区和试点深化之间的基本关系是，物理扩区为试点深化奠定基础。"扩区之后，空间上的扩大是一个方面，但更重要的是要在更高的起点、更广的领域深耕上海自贸试验区。"③ 为叙述方便，此处把上海自贸区的物理扩区和试点深化以及由此而带来的种种变化，统称为"试点扩大"。

上海自贸试验区的扩区是中央对上海自贸试验区发展提出的进一步要求。扩区后，上海自贸试验区各项创新制度可以在更广的范围检验其改革实效，同时也是一场压力测试。时任上海市政府副秘书长、上海自贸区管委会党组书记、常务副主任陈寅在上海自贸区扩区的决定发布后指出："此前我们对中央做出专门汇报后，在获得充分肯定的同时，（中央）明确提出相关制度创新要进一步扩大，特别是要辐射到浦东。"他表示，新加入的三个片区集聚了金融业、

---

① 《习近平：全面推进依法治国也需要深化改革》（2014 年 10 月 27 日），共产党员网，http://news.12371.cn/2014/10/27/ARTI1414410944563752.shtml，最后浏览日期：2020 年 7 月 4 日。

② 国务院：《关于推广中国（上海）自由贸易试验区可复制改革试点经验的通知》，国发〔2014〕65 号。

③ 胡苏敏：《上海自贸区深改方案公布：继续大胆闯大胆试自主改》（2015 年 4 月 20 日），澎湃网，https://www.thepaper.cn/newsDetail_forward_1322715，最后浏览日期：2020 年 7 月 4 日。

科技创新、先进制造业和服务业等,将为上海自贸试验区今后的国际交流创造更好的条件。①

试点扩大是中央作出的新部署,这一新部署之所以形成,是因为经过一年多的建设,上海自贸区取得了诸多看得见的试验成效。更重要的是,这些成效得到了中央的认可。且不论上海自贸区已经为全国输出了许多可复制可推广的经验,就连自贸区这种模式本身,也被中央复制到广东、天津、福建、浙江等十几个省份。总之,1.0阶段上海自贸区取得了可见的试验成效,且成效得到中央的认可,这是上海自贸区试点扩大并迈向2.0阶段的基本原因。

对于承接上海自贸区试验任务的浦东新区以及上海市来说,试点扩大(特别是物理扩容)既带来了好的结果,也带来了一些新的难题。其好的一面是改革的空间更大了,包括土地在内的各项改革资源更为充足了,改革容易形成规模效应、乘数效应和更大的影响力。但是,试点扩大也可能带来新的难题与挑战,正如有学者分析指出:"试验任务重,对理念、智力、人力、财力的总体要求更高,可能会形成比较大的供需缺口;在内部,还可能出现参差不齐的问题,有些区域侧重创新的探索,有些区域则还要补齐短板;政府管理层级也会拉长,治理体系和治理能力的现代化将面临更多挑战;风险防控压力可能变大,尤其是要注意防范系统性风险及其衍生影响。"② 为回应自贸区试点扩大,上海市首先决定在管理体制上作出调整,让自贸区管委会与浦东新区政府合署办公。而这一调整,深刻地改变了浦东新区政府的角色及激励结构,进而推动其进行自我整体再造。

(二)激励结构转换:合署办公倒逼浦东新区政府整体再造

1.0阶段上海自贸区改革成效突出,充分说明试验的风险是可

---

① 《上海自贸区扩区:更广范围检验改革》,《浦东时报》,2014年12月30日,第A01版。
② 尹晨:《自贸试验区的大小有何讲究》,《解放日报》,2018年5月22日,第14版。

控的。这就促使中央决定扩大上海自贸区的实施范围,并拓展相关改革试点的深度。由于新增的片区均位于浦东新区,上海市及浦东新区觉得这是一个优势,要充分地利用好,"积极探索在一个行政区内以开放促改革的体制机制,以上海自贸试验区建设来推动浦东新区政府的自身改革和政府职能转变"[1],于是决定实行自贸区管委员与浦东新区政府合署办公的新型管理体制。

新型管理体制的形成,导致浦东新区政府的角色及激励结构发生变化,集中表现为浦东新区政府从上海自贸区的后勤部队转型为先锋部队,承担起自贸区建设最直接的主体责任。特别是在上海自贸区改革的重点领域之一——政府职能转变领域,浦东新区政府必须更大力度地、整体性地推进自我再造。

那么,浦东新区政府应当如何做好 2.0 阶段上海自贸区改革的先锋部队呢?从战略思路上看,浦东新区政府给出的答案是"四个叠加"。这"四个叠加"分别是自贸试验区和浦东综合配套改革叠加、自贸试验区和张江国家自主创新示范区叠加、自贸试验区和国际金融中心建设叠加、自贸试验区和国际人才创新试验区叠加。[2] 浦东是多重战略叠加地,综合配套改革试验区、张江国家自主创新示范区、国际金融中心、国际人才创新试验区均位于浦东,在自贸区试点扩大和合署办公新时期,浦东新区政府推动"四个叠加"既是需要,也是利好。例如,浦东综合配套改革与自贸区在浦东新区一级地方政府职能转变上有共同的要求,相关改革试点举措可以密切配合和共同发力;"双自联动"的实施有助于制度创新和科技创新相互促进,推动研发和跨境技术贸易等的发展。

总之,合署办公倒逼浦东新区政府转型为自贸区的先锋部队。

---

[1] 胡苏敏:《上海自贸区深改方案公布:继续大胆闯大胆试自主改》(2015 年 4 月 20 日),澎湃网,https://www.thepaper.cn/newsDetail_forward_1322715,最后浏览日期:2020 年 7 月 4 日。

[2] 沈晓明:《浦东过去靠改革今后发展还靠改革》,《浦东时报》,2015 年 4 月 17 日,第 A02 版。

浦东新区政府对"如何当好自贸区的先锋部队"这个问题的回答，是以自贸区建设为动力，加快在浦东新区的整个行政区内推进政府职能转变。正如前文所述，在不到两年的时间里，浦东新区政府加快一级政府整体再造，有的放矢，在以科经委为中心的经济管理大部制改革、以"证照分离"为抓手的市场监管机制再造、以执法事项整合和职业体系重塑为重点的城管执法体制再造、以权责清单制度为突破口的政府外部关系整体再造方面取得了可见的成效。而且，浦东新区一级政府体制的再造也为其他地方政府的再造提供了更为系统化的经验。

第四章

自贸区制度创新与浦东新区治理能力先行区的建构

2017年3月,国务院印发《全面深化方案》,提出了3.0阶段上海自贸区的总体建设目标:到2020年,率先建立同国际投资和贸易通行规则相衔接的制度体系,把自贸试验区建设成为投资贸易自由、规则开放透明、监管公平高效、营商环境便利的国际高标准自由贸易园区。具体来说,要把上海自贸区建设成为综合改革试验区、风险压力测试区、提升政府治理能力的先行区和服务国家"一带一路"倡议和推动市场主体走出去的桥头堡(以下简称"三区一堡")。在"三区一堡"战略目标框架下,浦东新区系统设计政府治理能力提升方案,着力探索政府主导下的多元治理主体格局、技术深度应用与治理方式现代化、基于事权改革与监管协同的治理结构网络化、治理制度法治化。在前两个阶段的基础上,3.0阶段的自贸区改革更加强调对标国际最高标准,以标杆管理来推动自贸区整体制度创新。在这一进程下,浦东新区的政府治理逻辑是"制度赋能治理",即以系统性、整体性、协同性制度创新推动政府治理能力提升。

一、"三区一堡"战略定位与自贸区制度创新

如果说1.0阶段是选点突破,2.0阶段是在各个点上持续深化

的话，那么 3.0 阶段的自贸区改革就是面上的综合改革。《全面深化方案》不再简单地把改革试点内容划分为投资、贸易、金融与政府职能转变四大领域，而是明确上海自贸区建设的战略目标是"三区一堡"，并强调以实现这些战略目标为中心来系统设计、整体布局和协同推动相应的政策措施。

（一）以综合改革催生系统性整体性协同性制度创新

1. 方案文本

《全面深化方案》提出的第一项任务就是把上海自贸区建设成为开放和创新融为一体的综合改革试验区。其中，"开放和创新融为一体的综合改革试验区"是建设目标。"改革系统集成"或"综合改革"是基本路径，意指统筹各环节改革，增强部门协同，注重改革举措的配套组合和共同发力。关于究竟要统筹哪些环节的改革，配套实施哪些改革举措，《全面深化方案》提出了九项要求。

第一，建立更加开放透明的市场准入管理模式。内容包括实施市场准入负面清单和外商投资负面清单制度；对各类市场主体一视同仁，进一步优化、简化办事环节和流程，对业务牌照和资质申请统一审核标准和时限；进一步提高外商投资负面清单的透明度和市场准入的可预期性；实施公平竞争审查制度，清理和取消资质资格获取、招投标、权益保护等方面存在的差别化待遇，实现各类市场主体依法平等准入清单之外的行业、领域和业务。

第二，全面深化商事登记制度改革。内容包括保障企业登记自主权，尊重企业自主经营的权利；开展企业名称登记制度改革，除涉及前置审批事项或企业名称核准与企业登记不在同一机关外，企业名称不再预先核准；放宽住所（经营场所）登记条件，有效释放场地资源；优化营业执照的经营范围等登记方式；推行全程电子化登记和电子营业执照改革试点；探索建立普通注销登记制度和简易注销登记制度相互配套的市场主体退出制度；开展"一照多址"改革试点。

第三,全面实现"证照分离"。内容包括深化"先照后证"改革,进一步加大探索力度;把涉及市场准入的许可审批事项适时纳入改革试点,能取消的全部取消,需要保留审批的,按照告知承诺和加强市场准入管理等方式进一步优化调整,在改革许可管理方式、完善风险防范措施的基础上,进一步扩大实行告知承诺的领域;加强许可管理与企业设立登记管理的衔接,实现统一社会信用代码在各许可管理环节的"一码贯通";实施生产许可"一企一证",探索取消生产许可证产品检验。

第四,建成国际先进水平的国际贸易"单一窗口"。内容包括借鉴联合国国际贸易"单一窗口"标准,实施贸易数据协同、简化和标准化;纳入海港、空港和海关特殊监管区域的物流作业功能,通过银行机构或非银行支付机构建立收费账单功能,便利企业办理支付和查询;实现物流和监管等信息的交换共享,为进出口货物质量安全追溯信息的管理和查询提供便利;推动将国际贸易"单一窗口"覆盖领域拓展至服务贸易,逐步纳入技术贸易、服务外包、维修服务等,待条件成熟后逐步将服务贸易出口退(免)税申报纳入"单一窗口"管理;与国家层面"单一窗口"标准规范融合对接,推进长江经济带跨区域通关业务办理,加强数据衔接和协同监管。

第五,建立安全高效便捷的海关综合监管新模式。内容包括深化实施全国海关通关一体化、"双随机、一公开"监管以及"互联网+海关"等举措,进一步改革海关业务管理方式,对接国际贸易"单一窗口",建立权责统一、集成集约、智慧智能、高效便利的海关综合监管新模式;综合应用大数据、云计算、互联网和物联网技术,扩大"自主报税、自助通关、自动审放、重点稽核"试点范围;深化"一线放开"和"二线安全高效管住"改革,强化综合执法,推进协同治理,探索设立与"区港一体"发展需求相适应的配套管理制度;创新加工贸易出口货物专利纠纷担保放行方式;支持海关特殊监管区域外的企业开展高附加值、高技术、无污染的维修业务;深入实施货物状态分类监管,研究将试点从物流仓储企业扩大到贸易、生产加工企业,具备条件时,在上海市其他符合条件的海关特殊监管区域推广实施。

第六,建立检验检疫风险分类监管综合评定机制。内容包括完善进口商品风险预警快速反应机制,加强进口货物不合格风险监测,实施消费品等商品召回制度;建立综合应用合格评定新机制,设立国家质量基础检验检疫综合应用示范园区;在制定发布不适用于第三方检验结果采信目录清单基础上,积极推进扩大商品和项目的第三方检验结果采信;探索扩大检验鉴定结果国际互认的范围。

第七,建立具有国际竞争力的创新产业监管模式。内容包括优化生物医药全球协同研发的试验用特殊物品的准入许可,完善准入许可的内容和方式;完善有利于提升集成电路全产业链国际竞争力的海关监管模式;研究制定再制造旧机电设备允许进口目录,在风险可控的前提下,试点数控机床、工程设备、通信设备等进口再制造;探索引入市场化保险机制,提高医药生产等领域的监管效率。

第八,优化创新要素的市场配置机制。内容包括完善药品上市许可持有人制度;允许自贸试验区内医疗器械注册申请人委托上海市医疗器械生产企业生产产品;健全完善更加符合社会主义市场经济规律、人才成长规律和人才发展流动规律的人才认定标准和推荐方式,标准统一、程序规范的外国人来华工作许可制度及高效、便捷的人才签证制度,吸引更多外籍高层次人才参与创新创业,为其提供出入境和停居留便利,并按规定享受我国鼓励创新创业的相关政策;根据法律法规规定,支持持有外国人永久居留证的外籍高层次人才创办科技型企业,给予与中国籍公民同等待遇;深化上海股权托管交易中心"科技创新板"试点,完善对科创企业的金融服务;支持外资企业设立联合创新平台,协同本土中小微企业开展创新成果产业化项目推进;深化推进金融中心与科技创新中心建设相结合的科技金融模式创新。

第九,健全知识产权保护和运用体系。内容包括充分发挥专利、商标、版权等知识产权引领作用,打通知识产权创造、运用、保护、管理和服务的全链条,提升知识产权质量和效益;以若干优势产业为重点,进一步简化和优化知识产权审查和注册流程,创新知识产权快速维权工作机制;探索互联网、电子商务、大数据等领域的知识产权保护规则;建立健全知识产权服务标准,完善知识产权服务体系;完善知识产权纠纷多元解决机制;支持企业运用知识产权进行海外股权投资;创新发展知识产权金融服务;深化完善有利于激励创新的知识产权归属制度。

2.方案解读

2013年11月,中共十八届三中全会提出:"必须更加注重改革的系统性、整体性、协同性,加快发展社会主义市场经济、民主政治、先进文化、和谐社会、生态文明,让一切劳动、知识、技术、管理、资本的活力竞相迸发,让一切创造社会财富的源泉充分涌流,让发展成果更多更公平惠及全体人民。"系统性、整体性与协同性成为对改革的重要要求,也即要从实效角度考虑推进改革,不能为改革而改革,更不能没有规划地胡乱改革。3.0阶段的上海自贸区改革仍然强调以制度创新为核心,但要比以往更加注重改革的系统性、整体性和协同性。

首先,全面推动各领域改革,提升改革的系统性。1.0版和2.0版上海自贸区改革方案的突出特点是按照领域或"点"(投资管理、贸易监管与服务、金融开放与政府职能转变)来设计改革方向与具体举措。事实上,这些领域之间存在着非常密切的关联,当各领域工作取得一定经验之后,如果仍然由各领域分头探索与创新,则可能会出现各领域改革重叠等问题。在各领域改革经验的基础上,本次改革放弃了传统的按领域部署改革任务的方式,而更加强调以市场主体为中心,以市场需求与问题为导向,系统推进投资管理、贸易监管服务以及创新促进等方面的工作。

其次,统筹各环节改革,提升改革的整体性。本次改革所提及的上述九个方面的政策措施,几乎囊括了市场主体所可能面临的所有主要环节,包括市场准入环节、商事登记环节、许可管理环节、产品与服务贸易环节、报关环节、检验检疫环节,以及人才等创新要素配置环节、知识产权保护和运用环节等。把这些主要环节的改革措施统筹起来,有助于形成改革的整体效应,提升市场与社会的改革获得感。

最后,注重改革措施的配套组合,提升改革的协同性。市场主体所可能碰到的每个环节,都可能涉及多个具体的改革措施,且这些改革措施大概率由不同部门来设计或执行。如果部门之间没有协同好,各个具体改革措施没有配套好,那么这一环节的改革创新就可能失败或失效,无法满足市场主体的需求。3.0阶段的改革从市场主体角度而不是部门角度出发设计改革方案,更加突出了部门间的协调与改革措施的配套组合。例如,在知识产权保护和运用环节,就出台了一系列新旧结合的"组合拳"政策措施,包括打通知识产权创造、运用、保护、管理和服务的全链条,简化和优化知识产权审查和注册流程,创新发展知识产权金融服务等。

案例4-1 "证照分离"198项改革事项年内在全市面上推广①

在浦东率先试点的"证照分离"改革经过两轮试点,有效激发了市场主体的活力,并逐步形成"放管服"改革的浦东样本,如今这一样本将在全市推广。2018年12月10日召开的市政府常务会议决定,将在全市加快推开"证照分离"改革工作,"证照分离"改革试点的198项事项力争年内在全市推广。

"证照分离"改革试点是国务院交给上海,在浦东率先实施的重大改革,其实质是照后减证,进一步破解市场主体"准入不准营"的问题。据悉,为深入贯彻落实《国务院关于在全国推开"证照分离"改革的通知》,加快推进政府职能转变,营造法治化、国际化、便利化的营商环境,激发市场主体活力,本市制订了工作方

---

① 蔡丽萍:《198项改革事项年内在全市面上推广》,《浦东时报》,2018年12月12日,第1版。

第四章　自贸区制度创新与浦东新区治理能力先行区的建构

案,拟在全市推开"证照分离"改革。

市政府常务会议指出,在前期试点的基础上,本市要将"证照分离"改革不断推向深入。改革要全覆盖,对国家先后批准试点的163项改革事项,以及本市自我加压的35项事项,共计198项要全部纳入改革。监管要全过程,特别是要针对可能存在的薄弱环节,加强事中事后监管,只有管得更好,才能放得更开。推广要全覆盖,只要法律法规允许,198项改革事项年内要抓紧在全市面上推广。要坚持需求导向、问题导向、效果导向,进一步创新政府管理方式,努力做到审批更简、监管更强、服务更优,推动上海经济高质量发展。

经过3年改革,"证照分离"改革试点工作在浦东全面落实,2015年12月,国务院批复的116项审批事项已全部实施并取得明显成效。2018年1月,国务院批复的10个领域47项改革试点,已全部实施并取得初步成效。同时,按照市政府关于改革全覆盖要求,纳入自主改的35项事项已全部实施。

"证照分离"改革试点的推进,有效解决了企业"办证难"问题,激发了市场主体的活力,优化了营商环境,转变了政府审批管理模式。振华重工相关负责人举例说,伴随振华重工近几年的转型升级需要,公司逐步向新领域拓展,但是进入建筑市场的第一道门槛就是要获得行业准入,但2016年了解下来,即使各种资料准备齐全的情况下,网上申请到最后取得资质证书最快也得近1个月,但市场竞争却等不起这1个月。

过了一段时间后,企业被告知国家和市政府正推出第一批告知承诺试点,可以大大节省拿证时间。后来在区建交委的指导下,公司工作人员一步步进行了实际操作,发现前期资料准备时间大大缩短,在进行网上申报时,承诺了有关事项后,当场就通过了系统信息比对,网上直接打印电子资质证书。公司直接可以拿着证书去投标,原先棘手的取证难问题一下解决了,企业可以把更多的精力用在市场开拓上了。

随着"证照分离"改革试点不断深入,浦东在有效破解"办证难"问题的同时,逐步形成了以"企业主体、协同联动、系统集成、法治引领、信用支撑"为特征的"放管服"改革浦东样本。记者了解到,目前浦东正在研究全面深化方案,将按照党中央、国务院和市委市政府工作部署,以"全覆盖、便民化、强监管"为抓手,继续研究探索"证照分离"改革试点3.0版,进一步提升企业感受度、市场活跃度和部门协同度。

(二)在风险压力测试中形成系统试点经验

1. 方案文本

《全面深化方案》提出的第二大任务就是"加强同国际通行规则相衔接,建立开放型经济体系的风险压力测试区",即"按照国际最高标准,为推动实施新一轮高水平对外开放进行更为充分的压力测试,探索开放型经济发展新领域,形成适应经济更加开放要求的系统试点经验"。具体包括如下五个方面。

第一,进一步放宽投资准入。最大限度缩减自贸试验区外商投资负面清单,推进金融服务、电信、互联网、文化、文物、维修、航运服务等专业服务业和先进制造业领域对外开放。除特殊领域外,取消对外商投资企业经营期限的特别管理要求。对符合条件的外资创业投资企业和股权投资企业开展境内投资项目,探索实施管理新模式。完善国家安全审查、反垄断审查等投资审查制度。

第二,实施贸易便利化新规则。优化口岸通关流程,推进各环节监管方式改革,探索公布涵盖各通关环节的货物平均放行时间。最大限度实现覆盖船舶抵离、港口作业、货物通关等口岸作业各环节的全程无纸化,推进贸易领域证书证明的电子化管理。深化亚太示范电子口岸网络试点。推动实施原产地预裁定制度。根据自由贸易协定规定,推动实施原产地自主声明制度。推进企业信用等级的跨部门共享,对高信用等级企业降低查验率。深化完善安全预警和国际竞争力提升的产业安全保障机制。

第三,创新跨境服务贸易管理模式。在风险可控的前提下,加快推进金融保险、文化旅游、教育卫生等高端服务领域的贸易便利化。提高与服务贸易相关的货物暂时进口便利,拓展暂时进口货物单证制度适用范围,延长单证册的有效期。探索兼顾安全和效率的数字产品贸易监管模式。大力发展中医药服务贸易,扩大中医药服务贸易国际市场准入,推动中医药海外创新发展。深化国际船舶登记制度创新,进一步便利国际船舶管理企业从事海员外派服务。在合适领域分层次逐步取消或放宽对跨境交付、自然人移动等模式的服务贸易限制措施。探索完善服务贸易统计体系,建立服务贸易监测制度。

第四,进一步深化金融开放创新。加强与上海国际金融中心建设的联动,积极有序实施《进一步推进中国(上海)自由贸易试验区金融开放创新试点加快上海国际金融中心建设方案》。加快构建面向国际的金融市场体系,建设人民币全球服务体系,有序推进资本项目可兑换试点。加快建立金融监管协调机制,提升金融监管能力,防范金融风险。

第五,设立自由贸易港区。在洋山保税港区和上海浦东机场综合保税区等海关特殊监管区域内,设立自由贸易港区。对标国际最高水平,实施更高标准的"一线放开"和"二线安全高效管住"的贸易监管制度。根据国家授权实行集约管理体制,在口岸风险有效防控的前提下,依托信息化监管手段,取消或最大程度简化入区货物的贸易管制措施,最大程度简化一线申报手续。探索实施符合国际通行做法的金融、外汇、投资和出入境管理制度,建立和完善风险防控体系。

2.方案解读

在计算机科学领域,"压力测试"(stress test)是指"对系统持续施加负载压力的测试,以确定一个系统的性能瓶颈或不可接受的性能点"①。由此,在上海自贸区建立"风险压力测试区"指的是,在上海自贸区引入国际最高标准,实施最大限度的开放措施,以确定自贸区管委会和浦东一级政府的性能瓶颈或不可接受的性能点。在上海自贸区进行风险压力测试涉及三个环节:一是设计环节,寻找国际最高标准并设立最大限度的开放措施;二是运行环节,在自贸区内实施最大限度的开放措施(并进行制度创新与能力建设);三是总结环节,找出自贸区管理系统运行过程中出现的问题及存在的风险点,明确自贸区管理体系能够承受的最大开放程度,并最终总结形成适应国际最高标准(适应经济更加开放要求)的系统试点经验,既包括政策与制度创新的经验,也包括能力建设方面的经验。

理论上,风险压力测试的一面是实施最大限度的开放措施。从文本上看,这部分的改革方案中出现了四次"最大限度/程度":(1)最大限度缩减自贸试验区外商投资负面清单,推进金融服务、电信、互联网、文化、文物、维修、航运服务等专业服务业和先进制造业领域对外开放;(2)最大限度实现覆盖船舶抵离、港口作业、货物通关等口岸作业各环节的全程无纸化,推进贸易领域证书证明的电子化管理;(3)依托信息化监管手段,取消或最大程度简化入区货物的贸易管制措施;(4)最大程度简化一线申报手续。这四个"最大限度/程度"也充分地体现了国家在上海自贸区进行开放经济的风险压力测试的急切心理。

以金融开放创新为例,《全面深化方案》出台后,上海探索建立了金融服务业对外开放负面清单制度。2017年6月28日,上海自贸区管委会和上海市金融服务办公室联合召开新闻通气会,发布《中国(上海)自贸试验区金融服务业对外开放负面清单指引(2017年版)》(以下简称"《指引》")。《指引》被视为全国首份金融服务业对外开放负面清单,它列明了外资投资设立金融机构管理

---

① 《计算机科学技术名词(第三版)》,科学出版社2018年版,第159页。

(市场准入限制)和外资准入后业务管理措施(国民待遇限制)2方面共10个类别、48项特别管理措施,具体包括股东机构类型要求、股东资产规模要求、股东经营业绩要求、资本金要求、股权结构限制、分支机构设立与运营要求、其他金融机构准入限制、业务范围限制、运营指标要求以及交易所资格限制。①金融服务业对外开放负面清单制度,最大限度地释放了金融开放空间,也最大限度地释放了可能的风险与压力,为把上海自贸区建成金融开放风险压力测试区创造了条件。

风险压力测试的另一面是在实施开放措施的同时进行制度与能力建设,尤其是风险防控和安全应对制度与能力建设。具体涉及如下方面:完善国家安全审查、反垄断审查等投资审查制度;深化完善安全预警和国际竞争力提升的产业安全保障机制;探索兼顾安全和效率的数字产品贸易监管模式;对标国际最高水平,实施更高标准的"一线放开""二线安全高效管住"贸易监管制度;探索完善服务贸易统计体系,建立服务贸易监测制度(监测能力);加快建立金融监管协调机制,提升金融监管能力,防范金融风险;探索实施符合国际通行做法的金融、外汇、投资和出入境管理制度,建立和完善风险防控体系。

通过一方面实施最大限度的开放措施,另一方面持续进行风险防控和安全应对制度与能力建设,上海自贸区形成了开放型经济体系的风险压力测试区的基础框架。

案例4-2 一大批服务业开放项目密集落地陆家嘴②

2015年4月,在被纳入上海自贸区范围后,陆家嘴以打造"国际一流金融城"为目标,积极推动服务业对外开放,将上海自贸区

---

① 宋薇萍:《上海自贸区出台全国首份金融服务业对外开放负面清单》,《上海证券报》,2017年6月29日,第3版。
② 张淑贤:《陆家嘴加快构建开放型经济新体制》,《浦东时报》,2018年10月16日,第1版。

创新成果转化为区域经济发展的强大动力。

3年多来,金融服务、航运服务、专业服务等领域的一大批服务业对外开放项目,密集在陆家嘴落地生根、开花结果:全国第一家CEPA项下的合资全牌照券商——申港证券;全国第一家外商独资营利性非学制类职业培训机构——普华永道商务技能培训(上海)有限公司;全国第一家中外律师事务所联营办公室——奋迅·贝克麦坚时联营办公室……

借助于上海自贸区的政策优势,陆家嘴正在全面推动服务业对外开放,加快构建开放型经济新体制。

服务业开放措施,吸引外商企业纷纷入场尝鲜

上海自贸区针对服务业的一系列对外开放措施,吸引着一批又一批的外商企业入场尝鲜。

港商周运达就是一个被"上海自贸区允许外商独资旅行社设立"政策吸引来的尝鲜者。此前,周运达所在的家族企业已在国外经营多年旅游业务,他一直梦想着能直接服务内地消费者,随着上海自贸区对外资旅行社敞开大门,他的梦终于圆了。

去年年底,外商独资企业——联泰(上海)国际旅行社有限公司在上海自贸区陆家嘴片区成立,周运达出任执行董事兼总经理。"公司目前已开展少量的境内游业务,正在争取两年内申请出境游资质,为内地游客带来多元化的产品体验。"周运达表示。

周运达向记者表示,联泰的旅游产品此前只能出售给国内有资质的旅行社,而在内地开设了旅行社并获得出境游资质后,可将公司的旅游产品打包直接卖给内地消费者,"全产业链项目打包出售,原则上比单项售卖便宜10%左右"。

今年以来,随着国家关于金融服务业全面对外开放的战略部署和"上海扩大开放100条"的发布,一批金融业对外开放项目又在陆家嘴落地。今年4月,外资保险经纪公司经营范围限制全面放开,注册于陆家嘴的韦莱保险经纪有限公司(全球三大保险经纪商

之一），成为全国第一家获准扩展经营范围的外资保险经纪机构。英国第三大外币兑换公司、英国跨境收款金融科技公司 World First 在陆家嘴设立的全资子公司——越蕃商务信息咨询（上海）有限公司，也正式向央行提交了进入第三方支付市场的申请。

改革创新优势，助力企业进入行业生态圈

进驻上海自贸区的，除了外资企业，还有看中自贸区改革创新优势的内资企业。申能融资租赁公司是受益者之一，原本需要半年到一年才能获得营业执照，在上海自贸区只用了 3 个月就完成了。申能融资租赁董事长谢峰向记者介绍，公司 2016 年 11 月注册成立，2017 年 2 月即获得融资租赁业务经营许可，成为上海首家国有内资试点的融资租赁公司，这得益于自贸区内资融资租赁试点审批权的下放。

2016 年 4 月 1 日起，商务部、税务总局将注册在自贸区内的内资租赁企业融资租赁业务试点确认工作委托给各自贸区所在的省、直辖市、计划单列市级商务主管部门和国家税务局。

"按照之前规定，内资融资租赁公司经营许可的确认工作需由商务部和国税总局负责，由于公司注册在上海自贸区，按照新规，只需通过上海自贸区向上海商务委和上海税务局确认即可，大大缩短了审批时间，使我们得以用最快的速度跨过内资融资租赁行业的高门槛。"谢峰表示。

在获得经营许可一个月后，2017 年 3 月，申能融资租赁首单业务落地，继而迅速融入融资租赁的生态圈。一年半来，申能融资已与近 20 家企业签订了融资租赁合同，总金额超过 70 亿元。

上海自贸区陆家嘴管理局办公室副主任何建木说，上海自贸区是一扇大门，既是迎接外资企业进入的大门，也是中国企业"走出去"的大门。"外资来陆家嘴可以推广更多的业务和产品，内资企业来这里也可以发展壮大。"

探索全生命周期服务体系，不断优化营商环境

"落地陆家嘴，得到了陆家嘴各部门的帮助和支持，无论是试点申报文件准备和编写、工商注册及变更、业务培训、交流论坛，还是自贸区融资租赁企业的财政扶持政策落实，都有专门指导。"谈及陆家嘴为企业提供的服务，谢峰深有感触。

新设的"陆家嘴金融城企业服务中心"已正式投入使用。何建木透露，"陆家嘴金融城企业服务中心"最大的特点在于探索企业全生命周期服务体系，"之前企业落户，可能要找招商代理，或者自己一家一家单位去跑，才知道要办什么业务，需要什么审批事项，现在陆家嘴企业服务中心就设有专业代办，同时还与工商银行等合作，建立帮办代办机制，在企业设立初期，将企业注册流程与银行开户流程双轨并进"。

"陆家嘴企业服务中心的员工可以说是'全科医生'，企业到任何一个窗口，窗口员工都可以满足各种业务办理的需求。"何建木向记者表示，"陆家嘴尽最大的可能把拥有的行政审批权限，以及政府公共管理的权限，全部集中到企业服务中心。"

（三）全面提升开放环境下的政府治理能力

1. 方案文本

经过 2.0 阶段管委会与新区政府合署办公的催化，浦东新区政府职能转变与上海自贸区建设之间已经发生了化学反应，两者的互相依托性、互相促进性得到了很大提升。在全面深化自贸区改革的 3.0 阶段，如何全面转变浦东新区政府职能就成为新的实践议题。《全面深化方案》提出"提升政府治理能力先行区"的概念，要求通过进一步转变浦东新区一级地方政府政府职能，打造提升政府治理能力的先行区。

第一，健全以简政放权为重点的行政管理体制。加快推进简政

放权,深化行政审批制度改革。以厘清政府、市场、社会关系为重点,进一步取消和简化审批事项,最大限度地给市场放权。推动实现市场准入、执业资格等领域的管理方式转变。深化大部门制改革,在市场监管、经济发展、社会管理和公共服务、改革和法制、环保和城建五个职能模块,按照精简高效原则形成跨部门的协同机制。

第二,深化创新事中事后监管体制机制。按照探索建立新的政府经济管理体制要求,深化分类综合执法改革,围绕审批、监管、执法适度分离,完善市场监管、城市管理领域的综合执法改革。推进交通运输综合行政执法改革,加强执法协调。将异常名录信息归集范围扩大到市场监管以外的行政部门,健全跨部门"双告知、双反馈、双跟踪"许可办理机制和"双随机、双评估、双公示"监管协同机制。落实市场主体首负责任制,在安全生产、产品质量、环境保护等领域建立市场主体社会责任报告制度和责任追溯制度。鼓励社会力量参与市场监督,建立健全会计、审计、法律、检验检测认证等第三方专业机构参与市场监管的制度安排。

第三,优化信息互联共享的政府服务体系。加快构建以企业需求为导向、大数据分析为支撑的"互联网+政务服务"体系。建立央地协同、条块衔接的信息共享机制,明确部门间信息互联互通的边界规则。以数据共享为基础,再造业务流程,实现市场准入"单窗通办""全网通办",个人事务"全区通办",政务服务"全员协办"。探索建立公共信用信息和金融信用信息互补机制。探索形成市场主体信用等级标准体系,培育发展信用信息专业服务市场。

2. 方案解读

上海自贸区与浦东新区处在中国改革开放的最前沿,其政府治理必须适应开放环境,这就意味着政府治理一方面要能够向多样化的市场主体与社会主体分享信息与权力,激发各类主体的创造活力与自我治理能力(如建立市场主体首负责任制);另一方面又要能够及时处置违规、违约以及道德风险行为,为开放社会提供良好的生产生活秩序。开放程度越大,对政府治理能力的要求就越高。《全面深化方案》从健全简政放权、深化创新事中事后监管体制机制、优化信息互联共享的政府服务体系三个方面就提升开放环境下的政府治理能力提出了具体要求。浦东新区政府提升自身治理能力的具体举措及其效果是下一节讨论的重点,故此处不展开分析。

(四)服务国家"一带一路"倡议和推动市场主体"走出去"

1. 方案文本

2015年4月的《进一步深化方案》已经提到,要"使自贸试验区成为我国进一步融入经济全球化的重要载体,推动'一带一路'建设和长江经济带发展",不过当时并没有详细指出上海自贸区服务"一带一路"倡议的具体思路与政策措施。此次《全面深化方案》则非常明确地要求:坚持"引进来"和"走出去"有机结合,创新经贸投资合作、产业核心技术研发、国际化融资模式,探索搭建"一带一路"开放合作新平台,建设服务"一带一路"的市场要素资源配置功能枢纽,发挥自贸试验区在服务"一带一路"中的辐射带动作用。具体举措涉及如下三个方面。

第一,以高标准便利化措施促进经贸合作。对接亚太示范电子口岸网络,积极推进上海国际贸易"单一窗口"与"一带一路"沿线口岸的信息互换和服务共享。率先探索互联互通监管合作新模式,在认证认可、标准计量等方面开展多双边合作交流。加快建设门户复合型国际航空枢纽。促进上海港口与21世纪海上丝绸之路航线港口的合作对接,形成连接国内外重点口岸的亚太供应链中心枢纽。建立综合性对外投资促进机构和境外投资公共信息服务平台,在法律查明和律师服务、商事纠纷调解和仲裁、财务会计和审计服务等方面开展业务合作。打造"一带一路"产权交易中心与技术转移平台,促进"一带一路"产业科技合作。积极推进能源、港口、通信、高端装备制造等领域的国际产能合作和建设能力合作。

第四章　自贸区制度创新与浦东新区治理能力先行区的建构

第二，增强"一带一路"金融服务功能。推动上海国际金融中心与"一带一路"沿线国家和地区金融市场的深度合作、互联互通。加强与境外人民币离岸市场战略合作，稳妥推进境外机构和企业发行人民币债券和资产证券化产品，支持优质境外企业利用上海资本市场发展壮大，吸引沿线国家央行、主权财富基金和投资者投资境内人民币资产，为"一带一路"重大项目提供融资服务。大力发展海外投资保险、出口信用保险、货物运输保险、工程建设保险等业务，为企业海外投资、产品技术输出、承接"一带一路"重大工程提供综合保险服务。支持金砖国家新开发银行的发展。

第三，探索具有国际竞争力的离岸税制安排。适应企业参与国际竞争和服务"一带一路"倡议的需求，在不导致税基侵蚀和利润转移的前提下，基于真实贸易和服务背景，结合服务贸易创新试点工作，研究探索服务贸易创新试点扩围的税收政策安排。

2. 方案解读

上述三个方面的要求发布后不久，2017年5月，时任上海市委书记韩正指出，打造上海自贸区"桥头堡"，突破口是经贸合作，核心是金融开放，重点是基础设施建设，纽带是人文交流和人才培训，切入点是同全球城市和跨国公司合作。[①] 上海本地的一些学者也参与到相关的对策研究之中，如干春晖、王强认为，一要注重系统性，把制度创新作为对接服务工作的主线；二要注重开放性，完善和创新高标准的国际经贸投资规则。[②] 李锋等认为，应形成若干有标志性和影响力的重大抓手，凸显辐射带动效应，如加快推进自由贸易港建设，充分发挥中国国际进口博览会辐射带动效应，建立"一带一路"债券市场，建设"一带一路"人民币跨境支付和清算

[①] 《韩正：深刻把握"一带一路"建设的核心要义和精神实质》（2017年5月16日），央广网，http://www.cnr.cn/shanghai/tt/20170516/t20170516_523758039.shtml，最后浏览日期：2020年7月16日。

[②] 干春晖、王强：《上海自贸试验区对接服务"一带一路"建设研究》，《科学发展》2018年第12期，第31—41页。

中心,打造"一带一路"大宗商品交易平台等。①

从上海自贸区与"一带一路"的时间关系看,早在3.0版上海自贸区改革方案,即《全面深化方案》出台之前,"一带一路"倡议已经如火如荼地开展了起来。"一带一路"倡议被写入中央文件是在2013年11月,中共十八届三中全会通过的《中共中央关于全面深化改革若干重大问题的决定》明确提出"加快同周边国家和区域基础设施互联互通建设,推进丝绸之路经济带、海上丝绸之路建设,形成全方位开放新格局"。2015年2月,国家设立推进"一带一路"建设工作领导小组。2015年12月,首个由中国倡议设立的多边金融机构——亚洲基础设施投资银行正式成立。2017年3月,"中国一带一路网"(www.yidaiyilu.gov.cn)正式上线运行。

到2017年3月《全面深化方案》出台时,国家在"一带一路"倡议的实施中已经积累了丰富的经验,中央层面也形成了比较系统的"五通发展"思路,即政策沟通、设施联通、贸易畅通、资金融通、民心相通。《全面深化方案》对上海自贸区的要求,主要聚焦在"五通"中的贸易畅通和资金融通上,同时也涉及设施联通。由于贸易、金融、航运本身就是上海自贸区以及上海的独特优势,因此《全面深化方案》提出的相应政策措施的要求还是比较高的,希望上海能够在这些方面成为中国与"一带一路"沿线地区进行互联互通的枢纽。例如,在贸易畅通上,上海自贸区建设需要对接亚太示范电子口岸网络,积极推进上海国际贸易"单一窗口"与"一带一路"沿线口岸的信息互换和服务共享;在认证认可、标准计量等方面探索互联互通的监管合作新模式;建立综合性对外投资促进机构和境外投资公共信息服务平台;打造"一带一路"产权交易中心与技术转移平台;等等。

总的来看,《全面深化方案》提出的任务要求较高且比较具体。

---

① 李锋等:《上海打造服务"一带一路"桥头堡进展及其重大抓手》,《科学发展》2018年第8期,第50—57页。

通过这个阶段的系统努力,建立上海自贸区"一带一路"技术交流国际合作中心,上海自贸区开始在推动中国与"一带一路"沿线地区的贸易畅通、资金融通和设施联通,以及中国市场主体便利、安全地走出去上发挥重要的桥头堡作用。

案例4-3　上海自贸区"一带一路"技术交流国际合作中心揭牌①

2018年6月20日,国家认证认可监督管理委员会与上海自贸试验区管委会签署共同推进自贸试验区认证认可检验检测工作合作备忘录。双方将进一步推动上海自贸试验区更好发挥服务国家"一带一路"倡议和推动市场主体走出去的"桥头堡"作用,在检验检测认证方面对接国家各项政策,增强要素集聚和辐射能力,助推上海自贸试验区和科创中心建设。

合作备忘录明确,国家认监委将支持上海自贸试验区搭建与国外检验检测认证机构的沟通平台,推动检验检测结果采信与认证机构互认,提高市场主体的贸易便利化水平,帮助企业应对国外技术壁垒,提供认证认可政策、技术、信息的重点支持,为中国企业提供包括进出口相关的检验检测、认证认可、标准计量等方面服务,帮助企业更好地"走出去",拓展国际市场。

签约仪式上,上海自贸试验区"一带一路"技术交流国际合作中心正式揭牌。这是继2017年9月,《服务中国(上海)自由贸易试验区建设"一带一路"桥头堡检测认证机构质量合作协议》签署后的又一重磅举措。下一步该中心将着力做好服务"一带一路"的四方面工作。

一是共商标准扩容。发布上海自贸试验区区级标准,通过精细化管理,改善营商环境,围绕国际消费品流行趋势,邀请各国机构

---

①　王志彦:《服务"一带一路"建设,上海自贸试验区又出重磅举措》(2018年6月20日),上观新闻网,https://www.jfdaily.com/news/detail?id=93738,最后浏览日期:2020年7月16日。

参与到合格评定相关指南准则和标准制修订工作,实现标准互通。此前,2018年5月,自贸试验区已经先行发布了《社会治理指数评价体系》和《"家门口"服务规范》两项基层社会治理领域的区级标准,接下来将在服务"一带一路"倡议,推进国际贸易合作方面继续推出区级标准。

二是共建认证联盟。在国家认监委的支持下,组建区域认证联盟,为"一带一路"沿线国家商品进出口提供精准服务,逐步扩大成员国彼此认证证书的互认范围。同时,上海自贸试验区还将以建设张江科学城"5个一批"项目建设为载体,形成一批研发转化和认证服务平台,推动"园区出海",为科创企业提供"走出去"的载体支撑;以检验检测认证行业协会和中国质量认证中心上海分中心为依托,推动"平台出海",为市场主体国际化发展提供功能支撑,构建政府部门、行业协会、技术机构、企业组织四位一体的"一带一路"建设合作机制。

三是共享结果采信。通过检验检测认证行业协会等第三方组织,搭建信息共享平台,实现包括认证采信、检测数据采信、检测结果采信以及工厂审查委托等方面合作,避免重复检验,降低企业成本。

四是优化通行机制。协调相关部门,探索建立部分低风险商品口岸与市场联动监管机制,实行前置服务,即不在口岸实施检验监管,通过在市场开展监管,共享监管结果,为进口商品区域通行提供便利;同时鼓励国内检验检测认证机构走出去,在相关国家设立分支机构,开展检验检测认证,通过检验前置,推动开拓国际市场。

二、浦东新区打造提升政府治理能力先行区的行动方案

《全面深化方案》提出要把上海自贸区建设成为提升政府治理能力先行区。2017年4月,上海市委全面深化改革领导小组第十六次会议把"形成提升政府治理能力先行区总体方案"确立为

第四章　自贸区制度创新与浦东新区治理能力先行区的建构

2017年上海自贸区24项重点工作之一。2017年9月12日，在上海市政府新闻发布会上，时任浦东新区副区长、上海自贸区管委会副主任陆方舟指出，浦东提升政府治理能力先行区的总目标是，"到2020年，率先实现政府治理体系和治理能力现代化，成为开放度最高、市场最高效、制度性交易成本最低、创新要素最集聚、公共服务最优的善治之区"[①]。对浦东新区一级政府来说，要做的是在1.0阶段重点领域政府职能转变和2.0阶段政府整体再造的基础上，推动改革系统集成，进而提升政府治理能力。进入3.0阶段以来，浦东新区打造提升政府治理能力先行区的四条路径分别是在治理主体多元化、治理方式现代化、治理结构网络化，以及治理制度法治化方面先行，其核心思路是实施整体制度创新。

（一）政府主导与多元治理主体格局的探索

在3.0阶段，浦东新区重点通过持续放权和优化营商环境、落实市场主体首负责任制、充分发挥行业协会商会作用、鼓励社会力量参与市场监督等工作，推动政府管理、市场自律、业界自治和社会监督四位一体格局的形成，实现了在治理主体多元化方面先行。

1. 创新政府管理，持续放权和优化营商环境

"店小二"是浦东新区对政府的形容和定位，它根植于浦东新区的血液之中。浦东新区一直强调向市场放权和优化营商环境。到了3.0阶段，这一工作的推进更为有力。如2017年浦东新区市场监管局试点取消许可审查中的发证检验环节、对信用良好企业新发证实行"告知承诺"、将工业产品生产许可"一企一证"改革复制拓展到食品相关产品领域等。[②] 2018年年初，为进一步优化营商环

---

① 《2017年9月12日市政府新闻发布会：介绍上海自贸试验区深化改革、创新发展有关情况》（2017年9月13日），上海政府网，http://www.shio.gov.cn/sh/xwb/n790/n792/n989/n998/u1ai14230.html，最后浏览日期：2020年7月15日。

② 《浦东做提升政府治理能力的先行者》，《浦东时报》，2017年12月27日，第1版。

境，浦东新区正式推出"四个集中，一次办成"改革：通过所有部门审批处室向行政服务中心集中、所有市场准入审批事项向"单窗通办"集中、所有投资建设审批事项向"单一窗口"集中、重点区域建设项目集中验收这 4 项改革，让企业、百姓少跑腿，确保实现"一次办成"。① 2018 年 1 月，浦东新区市场监管局会同区委组织部、区商务委，推出服务自贸区建设、促进营商环境优化的"二十条"措施，涵盖"放管服"及流程再造四个方面，其中大部分措施在全市领先，多条举措国内首创。② 密集的持续放权和优化营商服务的举措体现了浦东新区政府甘当"店小二"和创新政府管理的决心，这为浦东新区治理主体多元化格局的形成创造了最为重要的条件。

2. 推动市场自律，落实市场主体首负责任制

《全面深化方案》规定：落实市场主体首负责任制，在安全生产、产品质量、环境保护等领域建立市场主体社会责任报告制度和责任追溯制度。应当说，市场主体首负责任制，本身就是一种制度创新，它有望成为浦东新区推动市场自律的重要制度抓手。目前这一制度尚在探索之中。2018 年，浦东新区市场监管局在花木街道选择市场美誉度高、质量主体责任意识强、消费者权益保障制度完善的商场，试行"质量首负责任制"，向消费者公开承诺履行质量首负责任，实施商场"先行赔付"以及"质量责任追溯"制度。2018 年 12 月初的统计显示，"质量首负责任制"已在百安居、迪卡侬、山姆会员商店等企业先行实施。③

3. 推进业界自治，充分发挥行业协会商会作用

业界自治是地方治理的重要组成部分，有效的业界自治能够降低政府管理成本，推动经济社会健康发展。早在 2006 年，上海市

---

① 《"四个集中一次办成"力争成浦东改革标杆》，《浦东时报》，2018 年 3 月 16 日，第 1 版。
② 《浦东推出服务自贸区建设"二十条"措施多条举措国内首创》（2018 年 1 月 15 日），浦东政府网，http://www.pudong.gov.cn/shpd/InfoOpen/InfoDetail.aspx?Id=870316，最后浏览日期：2018 年 5 月 12 日。
③ 《花木商圈质量诚信联盟成立》，《浦东时报》，2018 年 12 月 4 日，第 4 版。

社会服务局就出台了10项措施支持浦东新区试点发挥行业协会作用，包括承接政府职能、先行开展试点（浦东新区）、创新管理模式、实施重点扶持、扶持培育基地、上下多方联动、提供决策咨询、加强沟通协商、开展评议活动、建立相应机制。经过多年发展，浦东新区在推进业界自治上具备了良好的基础。截至2018年9月，浦东新区有22家行业协会、13家商会、65家企业协会等其他经济类社团。① 为进一步发挥行业协会商会在自贸区改革和地方治理中的业界自治作用，浦东新区民政局积极创新行业协会商会的服务管理，发挥政策引领功能，通过"十三五"社会组织财政扶持政策，积极引导行业协会商会创新服务及功能发挥。在这种背景下，浦东新区国际商会、商业保理行业协会、印刷行业协会等协会积极探索治理转型、规范行业发展，推动行业诚信建设、参与市场监管，有效发挥了助推产业发展、整合行业资源、引领行业自律、促进市场稳定的作用。②

4. 深化社会监督，鼓励社会力量参与市场监督

"鼓励社会力量参与市场监督，建立健全会计、审计、法律、检验检测认证等第三方专业机构参与市场监管的制度安排"是《全面深化方案》对自贸区建设的一项基本要求。3.0阶段，浦东新区继续采取多种举措鼓励包括社会公众、第三方机构、媒体等在内的社会力量参与市场监督。其中最为典型的例子是，浦东新区着力完善司法保护、行政保护、调解仲裁、社会监督"四轮驱动"的知识产权保护模式，促进形成知识产权严保护、大保护、快保护、同保护工作格局。这一四轮驱动模式及工作格局的打造正是建立在1.0阶段政府再造的成果的基础上——大知识产权局的成立。一个由社会参与监督的知识产权监管体系确保了浦东新区知识产权各项指标（每1 000亿美元GDP的居民发明专利申请量、外观设计专利申请

---

① 《发挥行业协会商会作用助推长三角一体化发展》，《浦东时报》，2018年9月17日，第2版。

② 同上。

量、商标申请量等）名列世界前茅。此外，浦东新区在环境综合整治攻坚战、饮用水卫生安全、城市精细化管理等方面，也形成了制度化的社会参与和监督机制。

案例4-4　当好"店小二"　浦东持续优化营商环境①

当好服务企业的"店小二"，这是浦东给区内企业的承诺。2018年1月9日上午，市委常委、区委书记翁祖亮带队，9名区领导和十多个委办局的负责人，与45名民营企业家面对面，就如何营造更好的"营商环境"专门进行了一次调研座谈。

翁祖亮说，浦东一直致力于构建法治化、国际化、便利化的营商环境和公平、统一、高效的市场环境，在党委政府的服务水平上，浦东各个单位、各级干部都要甘当服务企业的"店小二"，有求必应、无事不扰，把引领发展的"高站位"落实到服务浦东企业的"低身段"上，才能真正成为新时代全国改革开放和创新发展的标杆。

甘当"店小二"不是抽象而是具体的，不是停留在口号上，而是落实到实在的行动中的，翁祖亮在座谈现场代表区委、区政府作出四条承诺，也是对相关部门单位立下四条规矩。（1）一是兑现政策不打折，凡是区委、区政府作出的承诺，一定认账、一定落实，各部门、各地区要把政策兑现为优化营商环境、提升政务诚信的重要内容。（2）二是只说Yes不说No，不管是企业到窗口办事提交申请，还是日常工作中反映诉求，相关部门决不能简单说No，工作中碰到事情，不能先做"技术判断"，考虑按规定可不可以做，而是要做"价值判断"，想想这件事到底应不应该做。对企业反映的问题，必须做到"三个不"：对不属于本部门的事项，不设障碍设路标，引导企业找对路；对不符合申请条件的事项，不打回票打

---

① 《当好"店小二"　浦东持续优化营商环境》，《浦东时报》，2018年1月10日，第1版。

清单，告知企业怎么办；对法律法规不明确的事项，不给否决给路径，与企业一起研究监管新模式。(3) 三是事事有着落、件件有回音，凡是企业提出的诉求和问题，都要跟踪落实、及时反馈，决不能石沉大海、不见动静，让企业空等。能第一时间甚至现场解决的，就马上解决；个性问题个案解决，共性问题要从制度层面解决；涉及多个部门的问题，要明确牵头部门，建立协调机制，形成合力；一时解决不了的问题，要给出细致的解释说明和工作方案。(4) 四是直接投诉无障碍，大家如果遇到政府工作人员不作为、乱作为，可以通过工商联、统战部及其他多种渠道反映。

(二) 技术深度应用与治理方式现代化的探索

行政学者陈振明和薛澜认为，"信息技术是一种最重要的政府管理工具，它是引起当代公共管理变革的最根本的动力，而电子政务或电子化政府建设则是当代公共管理发展的一个基本趋势"[①]。信息化时代，所谓推进政府治理方式现代化，主要是指推动互联网理念及技术在政府管理与服务中的深度应用。浦东新区在政府治理方式现代化方面先行的集中表现，是借助最新的信息技术推进"三全工程"建设，即企业市场准入"全网通办"、个人社区事务"全区通办"、政府政务信息"全域共享"。"三全工程"建设集中了政府信息公开、部门间信息共享、一站式服务、跨地区协同、以服务对象为中心等现代服务型政府的基本理念，是3.0阶段浦东新区探索治理方式现代化的典型成果。

《2018年浦东新区政府工作报告》显示，浦东新区区级104项企业市场准入事项实现"全网通办"，全部188项个人社区事务实现"全区通办"，政府政务信息"全域共享"取得阶段性成果。浦东新区开展"三全工程"建设的本质是地方政府借助最新的信息技

---

① 陈振明、薛澜：《中国公共管理理论研究的重点领域和主题》，《中国社会科学》2007年第3期，第140—152页。

术发展成果,把政治承诺("全""通")所塑造的压力自上而下地传导到官僚体系,推动官僚体系以公众或服务对象为中心高效运转,①最终破除"多跑腿""办事难"等现实问题。

案例4-5 "三全工程"开创服务型政府新局面②

2017年4月27日,浦东召开"三全工程"新闻发布会。发布会之后,企业市场准入"全网通办"正式启动。为推进此项工作,有效解决企业和市民"办事难、办事繁、效率低"的问题,今年浦东将围绕自贸区、科创中心建设两大战略任务,以推进政府职能转变为核心,以深化提升政府治理能力的先行区为目标,以企业群众的感受度为衡量标准,着力打造企业市场准入"全网通办"、个人社区事务"全区通办"、政府政务信息"全域共享"的"三全工程"建设,努力开创开放、协同、高效的服务型政府新局面。

104个事项可网上办

企业市场准入"全网通办",把以往企业必须上门面对面才能完成的审批服务,通过"互联网+政务服务"的有机融合,让政府的审批服务插上互联网的翅膀,为企业提供"网上全程一次办成、网上申报只跑一次"的高度集成的办事服务。

今年年初,浦东梳理汇总企业登记、金融贸易、食品药品、卫生、文化、新闻出版、治安管理、环境保护、建设交通、人力资源、农业等14个部门业务,涉及企业市场准入要求办理的营业执照及各类许可证共104个区级事权的审批事项,通过新区网上政务大厅(http://zwdtpd.sh.gov.cn)提供全网通办服务。其中,74个事项实现"网上全程一次办成",30个事项实现"网上申报只跑一

---

① 刘伟:《政府创新演进的"三进程"模型建构及其实证研究——以市长热线为扩展个案》,复旦大学行政管理专业博士学位论文,2018年,第129页。
② 《"三全工程"开创服务型政府新局面》,《浦东时报》,2017年4月28日,第1、2版。

次"。通过网上申报、网上审批,结合书面申请材料和证照文书快递递送方式,实现申请企业足不出户就能办完事、办成事。

"全网通办"自4月11日进入试运行至今,在全网通办审批系统流转和办结发证的申请办件240余件,运行情况良好。其中,酒类专卖可以实现网上全程无纸化操作,公共场所卫生许可(新证)、各类企业和分支机构设立(新设)可以实现全程网上办理。

个人事务就近办

个人社区事务"全区通办"是为满足广大市民就近办理个人事务需要推出的一项便捷举措。针对浦东新区区域广、人口多、户籍地和居住地分离较多的情况,今年在社区事务受理信息系统改造升级的基础上,依托统一的网上社区事务受理平台和标准化办理流程,针对170项个人社区事务,年内全面实现以往必须在户籍地办理模式向就近办理的"全区通办"模式转变。无论居住在哪里,户籍在哪里,工作在哪里,新区的每个市民都可选择在任何一家街镇社区事务受理中心办理自己的个人事务,享受便捷、透明、亲和的服务。

政府政务信息"全域共享"

政府政务信息"全域共享"是为有力支撑以上两项举措,打破政府内部"跨层级资源集成难、跨部门信息共享难、跨领域业务协同难"的"三跨难"现象,依托新区现有"政务云"体系,通过和国家部委驻区单位、市级各部门之间的信息互联互通,着力推进本区域政务信息"跨领域、跨层级、跨部门"的"全域共享"目标。今年重点围绕政务云数据中心建设升级,以综合监管平台的"双告知、双反馈、双跟踪、双随机、双评估、双公示"环节、企业信用评估指标体系建设、重点金融监管领域风险防范、搭建城市运行综合管理平台等几个方面为切入点,以全员协同为路径、以制度建设为基础,形成重点突出、由点及面的政府政务信息"全域共享"的全新格局。

以"三全工程"推动勤政

在昨天举行的新闻发布会上,谈到"三全工程"对于浦东新区政府职能转变,尤其是防止懒政方面的具体意义时,陆方舟表示,"三全工程"是推动政府勤政进而优政的举措,首先它的出发点是为了更好地方便企业、方便群众、优化服务。其中,企业市场准入"全网通办"是让数据多跑路,让企业少跑路,甚至做到足不出户;个人社区事务"全区通办",是让居民能够就近办理,36个社区事务受理中心,居民离哪里近,就到哪里办理;政府政务信息"全域共享",是强化政府自身信息共享,提高协同效率,更好地提供服务。

此外,"三全工程"依托"互联网+政务服务",办理过程全程留痕,便于考核、督促和检查,对于治理懒政有一定的优势。去年,浦东建立了网上督查室,对政务活动进行督促,例如设置动态调整线,更好地确保审批高效、服务优质。

(三)基于事权改革与监管协同的治理结构网络化的探索

在当代中国,政府是事实上最重要的治理主体,是"多中心"或"多元"的"核心",其内部治理结构是制约地方政府治理能力提升的关键因素。换言之,不管是多主体共同参与治理,还是技术深度应用也好,要想落地和发挥作用,都离不开政府内部治理结构网络化。所谓"治理结构网络化"主要针对政府内部,这里用它来形容地方政府内部治理结构的一种理想状态:组织严密,结构合理,权责明晰,沟通顺畅。

浦东新区通过采取区镇事权改革、大部门制改革、分类综合执法改革、健全跨部门许可办理与监管协同机制等举措,有效地控制了内部治理结构失衡的风险,推动了治理结构的网络化。由于前两个阶段浦东新区已在市场监管、城市管理、经济发展等领域开展了大部门制改革及分类综合执法改革,此处重点分析3.0时期浦东新区在区镇事权改革和健全跨部门许可办理与监管协同机制两个方面的做法。

1. 以统筹核心发展权和下沉区域管理权为抓手的区镇事权改革

2017年5月31日,浦东新区召开全区工作动员大会,决定启动统筹核心发展权和下沉区域管理权改革工作。具体来说,一方面,区级重点统筹事关全局和长远的五个方面的发展权,即发展规划权、镇级招商引资权、镇园区转型发展权、区域开发权和公共设施基本建设权;另一方面,为保障镇级的公共服务、公共管理和公共安全职能,按照应放尽放、能放尽放的原则,强化与下沉八个方面的管理权(人事考核权、征得同意权、规划参与权、重大决策和重大项目建议权、综合管理权、绿化市容管理权、房屋管理权和法治建设统筹推进权)。这一改革的推进有助于解决浦东新区存在的区镇治理结构失衡问题,理顺区镇关系,推动发展平衡、服务均等、权责匹配和共同发力。

2. 建立健全"双告知、双反馈、双跟踪"许可办理机制和"双随机、双评估、双公示"监管协同机制

2016年浦东新区提出并在部分部门先行试点实施以"六个双"为核心的政府综合监管闭环机制,截至2018年1月,"六个双"工作基本实现对新区21家监管部门,108个行业(领域)的全覆盖,在制度体系建设上也不断深化完善。① 这里的"六个双"政府综合监管闭环机制是指"双告知、双反馈、双跟踪"许可办理机制和"双随机、双评估、双公示"监管协同机制。2018年6月19日,浦东新区政府办公室印发《浦东新区"六个双"政府综合监管实施办法(暂行)》,规定"法律、法规、规章规定由浦东实施的,针对市场主体的政府监管活动适用本办法"。该办法将从2018年8月

---

① 《冯伟在"浦东论坛"开讲:〈浦东新区"六个双"政府综合监管机制创新的探索与实践〉》(2018年5月11日),浦东政府网,http://www.pudong.gov.cn/shpd/InfoOpen/InfoDetail.aspx?Id=897263,最后浏览日期:2018年12月20日。

1日起施行,有效期为2年。由此,浦东的跨部门许可办理与监管协同机制有了更为健全的制度保障。"六个双"工作的全面实施,有助于浦东新区系统解决监管部门之间沟通低效、多头执法问题,进而以便民利企为中心创新监管方式和提升监管效能。

案例4-6　浦东启动劳务派遣"双随机"执法检查①

2017年5月9日,浦东新区人社局启动劳务派遣行业"双随机"执法检查。"双随机"是通过浦东新区事中事后综合监管平台,随机选派执法人员对随机抽取的检查对象进行检查。这也是"双随机"机制在本市劳动保障监察行政执法中创新监管方式的首次实践。

据介绍,本次"双随机"执法检查针对重点监管对象名录库,涉及三类劳务派遣企业:当年度新申请《劳务派遣经营许可证》,在日常经营劳务派遣业务过程中曾经被查实存在违法违规行为的,不按要求参加年度经营情况检查的,抽查比例为20%。

检查前,浦东新区人社局将"一单、两库、一细则"(检查事项清单、检查对象名录库、执法人员名录库、"双随机"检查细则),录入浦东新区事中事后综合监管平台,随机匹配组合,形成一一对应的检查组。

检查过程中,严守纪律、阳光执法、规范程序、全程留痕,确保责任可追溯;对发现的违法违规行为,依法责令整改,确保整改落实到位。

检查结束后,结果将记入"浦东新区事中事后综合监管平台",并实时推送至"企业信用信息公示系统",实现与其他部门间的失信企业信息共享和应用,实施诚信联合激励、失信联合惩戒。

"双告知、双反馈、双跟踪"的许可办理机制和"双随机、双评估、双公示"的监管协同机制,是浦东新区区委、区政府对事中事后

---

① 《浦东启动劳务派遣"双随机"执法检查》,《浦东时报》,2017年5月11日,第1版。

监管工作提出的更高的标准。浦东新区人社局作为6个试点部门之一，率先以劳务派遣行业为重点实施"六个双"闭环监管制度。

人社局相关负责人表示，"双随机"执法检查，是监管闭环的重要组成部分。2015年7月，李克强总理阐释"双随机"抽查机制的意义时指出："建立随机抽取被检查对象、随机选派检查人员的'双随机'抽查机制，意味着每个市场主体的头上都悬着一把'达摩克利斯之剑'，企业必须增强守法自觉性；同时也意味着执法人员只能阳光行政，不能再'看谁不顺眼'就去检查，即用制度限制监管部门的自由裁量权。"两年来，这项机制在全国范围各行业、各领域中推广应用，取得了良好的效果。

（四）依法治区战略与治理制度法治化的探索

张文显对法治与国家治理、政府治理的关系有过系统的分析，他认为，"现代法治为国家治理注入良法的基本价值，提供善治的创新机制，法治对于国家治理现代化具有根本意义和决定作用；法治化是国家治理现代化的必由之路，治理体系法制化和治理能力法治化是国家治理法治化的两个基本面向；从法治国家转型升级为法治中国、从法律之治转型升级为良法善治、从法律大国转型升级为法治强国以及加快构建中国特色社会主义法治体系是法治现代化之路的主要内容"[①]。现代政府治理能力本质上是依法治理能力，法治构成政府治理能力的最重要维度。从政府与市场社会关系看，市场与社会越发达，对法治的要求就越高，反过来法治越健全，越有利于促进市场与社会的发展。"法治是营商环境建设的核心""建设法治化的营商环境"等理念已经成为改革创新的共识性理念，并已在改革开放前沿阵地得到较为充分的实践。自贸区3.0阶段，在建设"提升政府治理能力先行区"目标的牵引下，浦东新区加速布局法治建设，确保自贸区各项制度创新和制度实践在法治的轨道里展

---

① 张文显：《法治与国家治理现代化》，《中国法学》2014年第4期，第5—27页。

开，推进了各项治理制度的法治化。

2017年7月20日，中共上海市浦东新区四届区委召开二次全会，审议通过了《关于深入推进依法治区加快建设法治浦东的实施意见》，一直秉持"法治先行"的浦东新区，在这次全会上进一步明确了"打造法治浦东"的路线图，提出了"率先形成法治化、国际化、便利化的营商环境，基本建成全国法治示范区"的新目标。2017年7月28日下午，浦东新区六届人大常委会第四次会议召开，又聚焦法治政府建设这一主题，依法作出了《关于加快法治政府建设的决定》，提出要加快实现把政府活动全面纳入法治轨道，到2020年，率先建成职能科学、权责法定、执法严明、公开公正、廉洁高效、守法诚信的法治政府。2017年9月，浦东新区政府印发《浦东新区法治政府建设工作方案（2017—2020年）》，更具体地指出了法治政府的建设路径：到2018年基本建成职能科学、权责法定、执法严明、公开公正、廉洁高效、守法诚信的法治政府，到2020年形成科学的行政决策体系、高效的法治实施体系、严密的法治监督体系、有力的法治保障体系，推动浦东法治政府建设走在全国前列。

由此，浦东新区关于加强法治建设的三份统领性文件以及工作方案全部出台，为3.0阶段浦东新区依法治理能力的提升提供了基础保障和方向引领。当然，法治建设特别是法治政府建设，不应只停留在文本上面，而应充分体现在浦东新区政府各部门与所辖各街镇的依法决策、规范执法等具体实践中。这里透过两份作为政府公开信息（本身是法治建设的重要内容）的"法治政府建设情况报告"，展示浦东新区所辖街镇、新区政府部门推进法治建设的通常做法以及依然存在的问题。

一是2018年1月浦东新区所辖南汇新城镇所做的2017年法治政府建设情况报告。[①] 依据这份情况报告，2017年南汇新城镇在法

---

① 浦东新区南汇新城镇政府：《上海市浦东新区南汇新城镇人民政府2017年度法治政府建设情况报告》，沪浦南府〔2018〕3号。

治政府建设上主要做了四个方面的工作：（1）健全决策机制与完善制度管理（完善依法决策机制、加强行政规范性文件监督管理、加强应急管理制度建设）；（2）严格规范执法（依法推进环境综合整治、加强行政执法人员管理、开展行政执法案卷评查）；（3）落实法治责任与加强权力监督（落实法治建设责任制、全面推进政务公开、接受人大民主司法监督）；（4）发挥调解作用与强化宣传教育（积极发挥人民调节作用、落实领导干部学法制度、推进重点领域和重点对象的法治宣传教育）。实践中主要存在四个方面的问题：部分公务人员依法行政意识和依法履职能力有待加强，重大行政决策与重大行政执法决定中法律审核有待加强，行政规范性文件资料有待提高，以及重点领域信息主动公开率有待提高。

二是 2018 年 1 月浦东新区卫生和计划生育委员会所做的 2017 年法治政府建设情况报告。①根据这份报告，2017 年浦东新区卫生和计划生育委员会在法治建设上主要开展了五个方面的工作：（1）依法决策与深化医药卫生体制改革（如将法治建设纳入卫生计生"十三五"规划，严格执行规范性文件征求意见、法律审核、廉洁性审核、集体审议制度）；（2）依法行政与规范行政执法行为（落实政务信息公开规范化标准化，推进"证照分离"改革试点、"六个双"政府综合监管机制与"三全工程"②、全面推行行政处罚裁量基准制度）；（3）坚持普法学习与提升法律意识；（4）落实行政复议与行政诉讼等行政争议解决机制；（5）强化监督体系与推进政府部门依法行政。然而在实践中，卫生和计划生育委员会还存在

---

① 浦东新区卫计委：《浦东新区卫生和计划生育委员会 2017 年法治政府建设情况报告》，浦卫计〔2018〕3 号。
② 从报告得知，浦东新区卫生和计划生育委员会有 25 项列入浦东"证照分离"，深化方案，其中取消 4 项、备案 1 项、告知承诺 8 项、优化准入管理 12 项；"六个双"试点工作涉及四大领域 7 个事项，试点过程中通过浦东新区事中事后监管平台归集历年审批数据 4.5 万条，监管数据 7.3 万条，为"六个双"覆盖全行业领域做好数据初始积累；2017 年 11 月 6 日已通过"单窗通办"顺利完成第一家企业公共场所卫生许可证的办理，计划生育 18 项社区事务受理事项于 2017 年 12 月 1 日正式实行"全区通办"，已实现所有审批人员、企业市场准入事项集中到新区行政服务中心办理。

公文类政府信息主动公开率略低、基层法治建设认识不足、基层法制工作力量薄弱、法制宣传教育形式单一等问题。

案例 4-7　浦东布局法治建设　推进依法治区[①]

法治建设总体布局形成

2017年7月20日，中共上海市浦东新区四届区委召开二次全会，审议通过了《关于深入推进依法治区加快建设法治浦东的实施意见》，一直秉持"法治先行"的浦东新区，在这次全会上进一步明确了"打造法治浦东"的"路线图"，提出了"率先形成法治化、国际化、便利化的营商环境，基本建成全国法治示范区"的新目标。

7月28日下午，浦东新区六届人大常委会第四次会议召开，又聚焦法治政府建设这一主题，依法作出了《关于加快法治政府建设的决定》。该《决定》鲜明地提出，要加快实现把政府活动全面纳入法治轨道，到2020年，率先建成职能科学、权责法定、执法严明、公开公正、廉洁高效、守法诚信的法治政府。同时，《浦东新区法治政府建设工作方案（2017—2020）年》也呼之欲出，区政府相关负责人表示，《方案》依据区委《意见》和人大《决定》，正在紧锣密鼓修改完善中，各项举措都有任务书、责任人、时间表。今后，每年将坚持向人大常委会报告，并向社会公布。

《决定》与《意见》《方案》构成了浦东法治建设的总体布局，人大常委会作决定，就是要体现区委要求、政府和社会需求、人大在法治建设中应有追求的有机统一。

以法治促改革促创新

记者了解到，这次浦东谋划布局法治建设，一个很重要的初

[①] 蔡丽萍：《浦东布局法治建设　推进依法治区》，《浦东时报》，2017年7月31日，第1、2版。

衷，是回应市场主体和社会公众的关切。前期在调研当中，无论是区委、区政府还是人大的调研，许多投资者都讲到，他们对自贸试验区的改革在法治建设上有更高的期待，"自贸试验区就是要按国际通行规则办事"。他们既赞赏上海、浦东推出的一系列扩大开放、促进投资的政策，同时感到如果能够把政策转化为法律，这样才能更好亮明更加改革开放的态度。还有不少投资者谈到，"科技创新中心建设，没有对知识产权强有力的保护，就无从谈起，上海、浦东理应在这方面做得更好"。

新区许多政府工作人员在接受记者采访时也谈到，"投资者越来越不看重有没有'红头'文件，而是更看重有没有'法'"，"依靠政策优惠获取发展动力的时代已经过去了，以法治促改革、促创新，才能增强未来发展制度创新核心竞争力"。可见，在推进法治建设，营造更加法治化、国际化、便利化的营商环境上，政府和企业想到了一起，所以，也得到了许多投资者的赞许和肯定。

政府活动全面纳入法治轨道

中央部署全面依法治国，市十一次党代会上对依法治市有一个很明确的提法，"把政府活动全面纳入法治轨道"。在浦东的同志看来，"这是一个画龙点睛之笔"，凸显了法治建设的重点和关键，也是打造提升政府治理能力先行区的着力点。

对此，《决定》作了积极的回应，提出了一系列的举措。比如，提出打造"三区一堡"，必须完善法律制度供给机制，建立健全及时发现和有效回应法治需求的统筹协调机制；推广负面清单管理理念，建立权力清单、责任清单等动态评估和调整机制；加快推动"证照分离"和商事登记制度改革，率先实现市场准入审批事项改革全覆盖，率先实现各类市场主体依法平等准入；全面实施"双告知、双反馈、双跟踪、双随机、双评估、双公示"机制，大力推进事中事后监管体制改革；加强对新领域、新业态的管理执法和对群众关心关切问题的监测预警、处置执法、行刑衔接；加快实现企业事务"全网通办"、个人事务"全区通办"、政务信息"全域共享",不断增强市场主体和人民群众的感受度;加快完善适应改革发展要求的法律服务体系,构建与国际接轨的商事纠纷解决机制,努力打造法律服务高地;大力加强知识产权保护和运用,优化知识产权服务体系,加强行政保护与司法保护的衔接配合,创新快速维权工作机制。这些举措,体现了鲜明的"浦东元素"和改革创新的追求。

《决定》还提出,建立重大行政决策清单,严格执行公众参与、专家论证、风险评估、合法性审查和集体讨论决定等法定程序;加强对规范性文件制定的管理,加强法律审核、备案审查、动态评估、及时清理;加快实现法律顾问全覆盖、公共法律服务城乡全覆盖;完善执法程序,探索建立行政执法公示制度,全面实施行政执法全过程记录制度,严格执行重大执法决定法制审核制度,健全行政裁量权基准制度,建立常态化责任追究机制;严格落实行政诉讼行政机关负责人依法出庭应诉制度;加强基层法治建设,优化法治机构,充实法治力量,推动重心下移、管理下沉、权力下放;建立健全鼓励干事创业的容错免责机制,积极营造支持改革、鼓励创新、宽容失败的社会氛围和法治环境等。

人大应积极主动有效监督保障

区人大常委会相关负责人表示,人大作为十分重要的法律机关,要带头弘扬法治精神,践行法治理念,推动法治建设,"这次人大常委会根据市人大相关授权,作出的带有'法律元素'的重要决定,是落实'强化法治'要求的重要举措"。

对于法治政府建设来说,《决定》立足人大自身职能特点和优势,围绕强化"正确监督、有效监督",浓墨重彩,也相应提出了一系列非常有针对性的措施。《决定》共27条,其中直接、间接涉及人大的就有10多条次。比如提出加强法制前瞻性研究,积极反映浦东立法需求,支持配合科学立法、民主立法,充分运用市人大相关授权,为浦东先行先试提供法治支撑;加强法律监督,确保法律法规在浦东正确实施;推动落实人大讨论决定重大事项、政府重大决策出台前向人大报告制度;运用监督"组合拳",加强工作监督,开展对政府的工作评议;率先推进预算联网监督,提高全口径预算决算审查监督和预算执行全过程监督的水平,加强对审计整改工作的监督;人大依法加强监督,促进行政与司法良性互动,推动政府自觉接受司法监督、司法保障促进依法行政;监督推动学法、用法、考法;推动政府落实每年向人大常委会报告法治政府建设情况并向社会公布制度;等等。

三、政府治理的制度创新逻辑:以制度创新带动治理能力提升

(一)标杆管理与自贸区整体制度创新议程的提出

标杆管理(benchmarking)的基本含义是"参照最强劲的竞争对手或者公认的行业领袖的做法来衡量本企业的产品、服务和经营的持续的管理过程"[①]。作为国外20世纪80年代发展起来的一种新型经营管理理念和方法,标杆管理是一个持续的调查研究和对过程的学习,以确保发现、分析、采纳、执行行为中最好的经营管理实践活动,它与企业再造、战略一起并称为20世纪90年代三大管理方法。[②] 标杆管理的对象或内容,既可以是产品、过程,也可以是管理及战略。标杆管理的本质是提出一个带有挑战性的发展目标,以目标来倒逼改革或引领改革。当然,同其他所有管理工具一样,标杆管理在实施中也需要消耗各种成本,其具体实施过程也可能出现偏差,比如"容易将注意力集中在数据方面(忽略研究标杆产生优秀绩效的具体过程)、不明白数据的真正来源(容易产生比较错

---

① 《管理科学技术名词(第一版)》,科学出版社2016年版,第5页。
② 施良星:《标杆管理的内容及应用》,《现代情报》2006年第3期,第182—184页。

误，难以进行对口比较)、偏离顾客和员工、来自员工的抵触情绪、执行不当(缺乏与员工沟通，直到执行时才想起员工)、意识和观念方面(将标杆管理视为一次性活动)"①。

把标杆管理应用到政府管理领域，可以追溯到20世纪70年代末80年代初从西方世界兴起的新公共管理运动。新公共管理运动把政府向企业学习推向高潮，把许多已在企业管理中行之有效的管理技术与工具引入政府管理，标杆管理就是其一。在全球化大流动时代，资金、智力(人才)为"择良木而栖"而不断"用脚投票"，政府本身也面临着激烈竞争(国内不同地方政府之间存在竞争，不同国家之间的政府也存在竞争)，必须参照最佳政府管理实践来优化自身管理与服务。否则，即便是政府也会遭遇"破产"危机，如辖区内商业不彰、投资流失、无力应对危机、政府信用赤字等。

浦东新区从开发开放伊始，就要建设成为中国改革开放的窗口，强调在政府管理与治理上向国外最佳实践看齐，因此可以说标杆管理的理念早就深入浦东新区的改革血液里。浦东开发开放的重要经验之一就是敢于和善于"对标全球最高标准推动改革创新"②。

对于上海自贸区改革与政府再造来说，标杆管理的思维与做法随处可见，贯穿于整个改革过程之中。上海自贸区建立伊始，国家就提出了"形成与国际投资、贸易通行规则相衔接的基本制度框架""借鉴国际通行规则，对外商投资试行准入前国民待遇"等要求。2.0阶段，国家又提出上海自贸区要"力争建设成为开放度最高的投资贸易便利、货币兑换自由、监管高效便捷、法制环境规范的自由贸易园区"。经过前两个阶段的发展，上海自贸区的开放水平和服务水平得到了很大的提升，已经处在国际较高水准。

在这种情况下，为求得更大进步，从3.0阶段开始，中央越来

---

① 冯俊文:《现代企业标杆管理》，《科学学与科学技术管理》2001年第5期，第61—64页。
② 李锋、史晓琛:《浦东新区开发开放四十年历程、经验与深化思路》，《科学发展》2018年第12期，第42—50页。

越强调上海自贸区要对照国际最高标准、对标国际最高水平。这一转变的直接表现是《全面深化方案》在多处使用"对照""按照""对标"这类表述,如"对照国际最高标准、最好水平的自由贸易区""进一步对照国际最高标准、查找短板弱项,大胆试、大胆闯、自主改""按照国际最高标准,为推动实施新一轮高水平对外开放进行更为充分的压力测试""对标国际最高水平,实施更高标准的'一线放开'、'二线安全高效管住'贸易监管制度"。

上海自贸区改革强调的是以制度创新为中心,而不是以政策优惠为中心。因此,上海自贸区的标杆管理侧重制度标杆管理,目的是通过对标国际最高标准、最好水平、竞争力最强的自由贸易区(如中国香港和新加坡)的制度体系,在上海自贸区形成与国际通行规则相衔接的制度体系。对标国际竞争力最强的自贸区的要求,意味着上海自贸区不能仅仅满足于零散或局部的制度创新,也即不能满足于形成一项或多项在中国可以复制推广的制度,而必须深化改革系统集成,站在全局和系统的视角开启整体制度创新议程。

(二)制度赋能治理:制度创新带动浦东新区治理能力提升的过程

美国著名社会学家理查德·斯科特在《制度与组织》一书中指出,为矫正关于制度的两种极端的立场,"必须接受和传播'制度是一把双刃剑'这种更为辩证的观点。我们往往强调制度具有制约选择与行动的作用,却忽视了制度也会赋予行动者权力,对行动具有使能作用"[①]。在上海自贸区改革与政府再造案例中,我们能够看到新的制度对政府行动的赋能作用,这些新的制度带动了浦东新区政府治理能力的提升。

一般而言,国家治理能力是指在多元多样的社会背景下实现国

---

① [美]理查德·斯科特:《制度与组织——思想观念与物质利益》,姚伟、王黎芳译,中国人民大学出版社2010年版,第228页。

家长治久安的能力，具体包括化解矛盾维护秩序的能力、动态把握和平衡利益的能力、科学制定公共政策的能力、有效实现治理意图的能力、引领各个领域持续发展的能力、运用民主和法治方式推进工作的能力，以及治理主体特别是政党、政府自我净化的能力。治理能力内含有对治理方式方法的要求，其中民主与法治是核心，规则及相应的制度是关键。① 对于地方政府来讲，政府治理能力是指地方政府运用制度管理各方面事务的能力，包括维持市场与社会秩序的能力、激发市场与社会活力的能力、提供公共产品与服务（包括民生公共产品、环境公共产品等）的能力、自我管理（保持自身依法、高效运转）与自我革新的能力。

地方政府提升自身治理能力的路径有许多，如选任有干事积极性和干事能力的政府领导人，增加财政资源投入，扩大政府治理队伍。但最为关键的路径是推动制度创新。高水平、可持续的政府治理能力，需要通过系统全面的制度创新来实现。在上海自贸区建设背景下，浦东打造提升政府治理能力先行区的基本逻辑在于，通过整体再造和制度创新来提升政府的各项治理能力。更进一步，通过系统全面的制度创新使浦东自身成为制度创新高地和提升政府治理能力先行区，并为国内其他地区提升政府治理能力提供易复制、易推广的制度创新经验。

通过梳理和分析自贸区成立以来浦东新区的改革实践发现，为提升维持市场与社会秩序的能力、激发市场与社会活力的能力、提供公共产品与服务的能力、自我管理与自我革新的能力，浦东新区持续地推进事中事后监管、社会组织登记等制度的创新。这一过程可以称为"制度赋能治理"，即通过制度创新提升政府治理能力，或者说在制度创新中求得政府治理能力的提升。图 4-1 尝试从四个方面呈现通过制度创新提升政府治理能力的过程。例如，为提升政

---

① 曾峻：《推进国家治理体系和治理能力的现代化》，《组织人事报》，2013 年 11 月 19 日，第 5 版。

府维持市场与社会秩序的能力,政府需要建立事中事后监管制度、社会组织登记管理制度、应急管理制度等。

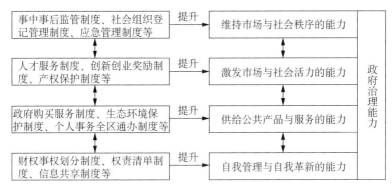

图 4-1 制度创新带动治理能力提升的过程

在《全面深化方案》出台后不久,浦东新区即研究制定了提升政府治理能力先行区的行动方案,通过治理主体多元化、治理方式现代化、治理结构网络化、治理制度法治化四个方面的整体制度创新全面提升政府治理能力。应当说,进入 3.0 阶段之后,浦东新区已经全面开启了"制度赋能治理"的进程。由于在上一阶段就已经同自贸区管委会合署办公,浦东新区政府在这一阶段开展的四个方面的制度创新工作,本质上是深化并集成之前多种改革举措后的整体行动。这一行动的结果是:将上海自贸区改革与政府再造从重点领域制度创新(局部制度创新)推向整体制度创新阶段,并预示着制度定型阶段的到来。

第五章
自贸区制度定型与浦东新区政府治理现代化

2018年11月,习近平同志指出,将增设上海自贸区的新片区,鼓励和支持上海在推进投资和贸易便利化方面大胆创新探索,为全国积累更多可复制可推广经验。由此,"增设新片区"成为上海自贸区改革创新的新突破口,也预示着4.0阶段的到来。4.0阶段上海自贸区应当继续围绕投资贸易自由化与便利化推动投资、贸易、金融和政府职能转变等重点领域改革,深化推动整体制度创新及整体制度创新基础上的制度定型。

一、增设新片区:上海自贸区改革新阶段的开启

经过三个阶段的发展,上海自贸区改革与政府再造取得了非常大的成就与进步,并因此对现有治理体制提出了更高的改革要求,包括深入推进治理主体多元化、治理方式现代化、治理结构网络化、治理制度法治化等。改革没有止境。上海自贸区正是在"承接试验任务—自主改革、完成试验任务—承接新的试验任务"的过程中发展完善的。截至2018年年底,上海已经基本完成了3.0版上海自贸区改革方案所规定的任务。[①] 目标引领前进,上海自贸区改革

[①] 截至2018年年底,3.0版自贸区改革方案明确的98项重点改革任务中的96项已全部完成,实现了三年任务、两年基本完成,各项改革探索成效显著,总体达到预期目标。参见《改革之鸥 振翅翱翔》,《浦东时报》,2019年3月5日,第1版。

第五章　自贸区制度定型与浦东新区政府治理现代化

继续前进，需要一个新的目标。

2018年11月5日，首届中国国际进口博览会开幕式在上海举行，习近平同志指出，未来进一步扩大开放的重要举措之一是"打造对外开放新高地，支持自由贸易试验区深化改革创新，持续深化差别化探索，加大压力测试，发挥自由贸易试验区改革开放试验田作用"。习近平同时指出，"为了更好发挥上海等地区在对外开放中的重要作用"，"决定将增设中国（上海）自由贸易试验区的新片区，鼓励和支持上海在推进投资和贸易自由化便利化方面大胆创新探索，为全国积累更多可复制可推广经验"。① 由此，"增设新片区"成为上海推进自贸区建设所必须完成的一项重要任务，也由此开启了上海自贸区改革与政府再造的4.0阶段。

关于新片区该如何建设，上海市层面及浦东新区层面释放出了一些信号。在上海市层面，2019年1月27日，时任上海市长应勇提出，上海2019年要增设自贸试验区新片区，深入推进自贸试验区建设。对标国际上公认的竞争力最强的自由贸易区，实施具有较强国际市场竞争力的开放政策和制度，建设更具国际市场影响力和竞争力的特殊经济功能区。应勇表示，上海还将深化自贸试验区制度创新，加快建立与国际通行规则相衔接的制度体系，进一步拓展自由贸易账户、国际贸易"单一窗口"等功能，建设服务"一带一路"的市场要素配置枢纽。② 在浦东新区层面，2019年3月7日，时任浦东新区区长、上海自贸试验区管委会常务副主任杭迎伟表示，"建设上海自贸试验区新片区，不是简单的范围上的再扩区，而是着重聚焦特殊经济功能的塑造，更加突出开放的深化、功能的强化、布局的优化、动力的转化，是全方位、深层次、根本性的制

---

① 《共建创新包容的开放型世界经济——习近平在首届中国国际进口博览会开幕式上的主旨演讲》，《对外经贸实务》2018年第12期，第4—6、2页。
② 《上海自贸试验区将建设更具国际市场影响力和竞争力的特殊经济功能区》（2019年1月27日），东方网，http://sh.eastday.com/m/2019shlh/u1ai12202385.html，最后浏览日期：2020年6月16日。

度创新变革……浦东正在积极主动对接新片区建设，加强对标国际公认的竞争力最强的自由贸易区，系统研究具有较强国际市场竞争力的开放政策和制度，积极配合制定上海自贸试验区新片区方案……着力发展离岸经济、创新经济、总部经济和数字经济，强化实施差别化的探索，形成适应转口贸易、离岸贸易、服务贸易发展的制度安排"①。

专家学者也就新片区如何建设作了一些讨论。例如，周汉民认为，对标国际最高标准和最好水平，上海自贸区仍然存在资本市场的开放度有待进一步提高、法治保障理念有待进一步更新、国际化人才环境有待进一步提升、政府职能转变有待进一步加速等不足之处，应以新理念和新举措建设上海自贸试验区新片区，从打造金融开放的"升级版"、建立法治探索的"创新版"、构建人才环境的"国际版"、形成营商环境的"优化版"方面着力。② 汪胜洋提出，上海自贸区新片区应有三个"新"。第一个"新"在于它是面向海外资源的"经济特区"，重点是"三区一基地"，分别是战略产业核心区、离岸金融先行区、全球科技创新协同区以及跨国公司大洲总部基地。第二个"新"在于新片区是"制度特区"，新片区要实行真正的"境内关外"政策，"一线完全放开、二线高效管住"；要理直气壮地实行"低税负"制度，也就是"简税制、低税率、税收优惠"。此外，新片区还要大刀阔斧进行"制度创新"。第三个"新"是"生活特区"，因为这里需要汇聚全球一流人才，是高质量生活的示范区、引领区和探索区。③

综上所述，新片区建设至少有三个基本要点。一是在整个建设过程中坚持标杆管理，主动对标国际公认的竞争力最强的自由贸易

---

① 《杭迎伟：浦东正积极主动对接自贸区新片区建设 为国家全方位的对外开放攻坚探路》，《浦东时报》，2019年3月8日，第1、2版。
② 周汉民：《以新理念新举措建设上海自贸区新片区》，《联合时报》，2019年1月22日，第2版。
③ 《上海自贸区新片区"新"在何处，除了扩围，制度也会更耕》，《上海证券报》，2019年1月29日，第2版。

区。二是聚焦特殊经济功能,这意味着新片区同原有的其他片区存在一定的定位之别,新片区主要聚焦特殊经济功能,其具有的各方面的自由度要高于其他片区。三是新片区要继续深化原有的上海自贸区各项改革任务,坚持推进制度开放、创新与定型,为全国积累可复制可推广的制度创新经验。

二、上海自贸区改革与政府再造的展望

(一) 4.0 阶段上海自贸区改革的新空间

2019 年 7 月,国务院印发《临港新片区总体方案》。依据该方案,临港新片区的发展目标是:"到 2025 年,建立比较成熟的投资贸易自由化便利化制度体系,打造一批更高开放度的功能型平台,集聚一批世界一流企业,区域创造力和竞争力显著增强,经济实力和经济总量大幅跃升。到 2035 年,建成具有较强国际市场影响力和竞争力的特殊经济功能区,形成更加成熟定型的制度成果,打造全球高端资源要素配置的核心功能,成为我国深度融入经济全球化的重要载体。"2019 年 8 月,上海相继发布《中国(上海)自由贸易试验区临港新片区管理办法》(以下简称"《新片区管理办法》")和《关于促进中国(上海)自由贸易试验区临港新片区高质量发展实施特殊支持政策的若干意见》(以下简称"《新片区特殊支持意见》")等文件,为临港新片区的运转奠定了基础。

临港新片区的区域面积为 119.5 平方公里,从面积上看,新设临港新片区等于重造了另一个上海自贸区(上海自贸区原有七大片区的区域面积为 120.72 平方公里)。不过临港新片区跟平常说的上海自贸区还是有一定差别的,体现在三个方面。第一,从管理机构上看,临港新片区的管理机构相对独立。临港新片区设有高级别的专门管理机构,即临港新片区管理委员会,管委会作为上海市政府的派出机构,由时任上海市委常委、常务副市长陈寅担任主任并设

立若干专职副主任。与此同时，上海自贸区管委会与浦东新区政府合署办公，主任由时任上海市委常委、浦东新区区委书记翁祖亮担任。第二，从片区性质上来看，临港新片区近似经济特区，参照经济特区管理。第三，从政策适用上看，上海自由贸易试验区各项开放创新措施适用于新片区，同时，《新片区特殊支持意见》指出，"今后我市出台的政策，对企业和人才的支持力度优于本意见相关规定的，新片区按照'政策从优'原则，普遍适用"。

临港新片区与上海自贸区的上述不同意味着，临港新片区不单纯地追求向外推广制度经验，在注重制度创新的同时也不再回避"政策优惠"（实际上享受了许多方面的政策优惠），其试验的灵活性空间更大了，具体改革更加注重实效，更加注重通过开放测试倒逼提升政府的治理能力。例如，投资贸易自由化（而不仅仅是便利化）成为临港新片区的核心，临港新片区将适用上海自贸区各项开放创新措施，并以"五大自由"（投资自由、贸易自由、资金自由、运输自由、人员从业自由）等为重点，探索建立以投资贸易自由化为核心的制度体系。此外，临港新片区还发挥着特殊经济功能，需要着力建设具有国际市场竞争力的开放型产业体系，具体任务包括建立以关键核心技术为突破口的前沿产业集群、发展新型国际贸易、建设高能级全球航运枢纽、拓展跨境金融服务功能、促进产城融合发展、加强与长三角协同创新发展等。

尽管如此，临港新片区仍然在上海自贸区改革框架下运转，其与上海自贸区的联系是直接而紧密的。而且，临港新片区虽是参照经济特区管理，但仍肩负着一定的使命向全国输送在投资管理、贸易监管、金融开放、人才流动、运输管理、风险管控等方面的制度经验。更重要的是，临港新片区的远期发展目标之一是形成更加成熟定型的制度成果，这与上海自贸区的使命是一致的。由上而言，临港新片区开启了上海自贸区改革的4.0阶段，拓展了上海自贸区的改革空间。

客观地讲，与新加坡等自贸区相比，上海自贸区还存在一定的

第五章 自贸区制度定型与浦东新区政府治理现代化

差距。这也是为何中央决定新设临港新片区，进一步深化拓展上海自贸区的改革空间的根本原因。某种意义上，与国际公认最强的自贸区的差距，单靠上海及浦东是无法追平的，因为许多差距是由现行制度（许可与监管制度）造成的，要想追平差距乃至实现赶超，必须在诸多制约投资、贸易和金融发展的许可与监管制度上寻求更大程度的突破，且需要更高水平政府治理能力的跟进。

这里以保险业开放为例，阐明新阶段上海自贸区开展制度突破、整体制度创新及制度定型的重要性。现行《保险法》第67条规定：设立保险公司应当经国务院保险监督管理机构批准；国务院保险监督管理机构审查保险公司的设立申请时，应当考虑保险业的发展和公平竞争的需要。单从此条文看并没有什么，但当细究原中国保监会据此条文所设定的行政许可时，就会发现外资外商进入中国保险业市场面临着非常大的限制。《保险公司及其分支机构设立、保险公司终止（解散、破产）审批》是原中国保监会所拥有的一项行政许可事项，该许可事项的指南显示：外资保险公司设立应当符合"经营保险业务30年以上""在中国境内已经设立代表机构2年以上""提出设立申请前1年年末总资产不少于50亿美元"等要求①。这些非常高的标准直接限制了外资保险公司设立的可能性，也即限制了保险业开放的程度。因此，若要深化保险业开放，就必须在这些高标准以及设定这些高标准的法律法规上做文章，即降低标准和修改法律法规。

总之，在新的阶段，包括临港新片区在内的上海自贸区应当围绕投资贸易自由化便利化，继续在投资、贸易、金融和政府职能转变等重点领域着力，一方面探索对各类正在发生或即将发生"不适

---

① 这些要求实际上是由《外资保险公司管理条例》这部行政法规所设定的。就在本书成稿之际，2019年9月30日，国务院对该条例进行了修改，删除了"经营保险业务30年以上""在中国境内已经设立代表机构2年以上"这两项较严苛的要求。参见《国务院关于修改〈中华人民共和国外资保险公司管理条例〉和〈中华人民共和国外资银行管理条例〉的决定》（国令第720号）。这一变化为外国保险公司在中国设立外资保险公司打开了更多方便，是深化保险业开放的具体表现之一。

症"的制度进行最大限度的突破,另一方面构建现代化的全面风险管理制度与风险管理能力。只有久久为功,深化推动整体制度创新及整体制度创新基础上的制度定型,才能为中国建成对外开放新高地、赢得国际竞争新优势乃至实现国家治理能力新提升作出贡献。

(二)浦东率先实现地方政府治理现代化展望

如前所述,浦东新区在3.0阶段打造提升政府治理能力先行区的总目标是,到2020年率先实现政府治理体系和治理能力现代化,成为开放度最高、市场最高效、制度性交易成本最低、创新要素最集聚、公共服务最优的善治之区。经过3.0阶段的努力,浦东在治理主体多元化、治理方式现代化、治理结构网络化、治理制度法治化等方面积累了许多的制度成果。到了4.0阶段,伴随着临港新片区的设立,浦东需要在以往制度成果基础上,朝着"率先实现政府治理体系和治理能力现代化"(以下简称"治理现代化")这一总体目标继续前进。

具体来说,浦东应当围绕"准入有规、监管有力"的"活力浦东"目标、"精准有度、获得有感"的"智慧浦东"目标、"领导有方、关系有序"的"效能浦东"目标、"运作有章、保障有法"的"法治浦东"目标,理顺"十二大关系",全面推进"十二大改革进程",实施"十二大改革试点",全方位构建适应浦东新区特点、具有内在动力体系、制度初步定型的整体政府治理体系。

1. 围绕"准入有规、监管有力"的"活力浦东"目标,通过有协同地监管,提升政府回应力,加快构建助推高质量发展的政府管理体系

在从"先照后证"到"证照分离"再到"多证合一",从"一企一证"到"一照多址"到"集中登记地注册",从"两个双"到"六个双",从信用监管到信用、风险、分类、动态"四个监管",从失信惩戒到失信联合惩戒与守信联合激励并举的基础上,重点实

第五章 自贸区制度定型与浦东新区政府治理现代化

施三大改革试点工程——"社会告知承诺制"和"一业一证"[①]改革试点,社会组织登记改革试点,央地合作、市区联动、区街(镇)整合的协同监管试点,推进"证照分离"升级版、"社会信用"升级版、"整体政府"升级版三大升级版的制度定型。

政府管理体系的构建,具体涉及政府与市场关系、政府与社会关系、政府内部权力关系三个方面的政策试点。(1)理顺政府与市场关系,释放市场主体自主发展活力。全面推进行政审批制度改革,实施"社会告知承诺制"和"一业一证"改革试点,打造"证照分离"升级版,研制营商环境便利化指标体系。(2)理顺政府与社会关系,催生社会主体自我管理活力。全面推进行业协会社会责任制改革,实施社会组织登记改革试点,打造"社会信用"升级版,创造社会组织参与社会治理的发展环境。(3)理顺政府内部权力关系,创造政府各层级间合作活力。全面推进以"六个双""四个监管"为核心的综合监管体制改革,实施央地合作、市区联动、区街(镇)整合的协同监管试点,打造"整体政府"升级版,体现以人民为中心的发展思想。

2. 围绕"精准有度、获得有感"的"智慧浦东"目标,通过有精准地服务,提升政府服务力,加快构建提升高品质生活的政府服务体系

这部分涉及网上办事与线下办事关系、区-街(镇)职责关系、政府为民服务体系三个方面的政策试点。(1)理顺网上办事与线下办事的关系,提升政府精准服务能力。全面推进数据资源化利用进程,实施公共服务大数据智慧应用试点,打造政府公共服务便民利

[①] 2019年7月,浦东新区六届人大常委会审议通过《关于进一步优化营商环境探索"一业一证"改革的决定》,这将为浦东进一步探索"一业一证"改革和制定规范性文件提供基础性制度依据。按照这份文件的界定,"一业一证"改革是指在市场准入后的行业准营环节,政府通过优化审批流程和集中审批程序,将一个行业经营涉及的多项行政许可事项,整合为一张载明相关行政许可信息的行业综合许可证,对进一步实现"照后减证"、破解"准入不准营"、增进市场主体获得感具有重要意义。参见蔡丽萍:《浦东在重点领域先行先试再获法治保障》,《浦东时报》,2019年7月30日,第1版。

民集成化平台，将网上办事与线下办事有机结合，提升公共服务的规范化标准化智能化水平。（2）理顺区-街（镇）职责关系，提升政府整体服务效能。全面推进公共服务均等化进程，实施"区-街（镇）"纵向服务整合改革试点，打造"区—街（镇）—社区（行政村）—居民区（自然村）"四级家门口服务网络体系，提升政府服务网络化、扁平化、便捷化的进程。（3）理顺政府为民服务体系，提升民众获得感、满意度与幸福感。全面推进政府精细化管理进程，实施"一网通办""一键联通"智慧服务改革试点，打造政府便民利民服务集成公共平台，提升政府政务服务与公共服务的标准化、智能化、均衡化水平。

3.围绕"领导有方、关系有序"的"效能浦东"目标，通过有效能地执法，提升政府绩效力，加快构建与高水平改革开放相适应的政府组织体系

政府组织体系的构建，涉及央地关系、条块关系、政事关系三个方面的政策试点。（1）理顺央地关系，提升统筹协调能力。全面推进区级机构和行政体制改革进程，以全面加强党的领导为核心，以强化央地合作、市区联动为重点，实施职能相近的党政机关合并设立或合署办公试点，科学配置党政部门及其内设部门权力、明确职责，统筹使用各类编制资源，形成科学合理的管理体制。建立常态化、实质性的央地、市区协调联动机制，将中央、市级各类驻区单位（一行三会、海关、国检等）和新区工作部门列为小组成员纳入区域治理体系，提高区域治理能力。进一步优化自贸试验区和浦东新区一体化运行模式，明晰市、区职责定位，加强市级部门战略研究和顶层设计职能，负责从更高站位研究解决战略性问题，加强浦东新区的一线指挥和作战能力。（2）理顺条块关系，提升综合执法水平。全面推进基层综合执法体制改革进程，实施管理下沉、服务下沉、资源下沉试点，继续深入推进综合执法改革，进一步扩大综合执法范围，清理精简执法事项，减少执法层级，规范执法队伍管理，打造市场综合监管体制改革、城管综合执法体制改革、社会

综合治理体制改革服务平台。继续优化基层管理体制,将适宜的事权、财权下放给街道、乡镇,尽可能把资源、服务和管理放到基层,推进扁平化、网格化管理,提升城市管理精细化水平。(3)理顺政事关系,提升政事、政社合作水平。全面推进公益类事业单位改革进程,突出公益属性,实施官办分离改革有效方式探索试点,切实减少主管部门对公益类事业单位的微观和直接管理,提升公益服务的质量和水平,激发事业单位活力。

4. 围绕"运作有章、保障有法"的"法治浦东"目标,通过有使命地履职,提升政府执行力,加快构建激励高素质队伍的政府运行体系

政府执行力以及高素质队伍建设是政府运行体系构建的基础,这部分涉及合法性与合规性关系、监督权力与高效履职关系、个人与团队关系三个方面的政策试点。(1)理顺合法性与合规性关系,提升政府决策水平。全面推进决策执行监督既相互制约又相互协调,实施依法公开权力运行流程试点,推进政务公开透明,健全重大行政决策合法性审查机制,打造明确、详细、透明与可执行的服务流程与项目运行绩效图,提升政府决策水平。(2)理顺监督权力与高效履职关系,提升政府执行力。全面推进公务员分类制度改革,实施激励与容错并举试点,抓紧出台容错免责相关规定,评估《关于建立健全容错免责机制进一步鼓励领导干部干事创业的实施办法(试行)》《关于对不作为不担当干部进行问责的实施办法(试行)》《关于建立检举(控告)失实澄清保护机制的暂行规定》等规定的实际绩效并有针对性地完善,打造精干高效的公务员队伍,在实践中进一步提升政府公信力和执行力。(3)理顺个人与团队关系,提升政府行政文化水平。全面推进政府流程再造,实施团队执行力建设工程试点,将每个单位每个部门每个处室的负责人打造成为人人争先、处处领先的优秀带头人,建设优质的政府行政文化生态环境,营造风清气正的政治生态。

三、政府治理的制度定型逻辑：以中观制度定型保障地方治理现代化

（一）自贸区中观制度定型逻辑的生成

上海自贸区改革与浦东政府再造已经走完了前三个发展阶段，正在开启第四个发展阶段。我们把前三个阶段上海自贸区改革与政府再造的逻辑分别概括为1.0阶段的政策试点逻辑、2.0阶段的试点扩大逻辑和3.0阶段的制度创新逻辑。若与制度创新的阶段相对应，则1.0阶段的政策试点对应着制度突破，即选择有着丰富对外投资贸易管理经验的地区（位于上海浦东的4个海关特殊监管区域）作为试点，对制约投资贸易便利化的部分制度进行突破，主要的手段包括暂停或取消相应准入限制措施、探索建立负面清单管理模式等。2.0阶段的试点扩大对应局部制度创新，即在一个完整行政区推进自贸区改革，促成自贸区改革与地方政府整体再造的一体推进，其结果是一些投资贸易便利化制度落地生根，融入地方政府日常管理之中。3.0阶段与政府治理能力提升相结合的制度创新对应着整体制度创新，表现为提升各项改革的系统性、整体性和协同性，形成整体性制度创新并逐步推动其转化为地方政府的常态化治理能力。

在新开启的4.0阶段，上海自贸区改革与政府再造需要巩固上一阶段的整体制度创新成果，推动政府治理"新制度集群"的成熟与定型。这种成熟与定型不是出台一批相互衔接的制度这么简单，还要体现在制度的有效执行和广受认可上，体现在其能够促成政府与市场、政府与社会、政府部门与部门、中央与地方、条与块、行政单位与事业单位等诸多关系的顺畅化与法治化上。由此，制度定型将成为新阶段上海自贸区改革与政府再造的新逻辑。由于作为自贸区改革承接者的上海市及浦东新区政府都处于政府治理体系的

中层（相对于中央政府作为顶层、街镇作为基层而言），因此，这里所谓的制度定型指的是中观层面的制度定型，也即中观制度定型。

中观制度定型的现实价值在于它有望持续生产"撬动宏观"和"带动微观"两种效应。在前面三个发展阶段里，我们已经看到了这两种效应的苗头。外商投资领域的负面清单制度、国际贸易"单一窗口"制度被上升为国家层面的宏观制度经验并定型于法治框架内，就是中观撬动宏观的表现。而浦东新区的一系列基层社区治理创新制度（如街道工作清单制度、"家门口"服务制度）则可以视为中观带动微观的结果。在 4.0 阶段，上海自贸区改革与政府再造需要持续通过中观层面的制度定型保障特大城市城区地方治理现代化，以及撬动国家治理现代化和带动基层社区治理现代化。

当然，任何层面的制度定型都不是一蹴而就的，中观制度定型也不例外。自贸区中观制度定型实践不可避免地会碰到一些难以冲破的约束，如外籍人口差别化管理、户籍人口控制、工业用地限制。这些约束是在特大城市发展过程中形成的，往往已经转化为具体的政府治理制度，具有较强的稳定性。在上海自贸区推进整体制度创新与定型，需要研究如何发现、评价和突破这些制度化的约束。但不管怎么说，全面构建日趋成熟且基本定型的"核心制度-基础制度-具体制度"多层次政府治理制度体系，必将成为 4.0 阶段上海自贸区改革与政府再造的基本使命。

（二）以定型保障现代化：浦东地方治理现代化的制度定型基础

社会主义中国在从计划经济向市场经济进行转型的过程中，充分地发挥了国家和政府的作用，曹沛霖称之为政府的"拐杖"作用。他认为，随着社会主义市场经济的发展，为了促使内生力的增长，我们应该逐步放弃掉"拐杖"的作用……国家和政府必须转变职能，从以文件和政策促进社会主义市场经济发展的方式，转向制

政府治理的逻辑：自贸区改革与政府再造

度建设和制度创新的新路子。① 在社会主义市场经济深度转型与升级突进阶段（或者至少在那些社会主义市场经济发展最为成熟的局部区域），由政府主导推进制度建设和制度创新成为历史发展的必然。

中共十八届三中全会提出，全面深化改革的总目标是完善和发展中国特色社会主义制度，推进国家治理体系和治理能力现代化。孙晓莉认为，总目标里谈到的其实是两句话，第一句话是关于坚持和发展完善中国特色的社会主义制度；第二句话是实现国家治理体系和治理能力的现代化。两者之间是互为因果、相互关联程度特别强的关系。② 王浦劬认为，总目标自含着制度完善发展与治理体系能力现代化的辩证关系：相对于完善和发展中国特色社会主义制度而言，推进国家治理体系和治理能力现代化具有工具理性价值；而相对于推进国家治理体系和治理能力现代化而言，完善和发展中国特色社会主义制度具有目标理性价值。③ 制度完善发展与治理现代化之间存在因与果的关系、工具与目的的关系，至于两者哪个是工具哪个是目标，视解读者所选择的视角而定。我们认为，作为一种目标的治理现代化必须建立在制度完善发展与定型的基础之上。

全面依法治国是共产党领导人民治理国家的基本方略。在全面依法治国背景下，制度成熟与定型的主要路径是把相应的理念、要素、关系、机制等形成规范化的文本，转化为内在自洽、外具权威的法律法规文件。换言之，把制度以法律法规的形式定型下来。当然，这里讲的制度定型不是某一个非常具体的制度的定型（尽管这也很重要），制度定型更多是指在政府内部关系领域（政府上下级关系、政府部门间关系、政府部门与个人关系等）与政府外部关系

---

① 曹沛霖：《制度的逻辑》，上海人民出版社 2019 年版，第 163 页。
② 《孙晓莉：生动解读〈决定〉文字实录》（2013 年 11 月 15 日），宣讲家网，http://www.71.cn/2013/1115/746042.shtml，最后浏览日期：2020 年 7 月 12 日。
③ 王浦劬：《全面准确深入把握全面深化改革的总目标》，《中国高校社会科学》2014 年第 1 期，第 4—18、157 页。

第五章 自贸区制度定型与浦东新区政府治理现代化

领域（政府与市场关系、政府与社会关系等）形成了相互补充、相互促进的"新制度集群"。

在上海自贸区及浦东新区层面，制度定型主要指中观层面上的制定定型，其与治理现代化的关系主要表现为，制度定型为浦东新区政府治理现代化奠定基础和提供保障。换言之，浦东新区政府治理现代化必须通过政府治理的制度定型——"新制度集群"的形成——来实现。在上海自贸区全面深化改革和浦东新区政府全面再造语境下，制度定型的对象具体包括但不限于如下导向政府治理现代化（政府内部关系现代化与政府外部关系现代化）的"新制度集群"：以负面清单管理为核心的投资管理制度的定型、以贸易便利化为重点的贸易监管制度的定型、以资本项目可兑换和金融服务业开放为目标的金融创新制度的定型、以政府职能转变为核心的事中事后监管制度的定型、公务员分类管理制度的定型、政府权责清单制度的定型、城市管理综合执法制度的定型、知识产权保护制度的定型、社会组织发展与管理制度的定型等。

制度定型对于浦东新区经济社会发展以及政府治理现代化的意义非常重大。首先，在理论上，政府治理的制度化是政府治理现代化的应有之义，制度化"不仅意味着行政体系在整个政治体系中自立性的加强，结构上的稳定性，固定的行为程序和法律约束，还意味着行政体系在功能上获得适应性"[1]。缺少制度化，地方政府的结构稳定性与功能适应性均无法形成。其次，基于法治的政府治理制度定型，有助于塑造市场主体和社会主体对于经济社会发展的稳定预期和信心，这是市场主体与社会主体愿意投身和敢于投身经济社会发展的心理基础。事实上，相对定型化、可预期的制度已经成为浦东新区优质营商环境的重要支撑。最后，制度定型能够通过提供行动的合法性依据、便利工作经验的积累等方式增强浦东新区地方

---

[1] 张成福、党秀云：《中国公共行政的现代化——发展与变革》，《行政论坛》1995年第4期，第3—9页。

政府工作人员在处置各类公共事务的能力,甚至改善他们的公共服务动机。

当然,前面也提到,制度定型不是一蹴而就的,也无法毕其功于一役。理想化的制度定型必须建立在整体制度创新之上,它应当是整体制度创新经过风险、压力和时间的检验以及市场社会主体的认可,并切实转化为现代化的政府治理能力之后继续发展的结果。因此,为实现政府治理现代化的目标,在 4.0 制度定型阶段,浦东新区政府应当深化 3.0 阶段以来的整体制度创新进程,特别是深化在治理主体多元化、治理方式现代化、治理结构网络化、治理制度法治化方面已经开展的制度创新,在此基础上通过立法跟进、社会动员、干部教育等手段推动一系列内在关联、相互衔接、赋予能力的中观"新制度集群"的总体定型。

第六章

结语：上海自贸区改革与政府再造的实践经验、内在逻辑与理论范式

上海自贸区改革与政府再造充分体现了中国式改革开放方法论，即顶层设计与中层探索相结合、严控风险与大胆改革相结合、重点突破与整体再造相结合、政府作用与市场作用相结合、政党治理与政府治理相结合、法治引领和改革创新相结合。这六个"相结合"也是当代中国在努力构建现代政府治理体系的过程中所探索出来的实践经验。从内在逻辑上看，上海自贸区改革与政府再造代表着上海构建现代政府治理体系的努力。上海自贸区改革与政府再造的生动而富有生命力的实践，见证了"大小之争"在政府治理改革中的逐步退场，并昭示着一种新的治理理论范式的形成，即基于有为有效有情目标的"中政府"范式。

一、上海自贸区改革与政府再造的实践经验

在推进国家治理过程中，一方面需要坚持用系统性、整体性与协同性思维来研究与思考重大战略问题，着力推动解决发展所面临的一系列突出矛盾，创造系统性治理、整体性治理和协同性治理的新型发展模式；另一方面需要在具体方法上坚持顶层设计与摸着石头过河相结合，中央与地方整体联动相结合，试点探索与全面推广

相结合，阶段性、局部性目标与长期性、全局性目标相结合。① 遵循由点到面再到整体的改革思维，上海自贸区改革与政府再造一直在朝向六个"相结合"努力：顶层设计与自主探索相结合、严控风险与大胆改革相结合、重点突破与整体再造相结合、政府作用与市场作用相结合、政党治理与政府治理相结合、法治引领和改革创新相结合。② 这六个"相结合"同时也是当代中国在构建现代政府治理体系中摸索的实践经验，甚至可以视为构建现代政府治理体系的中国方案。

（一）顶层设计与中层探索相结合

顶层设计与摸着石头过河（自主探索）相结合是最被提及的一条改革开放方法论。林进平在《光明日报》撰文《改革开放必须坚持正确方法论》，用"三个结合"概括改革开放的正确方法论，其中第一个结合就是"顶层设计与摸着石头过河相结合"。③ 顶层设计不同于基层设计或中层设计，可以理解为"高层设计改革总体方案的行为"④，"从最高层次上去寻求问题的解决之道"⑤。至于为什么要提出顶层设计，曾峻作过详细的分析："改革的艰巨性、复杂性，要求我们必须在新的高度上谋划改革的方略，实现改革从量变到质变的飞跃……中央强调'更加重视改革顶层设计和总体规划'，要

---

① 唐亚林：《国家治理在中国的登场及其方法论价值》，《复旦学报》（社会科学版）2014年第2期，第128—137页。
② 此处在全书分析的基础上总结出六个"相结合"，并不是要说上海自贸区改革与政府再造已经完全成功了。事实上，"结合"本身是一门复杂的艺术，任何一个"结合"都是不容易做到的。而且通常来说，政府治理创新没有确定的终点，"治理力绝对不会完全饱和"（参见［英］斯蒂芬·奥斯本：《新公共治理？——公共治理理论和实践方面的新观点》，包国宪、赵晓军等译，科学出版社2016年版，第67页）。
③ 林进平：《改革开放必须坚持正确方法论》，《光明日报》，2018年12月10日，第16版。
④ 曾峻：《用"顶层设计"来深化改革》，《学习时报》，2011年6月13日，第5版。
⑤ 竺乾威：《辩证看待顶层设计与摸着石头过河的关系》，《北京日报》，2013年1月7日，第17版。

第六章　结语：上海自贸区改革与政府再造的实践经验、内在逻辑与理论范式

求在重要领域和关键环节取得改革的突破性进展，也正是出于对改革特征的新判断，其目的也在于实现改革的新发展。"① 从破解改革阻力问题的角度看，"破除'中南海政策出不了中南海'的'部门利益梗阻现象'，需要重新回到注重改革的系统性、整体性与协同性的方法论上"，即"以系统化的顶层设计破解部门利益梗阻"。②

然而，强调顶层设计并不意味着要排除掉中层的自主探索。相反，顶层设计目标的实现需要中层的积极参与，需要中层的自主探索。这是因为：一则顶层设计无法囊括（也没必要囊括）所有改革细节，需要中层在遵从顶层设计精神的基础上进行改革细节的填充与完善；二则顶层设计目标的执行往往是在中层空间里完成的，这就需要给予中层一定的自主空间或是利益空间以调动中层的积极性，同时使设计目标的执行更符合中层的实际情况。在上海自贸区改革案例中，总的试验方案是由中央从顶层设计的，但具体组织和实施是由上海市负责的，而且上海拥有较大的地方自主探索权。

中层的自主探索是顶层支持与顶层推动下的探索。顶层设计也包括顶层推动，意味着顶层需要努力调动各方面的力量支持中层自主探索。特别是在中国"条块分工"体制下，作为中层的地方在投资、贸易、金融等领域的自主探索必须要有中央条线职能部门的配合与支持，否则地方自主探索将无法取得顶层设计所期待的改革成果。因此，在此意义上，顶层设计所蕴含的顶层推动，有助于破除部门利益梗阻，助力地方自主探索，进而完成顶层设计所期待的任务。这是顶层设计和中层自主探索的融通之处。从政策创新的角度看，顶层设计与中层探索相结合实际上是中央与地方之间的相互学习，这是导向有效的政策创新的必经之路。正如有研究所指出，

---

① 曾峻：《用"顶层设计"来深化改革》，《学习时报》，2011 年 6 月 13 日，第 5 版。
② 唐亚林：《以系统化的顶层设计破解部门利益梗阻》，《中共浙江省委党校学报》2016 年第 1 期，第 29—35 页。

"政策创新受政治权威主导，在重大政策制定中，中央与地方之间经由多轮互动学习，公共政策才会走向明晰化、定型化"[1]。

顶层设计与中层探索相结合的更为现实的目的是，中央先在改革条件较好、探索能力较强的地方进行政策改革试点，让地方通过不断的自主探索过程发现问题、解决问题、积累经验，然后中央再在时机合理时把该地方积累的试点经验推向全国。这一"顶层设计—中层探索（顶层支持和推动下）—（中层）经验形成—（顶层）经验推广"的过程，是在同时发挥中央和地方两个积极性的情况下产生的：地方获得了作为改革先行者的荣誉与收益，其中，荣誉是政治与社会意义上的，而收益是地方经济或财税意义上的；而中央则获得了新的可复制可推广的制度经验，有助于中央在全国获得更大的制度收益，向国内国际社会展示推进制度开放和创新的决心。在上海自贸区改革案例中，我们看到上海自贸区的大量试点经验被复制推广到全国，为我国全面深化改革培育出了许多的新制度与新政策。例如，投资领域的负面清单管理制度于2013年诞生于上海自贸区，一开始饱受批评与质疑，但经过上海自贸区的自主探索与不断创新，负面清单管理制度越来越成熟，最终被中央复制推广到全国，直接推动了2017年第一张全国版外商投资负面清单的产生。又如，国际贸易"单一窗口"也是首创于上海自贸区，上海自贸区的做法与经验为全国"单一窗口"标准版的设计奠定了坚实的基础。

（二）严控风险大胆闯试相结合

行稳致远是中国改革者的理想追求，因此，防范和控制改革开放过程可能出现的重大风险就成为中国改革开放故事的重要组成部分。事实上，选择在局部进行制度试验本身就体现了中国改

---

[1] 杨宏山、李娉：《政策创新争先模式的府际学习机制》，《公共管理学报》2019年第2期，第1—14、168页。

第六章　结语：上海自贸区改革与政府再造的实践经验、内在逻辑与理论范式

革者防控风险的思想——即便局部试验失败，其造成的负面后果也是可以承受的，国家可以通过修正乃至终止试验把负面后果最小化。尽管如此，试验失败总还是会打击改革者与社会公众的信心。因此，严格控制试验的风险，建立试验风险防控机制，就成为试验任务发布者（中央）和试验任务实施者（地方）的日常化议题。

上海自贸区改革所关注的投资、贸易、金融等重点领域均是风险隐患较大的领域，因为这些领域均涉及国家间的直接交往，一定程度上关系到中国国家的政治经济安全。在进行大胆闯试的同时，必须建立起相应的风险防控机制。例如，前文分析也已指出，为防控金融开放可能带来的风险，上海探索建立国家金融管理部门驻沪机构、市金融服务部门和管委会参加的自贸试验区金融工作协调机制；为防控投资安全风险，建立涉及外资的国家安全审查工作机制；为防控日常风险，由上海市发展改革部门牵头、管委会和上海市其他部门共同参与，建立包括风险评估在内的自贸区综合性评估机制。

在实践中，严控风险与大胆闯试的结合点就是"风险审慎管理"。"审慎"既不同于放松管理，也不同于传统的命令式管理，它强调在周密部署风险防控机制的基础上采取最为宽松的管理手段，从而在活力与秩序之间求得平衡。"审慎"是理解上海自贸区改革以及政府再造实践的一个重要概念，它一方面反映了改革者的矛盾心理，另一方面也体现了改革者的智慧。在上海自贸区相关文件中，可以经常看到关于"审慎"的相关表述（见表6-1所示）。当然，审慎在实践中是比较难以把握的，特别是当涉及多个监管部门（不同监管部门的监管要求往往不同）时。如果在实践中无法针对不同监管部门设计出合理的监管风险分担机制，那么就可能出现名义审慎而实际严管、"上面宽下面严"的现象，导致审慎政策措施无法落地。

表 6-1　上海自贸区部分相关文件关于"审慎"的表述

文件名称	关于"审慎"的表述
2013 年《中国人民银行关于金融支持中国（上海）自由贸易试验区建设的意见》	完善全口径外债的宏观**审慎**管理制度，采取有效措施切实防范外债风险……区内实施金融宏观**审慎**管理。人民银行可根据形势判断，加强对试验区短期投机性资本流动的监管，直至采取临时性管制措施。加强与其他金融监管部门的沟通协调，保证信息的及时充分共享。
2015 年《进一步深化方案》	试点建立境外融资与跨境资金流动宏观**审慎**管理政策框架，支持企业开展国际商业贷款等各类境外融资活动。统一内外资企业外债政策，建立健全外债宏观**审慎**管理制度。
2016 年上海市政府办公厅《关于印发〈进一步深化中国（上海）自由贸易试验区和浦东新区事中事后监管体系建设总体方案〉的通知》	完善风险防控基础制度体系，建立对高危行业、重点工程、重点领域的风险监测评估、风险预警跟踪、风险防范联动机制，定期开展风险点梳理排查，加强对发生事故几率高、可能造成重大损失的环节和领域的监管，防范区域性、行业性和系统性风险。既要鼓励"四新"经济等创新发展，又要探索适合其特点的**审慎**监管方式，量身定制监管模式。
2018 年《国务院关于支持自由贸易试验区深化改革创新若干措施的通知》	鼓励、支持自贸试验区内银行业金融机构基于真实需求和**审慎**原则向境外机构和境外项目发放人民币贷款，满足"走出去"企业的海外投资、项目建设、工程承包、大型设备出口等融资需求。

（三）重点突破与整体创新相结合

"四十年的实践证明，对外开放是通过一系列战略节点来推进和实现的。全球化经济规律证明了中国开放型发展机制的理论内涵，证明了推进自主创新的必然性。"① 在一个具体的试验田里，改革开放的推进同样是先从对几个"重点"的突破开始的，通过点的突破为整体创新蓄力。理解上海自贸区改革与政府再造过程中的重点突破与整体创新逻辑，可以从"自贸区改革撬动政府整体创新""自贸区重点领域改革牵动全局改革""重点事项改革为重点领域的整体创新积累经验"三个层面入手。

首先，自贸区改革撬动政府整体创新。上海自贸区改革本身作为一项重点改革战略，与其他改革战略之间进行联动，通过联动形成整体创新效应。这包括上海自贸区改革与上海国际经济中心、金

---

① 张幼文：《中国四十年开放型发展道路：战略节点与理论内涵》，《学术月刊》2018 年第 9 期，第 44—55 页。

第六章 结语：上海自贸区改革与政府再造的实践经验、内在逻辑与理论范式

融中心、贸易中心、航运中心、具有全球影响力的科技创新中心（简称"五个中心"）建设的联动，上海自贸区与上海张江国家自主创新示范区的联动，上海自贸区建设与浦东新区转变一级地方政府职能的联动，上海自贸区改革同上海市改革的联动等。

其次，自贸区重点领域改革牵动全局改革。上海自贸区改革是先从投资、金融、贸易和政府职能转变四大重点领域入手的。这四大领域中的投资、金融和贸易三大领域是对外开放的重点，只有这三大领域的改革实现了突破，且三大领域的改革的联动效应（由点到线）形成了，对外开放和融入经济全球化的新局面（由线到面）才有可能打开，上海自贸区才能成为中央所期待的"我国进一步融入经济全球化的重要载体"。然而，三大领域的改革无法脱离政府转变职能的改革的支持而展开，因此政府职能转变就成为另一个重点领域。通过对四大领域的重点突破，步步为营，上海自贸区不断取得"点"和"线"意义上的改革成果，为自贸区以及浦东新区形成政府整体再造格局，进而达成《全面深化方案》关于"加强制度创新的系统性、整体性"的要求奠定基础。

最后，重点事项改革为重点领域的整体创新积累经验。在每一重点领域的改革，同样遵循重点突破与整体创新的逻辑，也即在每一重点领域选择几个重点事项作为突破口，然后再以此牵动该领域的其他事项改革。尽管说上海自贸区改革一开始已经选择了四个重点领域进行改革，但每个领域又都涉及许多改革事项，若不实施重点事项的突破，眉毛胡子一把抓，则短期内很难取得成效。因此，为在短期内取得成效，鼓舞改革士气，上海自贸区改革最初在四大领域又各选择了一些重点事项进行突破。例如，在投资开放领域，重点抓住以服务业开放清单为核心的准入开放、以负面清单制度为核心的优化管理等。当重点事项及其举措得到落实之后，再逐步把改革推进到其他事项，从而形成重点领域的整体创新。

(四) 政府作用与市场作用相结合

著名政治学者曹沛霖在1995年指出,国家和市场都是人类社会发展到现阶段的必要条件,人们不可能要求国家或者作为其代表的政府取代市场,同样市场的运行也不可能没有政府。政府和市场是推动社会发展的具有互补作用的两个"工具",或者说是社会前进的两个"轮子"。[①] 在社会主义市场经济条件下,有学者认为中国应当反思新自由主义的"市场失灵"理论,"从人民群众根本利益的原则立场出发,深刻认识社会主义政府与市场的辩证统一关系,努力构建'双强、双优'的政府和市场关系",也即"政府与市场二者要'强强''优优'联合"。其中"市场的'强'体现在市场真正实现配置资源的决定性作用,市场的'优'主要体现为市场机制的高效运转。政府的'强'不仅体现在政府掌控的经济资源数量与质量,而且体现在调控经济的政策与措施力度大、时效长,政府的'优'则体现为方向正确、判断准确、方案明确、调控精准"。[②]

"政府与市场双强双优"观点是对西方政府与市场对立思想的反思和回应。当然,"双强双优"是政府与市场关系的一种理想状态,但它确实是中国的改革者,特别是那些来自市场力量素来活跃、市场相对成熟地区的改革者正在努力追求的一种状态。尽管现实中政府仍然在通过国有企业、政府投资等手段直接参与地方经济建设,以及通过产业发展规划与政策、资金工具等方式"引导市场"[③],但是中共十八大以来,市场经济法制体系进一步健全,政府与市场的关系进一步法制化、定型化。与此同时,在政治系统

---

① 曹沛霖:《制度的逻辑》,上海人民出版社2019年版,第163页。
② 杨静:《新自由主义"市场失灵"理论的双重悖论及其批判——兼对更好发挥政府作用的思考》,《马克思主义研究》2015年第8期,第70—80页。
③ 这里有必要注意下"引导市场"与"跟随市场"的区别。罗伯特·韦德在分析东亚产业政策时认为,人们惯常用来为政府当局的介适作用作辩护的术语——"对市场或多或少地干预"太过笼统,十分容易使辩论者相互作无休止的争论。为缩(转下页)

第六章 结语：上海自贸区改革与政府再造的实践经验、内在逻辑与理论范式

里，中央持续推进反腐败，并在"'亲''清'新型政商关系"话语下重塑了政府领导干部与民营企业家之间的关系，为政府与市场"双强双优"局面的形成奠定了政治基础；在行政系统里，国务院持续地、自上而下地推进"简政放权、放管结合、优化服务"改革，通过权力清单制度、责任清单制度、负面清单制度等一系列创新性制度框定政府的权力边界[①]，敦促政府更好地服务市场主体、保护市场主体的合法地位，为政府与市场"双强双优"局面的形成奠定了行政基础或政策基础。

总之，支撑政府与市场"双强双优"局面的政府治理基础正在形成。这一判断在上海自贸区改革与政府再造实践中体现得尤为明显。在 1.0 阶段，浦东新区就以取消调整与下放增效为重点形成了精兵、简政和放权运作模式，以部门合并与职能强化为抓手形成了市场监管运作模式，以监管和执法统一为目标形成了知识产权工作运作模式，以便民利企为中心形成了政务服务运作模式和以政府购买服务为推动力的社会组织运作模式。在 2.0 阶段，浦东新区以科经委大部门体制为突破口再造其经济管理体制，以"证照分离"改

（接上页）小分歧，他依次区分了宏观经济政策与工业政策、通用性工业政策和选择性工业政策、引导市场作用和跟随市场。在罗伯特·韦德那里，跟随市场的选择性工业政策只是帮助某一既定工业中的私人公司去做根据价格信号在任何情况下都会做的事情，它给予某些（不一定全部）工业的计划以政府的"批准大印"。引导性的选择性工业政策包括：（1）政府当局主动提出应鼓励何种产品或技术；（2）通过公共资财或对私人资财的影响力来贯彻这些主动提出的倡议；（3）作出更大规模的超前的计划或战略。韦德进一步指出，东亚经济成功无法用"自我调节市场"论来解释，在中国台湾地区及韩国的经济成功实践中，政府的干预"大部分属于引导型而非追随型"（不过"中国台湾地区和韩国的引导型干预的模式有重大差别"）。参见罗伯特·韦德：《东亚的产业政策：引导市场还是追随市场》，载［美］加里·杰里菲、唐纳德·怀曼编：《制造奇迹：拉美与东亚工业化的道路》，俞新天等译，上海远东出版社 1996 年版，第 261—303 页。

① 例如，在 2018 年 6 月召开的第四次"放管服"电视电话会议上，李克强强调"最大限度减少政府对市场资源的直接配置，最大限度减少政府对市场活动的直接干预，放活微观主体，创新和完善事中事后监管，提高政府服务效能，加快打造国际一流、公平竞争的营商环境"；在 2019 年 6 月召开的第五次"放管服"电视电话会议上，李克强又强调"大幅减少微观管理事务和具体审批事项，最大限度减少政府对市场资源的直接配置和对市场活动的直接干预，加强公正监管，提高政务服务能力和水平，持续优化营商环境"。

革为核心再造其市场监管体制，以执法事项整合和职业体系重塑为重点再造其城管执法体制，以权责清单制度为基础再造其外部关系。在3.0阶段，浦东新区以打造提升政府治理能力先行区为目标，基于"创新政府管理、推动市场自律、推进业界自治、深化社会监督"实现了治理主体的多元化和治理合力的生成。在已经开启的4.0阶段（包括筹备阶段），浦东新区谋划全面推进行政审批制度改革，实施"社会告知承诺制"和"一业一证"改革试点，打造"证照分离"升级版，研制营商环境便利化指标体系，以期进一步理顺政府与市场关系，推动"双强双优"局面的定型化。

（五）政党治理与政府治理相结合

政党治理与政府治理相结合的实践内涵体现在两方面：一方面，以政党有效治理推动政府有效治理，其中政党有效治理内容主要包括从严治党，建设高素质专业化干部队伍，加强基层服务型党组织建设等；另一方面，在政府有效治理过程中锻炼政党的组织、队伍，反过来促进政党有效治理。政党治理与政府治理的结合，更准确地说是以政党治理引领政府治理，是上海自贸区改革与政府再造的一条重要经验，也是中国共产党领导的当代中国建构现代政府治理体系的一个特色方案。

2015年4月，时任浦东新区区委书记、上海自贸区管委会主任沈晓明在总结浦东经验时指出，浦东经验体现四个结合，其中一个就是"开发开放和党的建设相结合"，他认为，"浦东从建政开始，就有一个理念，即一流党建促一流开发。两条基本经验是：开发建设到哪里，党的组织就建到哪里；研究'走千听万'、镇管社区、阳光驿站等具有浦东特点的党建新思路和新方法"[①]。上海自贸区改革深度融合于浦东开发开放之中，其成功的一条重要经验就在于，

---

① 沈晓明：《浦东过去靠改革今后发展还靠改革》，《浦东时报》，2015年4月17日，第A02版。

第六章　结语：上海自贸区改革与政府再造的实践经验、内在逻辑与理论范式

作为承接地的浦东新区能够把政党（基层）治理同政府改革与治理相结合，时刻以一流的党建促进一流的开发建设。

浦东新区在"一流党建促一流开发"方面进行了许多探索。例如，为满足金融城非公企业党员和员工多元化需求而成立的"金领驿站"已在自贸区各片区铺开；除了"金领驿站"，张江园区建立9个片区党组织，并形成支部建在产业链、项目、生产流水线上，建在科研创新团队里等新型组织模式；在金桥开发区，"吴慧芳工作法"发挥先进典型的辐射作用；外高桥保税区内的"党员政治生活馆"，成为集党员驿站、功能驿站、人才驿站、阳光驿站、党员政治生活馆于一身的党员学习教育和政治生活场所。①

政党治理与政府治理的紧密结合，保障了上海自贸区改革与政府再造的顺利进行。其中的作用机理可以简要概括如下：第一，政党精神引领，培育争先、团结、服务等先进文化，②为各部门、各行业、各领域投身改革开放提供精神动力；第二，政党组织嵌入（即设立党组织、推进支部结对共建等），为上海自贸区范围内的市场与社会主体，特别是非公企业与新社会组织，链接资源、推动资源交流与共享，帮助这些主体更好地实现融入浦东当地的目标；第三，政党服务吸引，借助党群服务中心等各种服务平台，满足基层党员与群众的多样化需求，凝聚党员群众，为自贸区改革与政府再造创造稳定与和谐的社会环境。

（六）法治引领与改革创新相结合

真正的改革创新必然建立在对旧事物（如旧的政策、旧的惯例、旧的人事）的突破之上，这就意味着它会扰动当下的"平静"局面，进而可能带来新的问题与矛盾，如改革试验区与非试验区之

---

① 《浦东：勇当改革开放排头兵中的排头兵、创新发展先行者中的先行者》，《解放日报》，2016年12月25日，第6、7版。
② 唐亚林、刘伟：《党建引领：新时代基层公共文化建设的政治逻辑、实现机制与新型空间》，《毛泽东邓小平理论研究》2018年第6期，第21—27、107页。

间的管理缝隙增大、试验区政策与上级政策存在不一致等。在实行单一制的国家,推进"深水区"改革(即使只是局部地区的改革)会引发诸多问题,包括改革任务的具体实施者动力不足(怕担风险)、"违法改革"等,需要提前作出相应的政治与政策安排。2014年2月,在中央深改组第二次全体会议上,习近平同志强调:"凡属重大改革都要于法有据。在整个改革过程中,都要高度重视运用法治思维和法治方式,发挥法治的引领和推动作用,加强对相关立法工作的协调,确保在法治轨道上推进改革。"①

"凡属重大改革都要于法有据"这一重大论断,要求改革者把"改革"与"法治"辩证地统一起来,把突破现行制度与政策的改革行为纳入法治化轨道,实现以法治引领改革创新。《人民日报》曾刊文结合实例从法治解决"轨道"问题、法治回应"动力"问题、法治解决"保障"问题三个方面阐释了法治引领改革创新的实践逻辑。第一,法治解决了"轨道"问题,确保改革稳健。如党的十八届五中全会宣布全面放开"二孩"后,这项政策并没有立即付诸实施,而是等待《人口与计划生育法》及相关法规的修订完成。第二,法治回应了"动力"问题,打破改革羁绊。如2015年,全国人大常委会授权国务院在33个县市区进行"三块地"改革试点,暂停实施《土地管理法》和《城市房地产管理法》的相关条款。以制度创新破除制度限制,才能让改革既突破固有的限制,又实现持续的创新,避免出现"不改"的不担当,让改革蹄疾步稳、行稳致远。第三,法治解决了"保障"问题,固化改革成果。如简政放权的政府改革日渐深入,无论是行政审批权的下放,还是政府职能的调整,都需要以法的形式固定下来。以法治固化改革成果,才能避免出现"拉抽屉""翻烧饼",持续释放出惠及民生

---

① 《习近平:把抓落实作为推进改革重点 重大改革都要于法有据》(2014年2月28日),新华网,http://www.xinhuanet.com//politics/2014-02/28/c_119558018.htm,最后浏览日期:2020年7月16日。

第六章　结语：上海自贸区改革与政府再造的实践经验、内在逻辑与理论范式

的改革红利。[①]

上海自贸区改革与政府再造对法治引领的强调，反映在包括《总体方案》等在内的改革文件之中，并借由相应改革举措加以巩固。

第一，当国务院试图调整现行法律设置的行政审批时，应在程序上预先取得全国人民代表大会及其常务委员会的授权，从而使得行政系统的改革依法进行。例如，2013年8月，第十二届全国人大常委会第四次会议决定授权国务院在上海自贸区范围内暂时调整《外资企业法》《中外合资经营企业法》和《中外合作经营企业法》规定的有关行政审批；2014年12月，第十二届全国人大常委会第十二次会议决定授权国务院在上海自贸区以及福建、浙江、天津三个自贸区暂时调整《外资企业法》《中外合资经营企业法》《中外合作经营企业法》和《台湾同胞投资保护法》规定的有关行政审批。

第二，对经过实践证明可行的改革举措，由最高国家权力机关及其常设机关修改完善有关法律，从而以定型化的法律来巩固成熟化的改革举措。例如，2016年9月第十二届全国人大常委会第二十二次会议决定修改完善《外资企业法》《中外合资经营企业法》《中外合作经营企业法》和《台湾同胞投资保护法》四部法律。

第三，作为行政法规和国务院文件的制定主体，国务院依法在自贸区范围内调整行政法规和国务院文件规定的行政审批或者准入特别管理措施，从而确保上海自贸区的改革是在合法合规框架内运作。例如，2013年12月，国务院发文决定在上海自贸区暂时调整一批行政审批及准入特别管理措施，并对外发布了32项调整事项的详细目录。

第四，加强地方立法，从而为自贸区的具体管理和运行提供法制保障。这一点可从国务院发布的上海自贸区改革方案的文本里得到证实。《总体方案》要求上海市"要通过地方立法，建立与试点

[①] 范正伟：《制度创新，完善现代治理》，《人民日报》，2016年10月6日，第1版。

要求相适应的试验区管理制度"。《进一步深化方案》更明确地要求"加强地方立法,对试点成熟的改革事项,适时将相关规范性文件上升为地方性法规和规章"。

第五,上海市人大常委会加大对浦东新区人大常委会和浦东新区政府的授权支持,从而提高浦东细化执行自贸区改革及地方政府再造任务的灵活度和合法度。2019年7月25日,上海市人大常委会作出《关于促进和保障浦东新区改革开放再出发 实现新时代高质量发展的决定》,对区人大常委会和区政府以法治方式推动浦东改革深化和制度创新给予了更大、更有力、更明确的授权支持。①

上述几个方面的概括只是针对比较大的法律法规调整而言。现实中,除了法律、行政法规、国务院文件、地方性法规等非常显见的规范性文件之外,还有诸多不容易看到或潜在的制度或政策、规则影响着自贸区改革任务的实施过程。但正如我们分析的,在重大改革方面,上海自贸区改革做到了于法有据,避免了"违法改革""边违法边改革"等现象的出现。

改革于法有据或法治引领改革是法治与改革这组关系中的一面,这组关系的另一面就是以改革推动法律法规更新。上海自贸区不同于以往单纯强调实施政策优惠的特殊管理区域,它肩负着为中国改革开放探索道路、形成制度经验、供给新型制度的使命,比如,在外资管理和服务业开放上为中国提供更多管用的新制度。制度创新的本质决定了上海自贸区需要不断地进行开放压力与风险测试,循环地开展如下工作:在其区域内"挑战"现有的法律法规(主要是暂停现行法律法规的相关规定);在应对"真空"的过程中形成一系列创新性做法;检验创新性做法的政治的、经济的、社会的可行性;回答创新性做法转化为新法律法规的可能性与必要性问

---

① 蔡丽萍:《浦东在重点领域先行先试再获法治保障》,《浦东时报》,2019年7月30日,第1版。

题。这些探索性工作无疑为地方与全国相关法律法规的更新提供了关键性依据。

二、迈向现代政府治理体系：上海自贸区改革与政府再造的内在逻辑

上海自贸区改革与政府再造的逻辑主线就是：围绕着政府与市场、改革与开放两大关系，通过划清政府的权力边界，激发市场的内生活力，形成以开放倒逼改革、用对标引领创新、用整体性改革引领发展的内在逻辑，建设回应型政府、责任型政府、透明型政府、服务型政府、协作型政府、效能型政府和法治型政府，最终建构起现代化的政府治理体系。从不同的角度看，这同一条逻辑主线将呈现出不同的面向。

（一）压力倒逼："大胆闯试"与演进动力逻辑

当前中国为什么要推动自贸区改革与政府再造？相关的政策文件及领导人讲话对此都有过相应的回答。例如，《总体方案》开篇即指出，建立上海自贸区是"在新形势下推进改革开放的重大举措"。李克强同志曾详细说明，"成立上海自贸区，是为了探索处理好政府与市场的关系，探索负面清单管理模式，给市场让出更大的空间；也是为了探索处理好发展与开放的关系，深化金融改革创新。这里要建成改革高地、创新高地，而不是政策洼地、税收洼地"[①]。可见，推动自贸区改革的目的是为了深化改革开放，包括为了探索形成政府与市场关系的理想化模式。

但是，上述回答并不能完全释疑。基于"专制—威权—民主"认知框架的学者往往把中国视作"威权国家"，把中国的体制视为

---

① 程子彦：《李克强总理和上海自贸区的"四年四约"》，《中国经济周刊》2016年第47期，第26—28页。

威权体制。若依照这种流行的认知框架及其推理，作为威权国家的中国是不大可能实施面向未来的、面向世界的自贸区改革以及导向现代政府、服务型政府的政府再造的。无论是从理论上还是在实践中，这种基于西方中心观的理论分析框架都难以揭示当代中国政治与政府的真正发展奥秘。要想深刻揭示自贸区改革背后的动力逻辑，需要继续追问"中国为什么要持续推进改革开放""为什么要探索处理政府与市场关系、发展与开放关系"等更为根本的问题。而回答这些根本问题，有必要把注意力从自贸区改革与制度创新层面转向国际政治经济层面。

在参加过革命的中央领导人看来，在国际上"落后就要挨打"。如1979年12月邓小平在会见日本首相大平正芳时指出："所谓四个现代化，就是要改变中国贫穷落后的面貌，不但使人民生活水平逐步有所提高，也要使中国在国际事务中能够恢复符合自己情况的地位，对人类作出比较多一点的贡献。落后是要受人欺负的。"① 1980年1月邓小平再次提到："我们的经济一定要在国际上有竞争力，要拿国际水平的尺度来衡量一下在不断出现的新问题面前，我们党总是要学，我们共产党人总是要学，我们中国人民总是要学谁也不能安于落后，落后就不能生存。"② 正是在这种"落后挨打"的压力认知下，以邓小平为核心的中共第二代领导集体选择了改革开放的道路，拉开了试办经济特区、实施经济开放政策的帷幕。1991年1月邓小平视察上海时鼓励上海市负责同志："要克服一个怕字，要有勇气。什么事情总要有人试第一个，才能开拓新路。试第一个就要准备失败，失败也不要紧。希望上海人民思想更解放一点，胆子更大一点，步子更快一点。"③

经过几十年的努力，到了以习近平为核心的中共第五代领导集体时，中国的国际地位以及所处的国际环境发生了重要的变化，其

---

① 《邓小平文选》（第二卷），人民出版社1994年版，第237页。
② 同上书，第270页。
③ 《邓小平文选》（第二卷），人民出版社1993年版，第367页。

第六章　结语：上海自贸区改革与政府再造的实践经验、内在逻辑与理论范式

中最主要的变化之一就是中美制度性摩擦增多。与此同时，当代中国正处在即将完成执政党提出的"第一个一百年"目标（"全面建成小康社会"）和开启"第二个一百年"新征程的历史时刻，迫切需要一个新的窗口或平台以探索进一步解放生产力和发展生产力的方案，向世界展示深化改革开放之决心，以及形成一系列贴合国情且符合国际规则的制度体系。上海自贸区就是这样一个窗口，正如前文所分析的，它肩负着代表、探索、引领、服务四个方面的历史使命。由于试验有风险，而作为试验实施者的地方有规避风险之天然冲动，这就需要中央作出相应的承诺。习近平同志表示："建设自由贸易试验区是一项国家战略，要牢牢把握国际通行规则，大胆闯、大胆试、自主改，尽快形成一批可复制、可推广的新制度。"① 由此而言，"大胆闯试"这一政治承诺构成了上海自贸区改革与政府再造的动力源泉。

在上述意义上，从演进动力看，上海自贸区改革与政府再造的全部成果首先起源于中央的政治承诺，即"大胆闯、大胆试、自主改"，其背后反映的是压力倒逼与使命牵引（自我承诺）的逻辑。这里涉及两个层面：第一层面是表面逻辑，即中央作出的"大胆闯试"政治要求（同时也是政治承诺）构成了上海自贸区改革与政府再造的演进动力；第二层面是深层逻辑，即国际国内压力（特别是国际压力）的倒逼，以及解放与发展生产力、建设社会主义现代化强国等使命的牵引，共同促使中央作出自贸区战略部署。

（二）风险顾虑：试点先行与政策试点逻辑

治理国家无法回避一个根本性的问题：规模问题。早在两千多年前，苏格拉底就思考了城邦规模问题，他指出，"我国的当政者在考虑城邦的规模或要拥有的疆土大小时似乎应该规定一个不能超

---

① 《大胆试　大胆闯　自主改》，《文汇报》，2017年3月7日，第1版。

过的最佳限度","国家大到还能保持统一——我认为这就是最佳限度,不能超过它"①。规模问题是国家治理的重要约束,这点已经成为共识。例如,王绍光指出,"政治实体的规模之所以值得注意,是因为它与治理的方式、治理的难易密切相关"②。周雪光也指出,"国家治理面临的一个重要挑战是其治理规模以及由此产生的治理负荷。在这里,治理规模指国家统领、管理、整合其管辖领土以及生活其上民众的空间规模和实际内容……中国的国土规模和人口数量是国家治理所面临的重要约束条件"③。唐亚林指出,需要思考一国现代化发展"存在的特定时空与资源约束条件下发展次序选择的权衡以及规模-速度发展战略选择问题"④。超大的地域规模（世界第三）与人口规模（世界第一）,无疑增加了中国国家治理的复杂性与难度。

在进行各项改革时,超大规模国家应当提前考虑和防范改革可能出现的风险,因为"改革涉及人民的切身利害问题,每一步都会影响成亿的人"⑤。"风险顾虑"是理解中国改革开放,以及理解上海自贸区改革与政府再造的逻辑的一个关键词。而试点正是改革者为防控和管理改革风险而采取的一种策略。换句话说,认知上的风险顾虑催生了策略上的试点先行,这点可以从邓小平的一段讲话里得到证明:"有些问题,中央在原则上决定以后,还要经过试点,取得经验,集中集体智慧,成熟一个,解决一个,由中央分别作出正式决定,并制定周密的、切实可行的、能够在较长时期发挥作用

---

① [古希腊]柏拉图:《理想国》,郭斌和、张竹明译,商务印书馆1986年版,第137页。
② 王绍光:《国家治理难度与国家规模大小成正比吗?》(2017年5月31日),社会科学文献出版社网站,http://www.ssap.com.cn/c/2017-05-31/1054890.shtml,最后浏览日期:2020年7月16日。
③ 周雪光:《中国国家治理的制度逻辑》,生活・读书・新知三联书店2017年版,第14—18页。
④ 唐亚林:《当代中国政治发展的逻辑》,上海人民出版社2019年版,第241—242页。
⑤ 《邓小平文选》(第二卷),人民出版社1994年版,第113页。

第六章　结语：上海自贸区改革与政府再造的实践经验、内在逻辑与理论范式

的制度和条例，有步骤地实施。"①

前面已分析指出，由于改革力度较大，且改革试点的内容大都涉及对现行法律法规及政府行为的较大调整，因此，理论上上海自贸区改革蕴含着较大的风险。特别是在金融这类国家安全属性非常强的领域，改革面临的风险很难预测，只能采取在小范围内先行试点的策略。选择在上海设立第一个自贸区，本身就是管控风险的表现，因为上海在对外经济开放方面最有基础、最有经验，上海的干部队伍素质也很高。而且，上海浦东从1990年正式开发开放以来逐步形成了"小政府"传统以及"小而有效"的现代化政府管理体制，这使得浦东能够拉近与国际投资者、企业家的距离。总之，从试点设计看，无论是试点的选址还是试点内容的选择，都反映着超大规模国家的风险顾虑与试点先行的逻辑。

（三）绩效可期：边改革边推动与试点扩大逻辑

推进一个改革试点就像是改革者向原有管理与制度体系发起了一场战役，改革者务求首战告捷，取得一系列可见的成果，以鼓舞改革士气与改革劲头。一定意义上，若首战失败，取不到预期的改革成果与绩效，则意味着整个改革理念与方案的失败，甚至预示着体制内支持改革力量的失败。因此，首战告捷、绩效可期就成为改革者设计改革方案与路径的重要考虑。其中首战告捷的关键是精心筹备，选准战场与战机，这也是上一部分所讨论的内容；绩效可期是指改革绩效是可以预期的，其关键是改革者在明确改革大方向的基础上，"边改革边推动"②，"走一步，看一步"，一步踩出一个脚印（取得一定的改革绩效），渐进地实现改革预期目标。

上海自贸区改革与政府再造的一条逻辑主线就是改革者坚持在

---

① 《邓小平文选》（第二卷），人民出版社1994年版，第341页。
② 可以"边改革边推动"形容上海自贸区改革与政府再造的渐进主义特征。事实上，上海自贸区改革与政府再造涉及的诸多具体行动，如负面清单建设、监管能力建设等，甚至自贸区物理空间的分阶段延展本身，都符合"边改革边推动"的逻辑。

政府治理的逻辑：自贸区改革与政府再造

绩效可期的基础上边改革边推动，其实践结果是上海自贸区改革试点在空间上得到扩展，在内容上得到深化。可以用一个简化的过程模型说明边改革边推动逻辑：第一步是依据调研情况设定一个阶段的目标、任务与方案，第二步是组织多层级多方面力量实施方案，第三步是在完成或基本完成方案任务后对经验与不足进行总结，第四步是设计下一阶段目标与方案。上海自贸区的试点空间拓展与试点内容深化，以及上海自贸区经验分批次复制推广到其他试验区乃至全国，都是边改革边推动逻辑的具体呈现。

绩效可期与边改革边推动，本质上反映了中国作为超大规模国家在面对改革与开放时的双重心理特征，即坚决性与审慎性。一方面必须实施改革开放，另一方面又由于没有道路可以借鉴而必须审慎地走稳每一步。邓小平在1985年谈论改革时指出："现在我们正在做的改革这件事是够大胆的。但是，如果我们不这样做，前进就困难了。改革是中国的第二次革命。这是一件很重要的必须做的事，尽管是有风险的事……我们的方针是，胆子要大，步子要稳，走一步，看一步。我们的政策是坚定不移的，不会动摇的，一直要干下去，重要的是走一段就要总结经验。因为改革涉及人民的切身利害问题，每一步都会影响成亿的人。"[①] 尽管在所谓"改革深水区"的今天，改革越来越强调顶层设计和集中推进，但坚决性与审慎性并存的心理特征依然存在和发挥作用。从政策创新与制度变迁角度看，"中国的治理及其发展的出发点和归宿常常指向制度的变迁。因此，通过政策创新实现制度和机制创新，被视为治理的路径选择"[②]。上海自贸区边改革边推动的实质正是通过分步实施、前后相继的政策创新，实现中国对外开放基本制度、具体支撑制度及相关配套制度的整体变迁，最终服务于中国特色社会主义制度的完善和国家治理体系与治理能力的现代化。

---

① 《邓小平文选》（第二卷），人民出版社1994年版，第113页。
② 王浦劬：《政道与治道》，中国出版集团、中华书局2013年版，第66页。

第六章　结语：上海自贸区改革与政府再造的实践经验、内在逻辑与理论范式

（四）制度短缺：深水区探索与制度创新逻辑

制度是重要的，然而符合特定时期特定历史-社会-文化条件并能够促进国家发展与社会进步的好制度却不是常有的。更为常见的现实是"制度短缺"，也即"制度方面的社会实际供给不足"①。制度短缺的形成主要有如下几种情况：一是制度供给的数量不足引起制度短缺；二是制度供给主体由于制度供给或创新的意愿和能力不足而引起的制度短缺；三是制度供给主体在具体执行和实践制度安排方面的能力和意愿不足而引起的制度短缺。②

制度短缺可以分为绝对短缺和相对短缺两种情况，前者是指缺少解决特定问题的制度；后者是指虽然有相应制度，但已有的制度与外界的通行制度不一致甚至发生摩擦，需要对已有制度进行调整与完善。制度短缺是快速发展与向现代化转型的中国的常见现象。在中国国家整体改革进入深水区后，制度绝对短缺的问题已基本解决，主要表现为各方面根本性与基础性制度的建立健全，但制度相对短缺现象愈发集中出现。现实中制度相对短缺造成的问题越来越多，即中国制度与外部制度的摩擦③越来越多。在这种背景下，中国迫切需要建立一套符合国内发展实际且能够与国际通行做法相融通的稳定的制度体系。以制度创新解决制度相对短缺（也即"制度不适"）问题，是处在深水区探索阶段的中国的理性选择。作为重要经济发展主体与利益主体的地方（政府），同样是制度创新和供

---

① 唐兴霖：《制度资源·制度短缺·制度创新》，《学术研究》1996年第11期，第29—31页。

② 同上。

③ 学者东艳梳理中美贸易摩擦发展的历程及现状发现，"1980—2000年，中美在纺织品、彩电、家具、化工产品等领域发生摩擦；2001年入世后，中美摩擦向机电、矿业、医药等领域扩展，知识产权、人民币汇率、环境保护、市场经济地位等宏观层面的摩擦及制度问题逐步成为矛盾的焦点"。她认为，"从特朗普上任后中美的协商进程可以看出，美国表面上关注贸易不平衡问题，但实质上更关注贸易不平衡背后的制度问题……对比日美贸易摩擦的进程，中美目前已经进入制度摩擦阶段"。参见东艳：《制度摩擦、协调与制度型开放》，《华南师范大学学报》（社会科学版）2019年第2期，第79—86、192页。

给的重要主体。在制度短缺背景下，中央需要且依赖地方进行试验、研制和供给新制度。

从地方的角度看，地方是中国经济发展的重要利益主体。长期以来，地方争相成为"政策洼地"，因为成为政策洼地往往意味着更大的发展自主权以及更强的经济发展相对优势。然而，成为政策洼地、享受优惠政策的做法越来越难以为继，建立在排他性政策优惠基础上的政策红利很难再生，其原因既有技术上的，也有政治上的。从技术上看，改革开放车轮滚滚向前，中国国家层面的制度正在也亟需持续进行创新和优化，顶层制度不断变化，针对局部地区的施加优惠政策的行为（建立在顶层制度相对稳定的基础上）在技术上变得难以操作。从政治上看，由中央施放的政策优惠往往是排他性的，即给这个地方而不给那个地方，因此容易引发没有享受到优惠的地方的不满。当然最重要的是，优惠政策作为一种临时性、局部针对性方案，它无法解决制度短缺问题，地方也无法通过执行优惠政策而为更大地区乃至全国经济社会发展供给出有效的制度。

由地方（在中央的领导下）进行制度创新试验、供给新的制度，注定成为深水区改革阶段中国改革开放的新现象。甚至"开展试点项目和政策创新"被亚洲开发银行视为中国发展最具附加价值的领域之一。① 上海自贸区从一诞生就"立志"不做"政策洼地"，而是肩负起为国家探索与研制新制度，进而缓解制度摩擦、解决制度相对短缺、促进中国制度更加完善的使命。"浦东开发开放时，建金桥出口加工区是造一片工厂；建陆家嘴，是造一群高楼。但现在，建上海自贸区造的是一套制度。"② 坚定走制度创新而非政策优

---

① 《亚洲开发银行成员体事实与数据》（2019年4月），亚洲开发银行网站，https://www.adb.org/sites/default/files/publication/29018/prc-2018-zh.pdf，最后浏览日期：2019年5月1日。
② 王思政：《大变革、大转型、大融合、大创新》，上海人民出版社2018年版，第110页。

第六章　结语：上海自贸区改革与政府再造的实践经验、内在逻辑与理论范式

惠之路，体现了改革开放的先行者在深水区探索背景下以制度创新克服制度短缺的行动逻辑。

（五）上下呼应：制度环境建设与中观制度定型逻辑

上海自贸区改革与政府再造取得一系列制度创新成果，本质上是地方利用相对成熟的微观制度基础和定向松口的宏观制度环境，合成了中观层面的制度创新成果，反映了新时代中国政府治理制度创新的中观制度定型逻辑。其中，"相对成熟的微观制度基础"是指上海自贸区试验田所在地（浦东新区）本身处在对外开放与对内改革的前沿，在国内市场与国际市场、政府与市场、政府与社会等领域具有一套国内一流和接近国际通行标准的成熟微观制度体系，这是浦东新区自开发以来持续坚持和实践"小政府、大社会"理念的结果，前文在分析上海自贸区设立的空间背景时也提到了这一点。"定向松口的宏观制度环境"是指中央为拓展对外开放新高地，定向选择在浦东的一块范围内设立上海自贸区，在试验区内放松乃至取消现有外资管理等宏观制度的相关内容，并给予作为组织实施方的上海以充分的自主改革权。相对成熟的微观制度基础与定向松口的宏观制度环境，为中观层面的制度创新与定型创造了条件；而"大胆闯"的中央政治承诺和自主改革权赋权设计则释放了上海地方的手脚，最终地方在"八方支援"下研制出了基于原有微观制度基础，且回应宏观制度环境需要的一系列中观制度创新成果，并被复制推广到其他地区。

中观制度定型逻辑充分反映了新时代中国在高起点上推行政府治理创新的新趋向，即越来越强调构筑制度环境和开展"协调性的制度供给"，[①] 推动宏观、中观、微观不同层面的制度的协调。改革开放以来，包括上海在内的沿海开放地区经过长期的对外经贸与人

---

① 李友梅：《完善社会建设的中观制度环境》，《解放日报》，2010年1月18日，第11版。

文交流,已经建立了政府与市场关系比较现代化的微观制度基础,但是总体来看,这些微观制度或是与发达的地方经济紧密伴生或是以政策优惠的形式出现,效果局限在当地,难以复制推广到其他地区和发挥更大的作用。"微观制度创新如火如荼"与"宏观制度改进缓慢推进"两种现象并存,直至发生不协调的矛盾,即社会上常说的"下改上不改必然是乱改、已改人不改结果是白改"[①],而这种矛盾只有靠中观层面的制度创新突破才能化解。

中观制度定型,从层级上来看是中间层面的,从难度上来看可以说是中间难度的。中观制度定型能够体现中国制度建设和发展中的"守正创新"特征。中共十九届四中全会全面总结了中国特色社会主义制度的十三个方面的显著优势,但总结出这些优势不代表我们的制度已经完全成熟和定型,相反需要在坚持的同时对这些制度进行完善,以实现"到我们党成立一百年时,在各方面制度更加成熟更加定型上取得明显成效;到二〇三五年,各方面制度更加完善,基本实现国家治理体系和治理能力现代化;到新中国成立一百年时,全面实现国家治理体系和治理能力现代化,使中国特色社会主义制度更加巩固、优越性充分展现"的总体目标。既坚持又完善,既守正又创新,最集中的体现应该是在中观层面。

上下呼应的呼应载体就是中层,上海自贸区本身就是一个试点,且在其中进行大量的制度创新试验,最终的目的就是构建中观层面的"新制度集群"。在坚持国家核心制度的基础上,推动中观层面制度的科学化、完备化、协调化,如权责清单制度、便民服务制度、对外贸易监管制度、城市管理精细化制度等,有助于连接起基层微观制度与宏观制度环境,一方面带动微观制度活力迸发,另一方面为宏观制度的调整及实施积累知识基础,最终促进整个国家

---

① 季明,《上海·浦东的"扁平化"实践》,《瞭望》2011年第4期,第22—23页。

治理制度体系的成熟与定型,把中国特色社会主义的制度优势真正地转化成国家治理效能。

三、基于有为有效有情目标的新型"中政府"治理理论:上海自贸区改革与政府再造的理论范式

(一)"大小之争"在政府治理改革中的逐步退场

政府是"大"了好,还是"小"了好?这是政府理论的一个经久不衰的本源性问题。从学术研究角度看,这一问题或被归入政府性质研究,或被归入政府边界研究、政府规模研究,引发了政治学、经济学、行政学等不同学科的讨论。从现实政治角度看,对这一问题的回答,甚至在一些情况下演变成了意识形态之争、国家"生活方式"(way of life)之争,似乎资本主义国家注定采纳"小政府"模式,而社会主义国家只能发展"大政府"。但是,当今全球经济社会发展的丰富实践说明,这一问题并没有一个可以让历史终结、让所有人满意的答案。

一方面,政府过度膨胀会带来意想不到的负面后果。政府过多地、随意地干预市场,可能伤害微观市场主体的积极性,降低各种生产要素的流动力和活跃力,引发社会整体生产力下降,民众的生活水平也会因此而受到负面影响。例如,有研究发现,政府规模的扩大会增加地区腐败案件的发生率,而核心政府部门规模的影响更为明显,党政部门规模上升1%至少会带动腐败犯罪案件提高0.68%—1%。① 此外,从理论上讲,"政府规模的膨胀,机构和职能交叉重叠,就会把行政人员和政府各部门的积极性转化为一种破坏力"②。过大的政府很可能形成自己的独立利益,并摆脱普通民众

---

① 周黎安、陶婧:《政府规模、市场化与地区腐败问题研究》,《经济研究》2009年第1期,第57—69页。
② 张康之:《限制政府规模的理念》,《行政论坛》2000年第4期,第7—13页。

的控制，而成为一个与民众对立的"怪物"。

另一方面，政府太小了似乎也不好。如果政府满足于做个"守夜人"，把社会发展与发展社会的任务完全交给市场机制，则又会引发一系列问题。其中一个突出的问题是"马太效应"，即那些在资源禀赋、初始资本方面处在弱势地位的群体，不仅无法享受到市场发展带来的益处，还将受到没有底线的剥削。财富不平等加剧[1]、弱势群体被"扫地出门"[2] 等基于社会达尔文主义的残酷社会事实，正是由"守夜人"政府治理模式造就的——"守夜人"守护的是富裕阶级的资本利益，而非普通民众的生活权益。

显然，过大或过小都不是政府治理的理想形态。社会主义国家有时也需要小政府，但更需要的是有为有效政府，而资本主义国家在不少情况下（如流行病控制）也应当发展大政府，同样更需要建设有为有效政府。那么，对当代中国来说，何谓有为有效政府呢？

实际上，上海自贸区改革与政府再造的历史与现实已经给出了明确的答案：在进行资源配置时，政府需要遏制住冲动之手，把自己变"小"，并且让自己变得更有为更有效，把有限的注意力集中在为资源的市场化配置提供服务与支持上。本书已经说明，自开发开放以来，浦东新区始终坚持的一个政府治理改革理念就是"小政府"，并在此理念指导下采取了相应的改革路径，如持续通过取消和调整两种方式削减行政审批事项，特别是社会类行政审批事项；针对市场准入和基本建设项目审批这类市场"痛点"多的领域，压缩审批的环节，通过压缩来实现简政。应当说，浦东新区与自贸区的"小政府"以及相关的"亲市场""店小二"传统，拉近了浦东与国际投资者、企业家的心理距离，也因此成为中国对外开放的模范窗口。

---

[1] 参见［法］托马斯·皮凯蒂：《21世纪资本论》，巴曙松等译，中信出版社2014年版。
[2] 参见［美］马修·德斯蒙德：《扫地出门：美国城市的贫穷与暴利》，胡䜣谆、郑焕升译，广西师范大学出版社2018年版。

第六章　结语：上海自贸区改革与政府再造的实践经验、内在逻辑与理论范式

在求"小"的同时，浦东新区政府无疑也在不断变"大"。这个"大"，在浦东新区自己的宣传中是"大社会"，也即它要发展社会力量，让社会强大起来。若从政府职能看，这个"大"实际上至少表现在四个方面。首先，浦东新区政府要承担起越来越大的公共服务供给责任，以回应增长的城区人口和增长的服务需求。其次，随着城区扩张，它要承担起越来越重的城市规划、建设与管理责任。再次，它要承担起对新经济、新业态、新模式以及国内外多重市场主体的市场监管责任，在保障市场活力与自由的同时维护好市场运行秩序。最后，作为改革前沿阵地，它本身还肩负着在贸易、外资管理、金融创新等领域研制新政策、新制度，并向国内其他地区输出新政策、新制度的职责。上述四个方面的要求，可以说是浦东经济社会发展形势向政府行政系统发出的命令，政府必须以变"大"的方式来服从这一命令。

综上可见，以自贸区和浦东新区为典型代表，社会主义中国的政府治理改革实际上并未拘泥于一种固定的政府规模或边界标准：大小不重要，关键是有为和有效。"有为有效"事实上成为社会主义中国推进政府治理改革的现实目标，其中"有为"的要义是政府要在公共服务、城市治理、市场监管等各个领域发挥好作用，全面履行政府职责，及时回应民众的多样化需求；"有效"的要义是政府要与时俱进地采取正确的方式来履行职责，包括对标国际标准来推进自我革命、采纳信息通信技术、强调改革"于法有据"、推行依法行政等。①

换言之，在实际的政府治理改革中，"大小之争"已经逐步退场了。政府治理改革既有求"小"的一面，又有追"大"的一面。

---

① 从哲学与思想根基看，可以说政府的"有为有效"根源于政府的"有情"。换言之，政府何以有为有效？关键要有情，即政府要用正确的思想、价值观念和公共精神引领其行为。缺少"有情"作为根基，政府的"有为有效"目标往往难以实现。在中国语境下，"有情"与中国共产党"为人民服务"的政治承诺以及"以人民为中心"的发展思想息息相关。

只不过，政府治理改革的求"小"，不是为了自缚手脚，而是为了释放更大的活力，或者说是为了解放生产力；政府治理改革的追"大"，也不是为了政府自身利益，而是为了回应民众对公共服务、公共管理和公共安全的实际需求。在自贸区与浦东新区追求并着力实现有为有效目标的过程中，一种新型的治理理论范式正在形成。

(二)"中政府"理论范式在社会主义中国的形成

在求"小"和追"大"的过程中，中国的政府治理改革逐渐形成了一种可以简称为"中政府"的理论范式。在讨论这种理论范式之前，需要说明一下"小政府""强政府"流行范式为何不能全面解释中国的政府治理改革实践故事。第一，基于前面的讨论，本书认为，大小之争本质上是没有结果的，也是没有意义的，而且不管是"小政府"还是"大政府"，都不能概括当前政府治理改革的实际。尽管我们在自贸区与浦东新区的自我宣传中可以看到"小政府"字样，但这种"小"的逻辑集中体现在政府与市场（或政府与商业、政府与企业）关系领域，并没有延伸至基层社会治理、公共服务等领域。第二，在政府治理改革语境下，"强政府"概念容易引起歧义，引发关于"全能政府""专制政府"等负面概念的联想，且几乎难以展示任何实质的内容。特别是"强政府"并不能解释如下事实，即城市居民正在通过日常化的呼吁（如拨打"12345"热线)①，深刻地影响并改变着城市政治与治理的实际运作过程。

"中政府"是一种基于有为有效有情目标的新型政府治理理论范式。从哲学基础上看，"中政府"所谓的"中"，主要是指"两端"之"中"。"中政府"首先有"叩其两端而执中"的含义，它强调在大小、上下、左右、强弱、快慢等两端之中求得合作或取得平衡。本书在结语部分所总结的自贸区改革与政府再造的六个"相结

---

① 刘伟：《政府创新演进的"三进程"模型建构及其实证研究——以市长热线为扩展个案》，复旦大学行政管理专业博士学位论文，2018年，第66—89页。

第六章　结语：上海自贸区改革与政府再造的实践经验、内在逻辑与理论范式

合"经验，可以说是"中政府"政府治理改革思维的集中呈现：顶层设计与自主探索相结合、严控风险与大胆改革相结合、重点突破与整体再造相结合、政府作用与市场作用相结合、政党治理与政府治理相结合、法治引领和改革创新相结合。例如，"顶层设计与自主探索相结合"实质是追求"上"与"下"之间的合作；"严控风险与大胆改革相结合"意在执"快"与"慢"之"中"，即在快慢之间取得平衡。政府治理改革中的"执中"并非一种抽象或虚无的理想，而是一种强调实战的治理改革艺术。

从推动政府治理改革实践来看，"中政府"作为一种新型政府治理理论范式，其"新"表现在三个方面，且这三个方面是一个不可割裂的整体。

第一，"改革思路新"，强调聚焦"中心问题"推进改革。"中政府"强调聚焦不同发展阶段的"中心问题"，抛弃教条（且不论在许多情况下没有"教条"可以遵循），因时而变，与时俱进地推进各项政府治理改革。更进一步，由于强调解决问题，"中政府"政府治理改革不拘泥于某种僵化的理念或标准。例如，不拘泥于"你我"标准，只要有利于解决当下问题的治理制度经验都可以为我所用，而不必在意这个经验产生于国外还是本土。

第二，"改革主体新"，强调依托"有中心的治理网络"推进改革。全球化发展的事实充分说明，"无中心治理"更多是一种理论想象，缺乏现实根基；"多中心治理"可以实际发挥作用的领域与空间非常有限。戴维·哈维（David Harvey）指出："通过多元中心管理产生的阶级特权和权力的再生产与新自由主义社会再生产的战略几乎一致……没有强有力的层次结构的约束和积极推动，相信多中心或其他形式的权力下放能够运转起来是天真的。"[①] 而"中政府"强调依托"有中心的治理网络"推进政府治理改革。在当代中

---

① ［美］戴维·哈维：《叛逆的城市：从城市权利到城市革命》，叶齐茂、倪晓辉译，商务印书馆2014年版，第84—85页。

国，这个中心是指中国共产党。"中政府"并不讳言"中心"，也不担心专制论、威权论的指责。2020年春夏之季席卷世界的新冠肺炎疫情防控实践充分说明，"有中心的治理网络"与政府治理有效性息息相关。当然，世界范围内并非只有中国才有这种模式，只不过在不同国家，"中心"的具体载体不一样而已。在当代中国，依托"有中心的治理网络"推进改革的结果是政治与经济社会的联动发展，以及治理与生活的一体化。①

第三，"改革依循新"，强调改革要落脚"人民为中心"理念。"中政府"强调政府治理改革要回到"人民为中心"，坚持时刻心系人民、紧紧依靠人民、不断造福人民和牢牢植根人民。"中政府"强调要政府行政体系要讲政治而非政治中立，具体来说，就是要讲好民心这一"最大的政治"。反映在治理改革实践中，"中政府"要求在治理决策中充分听取民众的意见、吸纳民众的参与；要让民众来评价政府治理的好与差（如现在推行的政务服务"好差评"制度），而不是简单地依循某个抽象原则来评价；依法及时地运用各种手段，解决民众关心的社会安全、民生服务等现实问题；等等。

"中政府"新型政府治理理论范式在社会主义中国的形成有一定的必然性。一方面，从环境看，社会主义中国长时间处在"大车行难路"而非"轻车走熟路"的阶段，面临的国内外挑战非常之多，需要解决的问题也非常多，必须选择一种更加实用的、聚焦分阶段问题的政府治理观。另一方面，从主体看，经过革命与改革的历练，"中国共产党已转型成为融性质、作用、角色、地位、使命、责任于一体的使命型政党"②，它领导着政府治理改革进程，并逐步建立起了基于解决"中心问题"、发展"有中心的治理网络"、追求"人民为中心"理念的"中政府"新型政府治理理论范式。这一新

---

① 刘伟、尹露：《治理与生活一体化：城市党群服务中心空间生产逻辑研究——以苏州W街道党群服务中心为例》，《城市观察》2020年第2期，第134—144页。
② 唐亚林：《使命-责任体制：中国共产党新型政治形态建构论纲》，《南京社会科学》2017年第7期，第1—7页。

第六章　结语：上海自贸区改革与政府再造的实践经验、内在逻辑与理论范式

型治理理论范式对于当今世界各国政府治理改革与理论范式重构，都是有积极的借鉴意义的。

（三）全面履职与正确履职："中政府"理论范式的实践要义

对于当前继续推进政府治理改革来说，"中政府"理论范式所提出的要求主要有两个方面，一是政府"全面"履职；二是政府"正确"履职。前者导向"有为"目标，后者导向"有效"目示，两者统一于"有情"目标之中。

1. 以服务兜底为核心推动政府全面履行职能

政府"全面"履行职能的核心是推动基于公民权利与社会权利的基本公共服务建设。提供基本公共服务是中国强化社会主义市场经济的社会属性①的根本举措。"服务兜底"，也即政府在义务教育、劳动就业、社会保险、医疗卫生、住房保障等基本公共服务领域实行"应保尽保"的"兜底思维"，为整个社会的和谐发展构筑有效"防火墙"，是政府全面履行职能和建设有为政府的应有之义。只不过，在经济建设长期作为"中心问题"的背景下，政府推动基本公共服务建设的动机并不强烈，系统全面的基本公共服务建设直到21世纪初才被提上议程。需要从优化实施技术和突破核心问题两个层面深入推进基本公共服务建设，实现对服务的兜底。

（1）充分利用基本公共服务清单化与标准化实施技术。清单指向基本公共服务的范围与内容体系，清单化就是要把基本公共服务的范围与项目制作成一个清单并向社会公开。相应地，标准指向基本公共服务的提供水平、提供过程，标准化指的是制定和执行基本公共服务活动的技术和管理规范，保障基本公共服务的提供水平和提供过程的有效性。清单化与标准化有着丰富的理论渊源，例如电

---

① 所谓强化社会主义市场经济的社会属性，是指重建必要的集体福利机制、日常生活安全机制，并解构政府市场获利机制；在此基础上消除两极分化、实现共同富裕，实现权利、财富和风险的公平正义分配。参见何艳玲、汪广龙：《中国转型秩序及其制度逻辑》，《中国社会科学》2016年第6期，第47—65、205页。

子政府理论、政务公开理论、标准化与质量管理理论,也有相关的改革实践作参考,例如负面清单、权力清单与责任清单、工业产品标准化、行政审批标准化等。通过引入清单化和标准化的技术化方案,激活和利用信息公开、公民参与、纠错更新、外部监督、标准引领、促进均等、质量管控等机制,政府有望在一定程度上解决基本公共服务内容不清晰、标准模糊、内容不公开、权责不明显等制约基本公共服务建设的难点问题,从而提升基本公共服务的利用效率以及服务对象的满意度,最终保障公民普遍可及的基本公共服务使用权。

作为一种技术化方案的清单化与标准化,其直接目的是规范各级政府的基本公共服务活动,同时为公民与社会监督政府提供依据。最终目的则是推动基本公共服务均等化,即通过设置统一化、非歧视、公开化的清单和标准,倒逼政府为全体公民提供公平、可及和大致均等的基本公共服务。

基本公共服务清单化标准化在中国的首次实践是在2012年,形成了中国首部基本公共服务专项规划《国家基本公共服务体系"十二五"规划》。该规划设计了基本公共教育、劳动就业服务、社会保险、基本社会服务、基本医疗卫生、人口计生、基本住房保障、公共文化体育、残疾人基本公共服务9个领域,共计80项基本公共服务项目。而且从服务项目(名称)、服务对象、保障标准、支出责任、覆盖水平五个方面,设定了每项基本公共服务的国家基本标准,以及中央与地方之间的各自支出责任。由此,清单化与标准化为中国基本公共服务建设尤其是基本公共服务规划,提供了一个初步的技术化展示方案。未来从整体推动基本公共服务建设时,应当继续坚持和发展清单化与标准化实施技术。

(2)直面和解决基本公共服务建设的核心问题。基本公共服务建设仍有一些核心问题等待破解,例如支出责任在中央与地方之间、地方各层级政府之间的精确分配,同一城市不同地区基本公共服务标准的合理设定,基本公共服务供给中政府直接提供与购买服

第六章 结语：上海自贸区改革与政府再造的实践经验、内在逻辑与理论范式

务的平衡，流动人口对流入地基本公共服务的享用，相对贫困地区基本公共服务的投入可持续性等。

2012年以来，政府不断地触碰这些关键问题，并采取了一系列改革行动。例如，出台《国务院办公厅关于政府向社会力量购买服务的指导意见》，提出在教育、就业、社保、医疗卫生、住房保障、文化体育及残疾人服务等基本公共服务领域，逐步加大政府向社会力量购买服务的力度；全面推行《居住证暂行条例》，保障居住证持有人在居住地享有义务教育、公共就业服务、公共卫生服务等国家规定的基本公共服务；发布《国务院关于推进中央与地方财政事权和支出责任划分改革的指导意见》，推进中央与地方财政事权划分，完善中央与地方支出责任划分，加快省以下财政事权和支出责任划分。

与以往相比，2016年《国家"十三五"规划纲要》和2017年《"十三五"推进基本公共服务均等化规划》两份文件的进步非常明显。第一，强调统筹推进户籍制度改革和基本公共服务均等化，健全常住人口市民化激励机制，推动更多人口融入城镇。第二，形成了基本公共服务和非基本公共服务并进的公共服务供给格局，同时主张培育多元供给主体和推动供给方式多元化。第三，明确提出建立国家基本公共服务清单，动态调整服务项目和标准，促进城乡区域间服务项目和标准有机衔接。第四，进一步细化了中央与地方政府在每一个基本公共服务项目中的支出责任，以及每一个项目的牵头负责单位。

总体而言，21世纪以来当代中国政府不断地探索加强公共服务职能，扩大了基本公共服务的覆盖范围与供给质量。在2012年引入清单化与标准化的技术化方案之后，当代中国基本建成了相对稳定的基本公共服务体系，财政朝基本公共服务倾斜的大趋势也逐渐形成。此后，政府治理改革开始不断地触碰基本公共服务建设背后的关键问题，包括内容体系、建设标准、支出责任、供给方式、均等化等。这一过程已经开始，政府应该继续直面和解决基本公共

服务建设背后的核心问题，为从基本公共服务建设构建"中政府"理论范式贡献中国方案。

2. 多渠道推动政府正确履行职能

"全面"履行职能的重点是完善基本公共服务体系，而"正确"履行职能的重点则是推动职能履行过程的法治化与现代化。当前应以建构权责清单制度、推动政府积极履行责任、打造政府形象、搭建多主体协作平台、公务人员尊法学法守法用法、限制行政权力等为重点突破口，加快推进政府治理改革，让政府能够正确履行职能。

（1）全面实施权责清单制度。中共十八届三中全会和四中全会都提出，要推行政府权力清单制度。2015年中共中央办公厅、国务院办公厅印发《关于推行地方各级政府工作部门权力清单制度的指导意见》，要求"公布权力清单……积极推进责任清单工作"，标志着当代中国行政系统将全面引入权责清单制度。权责清单制度为中国解决行政权力随意侵入市场与社会空间、行政系统不积极履行职责等普遍性问题提供了一种技术化方案。

但是，当前权责清单制度建设还存在不少问题，例如抽象行政行为游离在清单之外、以行政职权目录替代权责清单制度、公开幻觉、信息幻觉与数量幻觉叠加等。未来应当在以法治思维统领权责清单制度建设、把抽象行政行为纳入清单管理、优化权力清单和责任清单的互动机制、做好权责清单制度的基础性工作等方面，继续挖掘权责清单制度服务于现代政府治理体制建构的潜能。[①]

（2）与时俱进地转变行政管理方式。在全面深化改革与治理现代化逻辑下，全社会都要转变对政府行政系统的传统认知，如莫于川所说，要将政府的角色认知由"必要的罪恶"转变为"民众的伙伴"。[②] 从政府角度看，要成为"民众的伙伴"，必须与时俱进地转

[①] 唐亚林、刘伟：《权责清单制度：建构现代政府的中国方案》，《学术界》2016年第12期，第32—44、322页。

[②] 莫于川：《行政民主化与行政指导制度发展（上）——以建设服务型政府背景下的行政指导实践作为故事线索》，《河南财经政法大学学报》2013年第3期，第1—25页。

第六章 结语:上海自贸区改革与政府再造的实践经验、内在逻辑与理论范式

变行政管理方式——避免过于依赖和随意使用行政许可、行政处罚等硬性行政管理手段,而转向更多地运用行政指导等柔性方式以及经济手段、法律手段来积极地管理和服务社会。

行政指导、政府立法、公共数据服务等构成了当前转变行政管理方式的几个重要的切入点。一是,行政指导包括助成性(辅助性)行政指导、规制性(抑制性)行政指导、调停性(调整性)行政指导和合作性(号召性)行政指导四种类型。① 作为不具有国家强制力的行政管理方式,行政指导成为服务型政府最具代表性的柔性管理方式。在实践中,应进一步把行政指导广泛运用于工商行政管理(也即现在的市场监管)领域以及城管、公安、经贸、建设、人事、教育、科技、文化、卫生、旅游、环境、质监等领域。② 二是,政府立法的内在优势体现为两点:国务院各部门和有立法权的地方政府非常熟悉专业性和综合管理性公共事务;立法的效率较高。在全面深化改革时期,政府行政系统应充分利用政府立法这一利器,通过在重点领域实施政府立法,驱动全面深化改革和引领经济社会发展。中共十八大以来,国务院每年都设定详细的政府立法计划,已经展现出政府积极履行职能的景象。三是,充分利用政府在公共数据方面的优势,加强数据汇集,推动数据开放,实施数据服务,为市场主体、社会主体提供参与政府治理的机会。

(3)塑造良好政府形象。政府形象的实际价值已经被许多研究所证实。例如,政府形象建设是提高政策执行效率的重要途径,③ 良好的政府形象、深入的公众参与能促使公共服务供给更大

---

① 莫于川:《行政民主化与行政指导制度发展(下)——以建设服务型政府背景下的行政指导实践作为故事线索》,《河南财经政法大学学报》2013年第4期,第1—16页。
② 莫于川:《行政民主化与行政指导制度发展(上)——以建设服务型政府背景下的行政指导实践作为故事线索》,《河南财经政法大学学报》2013年第3期,第1—25页。
③ 丁煌:《政府形象建设:提高政策执行效率的重要途径》,《国家行政学院学报》2002年第6期,第31—34页。

程度上提升公共服务感知绩效。① 政府形象的重要意义在于它是建构政府与市场、社会、公民等主体之间信任与和谐关系的起点,良好的政府形象是政府撬动社会力量参与公共治理的前提。塑造良好政府形象是实现政府履职正确化和建构有效政府的重要举措。

一般来说,塑造良好政府形象的主要思路有两点。一是从内容上,继续从保障民众知情权出发,深化政务公开,推进决策公开、执行公开、管理公开、服务公开、结果公开,树立公正和可信的政府形象。二是从形式上,学用和善用微博、微信公众号、抖音等新媒体形式,及时传播信息和回应公民关切,塑造权威与亲和的政府形象。

(4)搭建多主体协作平台。处置全面深化改革时期各领域各层次的复杂性公共事务,需要政府内部纵向协作、横向协作,以及政府与外部主体之间的协作。协作已经构成当前政府治理改革的核心问题之一。许多时候,协作不是自然产生的。政府需要发挥自身在信息、资源、政策、关系等方面的独特优势,搭建多主体协作平台,积极地推动协作,形成"有中心的治理网络"。例如,在城市基层社区公共事务治理领域,政府可以利用优势,创设资金项目撬动机制、议题设置引导机制、公共空间集聚机制、核心价值导入机制、信息技术赋能机制等,② 吸引居民委员会、物业公司、业主委员会、社会组织、公民等主体的参与,搭建多主体协作平台,提升公共事务处置的效率和公众满意度。

(5)公务人员带头尊法学法守法用法。正确履行职能的最重要内涵就是依据法律来履行职能。整体来讲,建设法治中国,应当坚持依法治国、依法执政、依法行政共同推进,坚持法治国家、法治政府、法治社会一体建设。其中,法治政府无疑是法治国家和法治

---

① 范柏乃、金洁:《公共服务供给对公共服务感知绩效的影响机理——政府形象的中介作用与公众参与的调节效应》,《管理世界》2016年第10期,第50—61、187—188页。

② 刘伟:《上海基层社区自治规范化与创新居民参与社区治理机制》,《科学发展》2019年第1期,第102—111页。

社会的重要联结点。法治政府建设程度低,则法治国家和法治社会建设难以展开。相反,法治政府建设推行有力,则有望驱动法治国家建设和法治社会建设。

法治得以运行有赖于全社会尊法学法守法用法,而全社会能否做到尊法学法守法用法,在很大程度上又取决于政府公务人员尤其领导干部能否尊法学法守法用法。行政系统应当把公务人员带头尊法学法守法用法,放在驱动法治社会与法治国家建设的高度来看,利用各种方式促使公务人员尊法学法守法用法。

(6)在更高层面限制行政权力。行政权力受到有效限制是政府正确履行职能的一个重要保障,不受限制的行政权力不可能正确地履行职责。当前改革进入深水区,限制行政权力要以建构中国式权力制约体系和铺垫治理现代化的权力基础为根本目标。不能仅仅把限制行政权力理解为削减行政许可事项、公开办事流程、引入群众评价等,而要在深层次和公民真正关心的领域推动对行政权力的限制。例如,规范诸如编制重要规划、制定特定领域重大公共政策和措施、决定实施重大公共建设项目等重大行政决策的程序,对各类规范性文件进行合法性审查,对公共财政支出进行严格监督,规范领导干部生活保障制度,切实推进"亲""清"政商关系建设等。

附录

附录一

用行政体制创新的制度成果不断引领浦东新区开发开放进程※

浦东新区开发开放30年来,在行政体制改革与创新方面,以服务政府、法治政府、效能政府为先导,围绕政府职能转变这一主线,聚焦开放与发展关系、政府与市场关系、政府与社会关系、政府内部纵横向权力关系四大关系的重构,创造性地走出了一条以开放促发展、以行政体制创新促政府权力关系重构的地方政府治理现代化新路。

一、浦东新区行政体制创新的三大阶段与改革重点

回顾浦东新区行政体制创新30年来的发展历程,可以根据改革重点任务的不同,将其划分为三大阶段。

第一个阶段从1990年至2004年,是浦东新区"开发区与地方一级政府体制"形成时期,其改革重点任务是建立"小而有效经济发展型政府模式"。

1990年4月,中共中央、国务院作出了开发开放上海浦东的重大战略决策。1990年至1992年年底,上海成立浦东开发领导小组,

---

※ 作者:唐亚林。本文应上海市社会科学界联合会之约而写,刊于2020年4月20日"文汇"APP。

下设浦东开发办公室。1992年10月,国务院批复设立上海市浦东新区。1993年1月,浦东新区党工委和管委会正式成立。2000年,浦东新区党工委和管委会体制被撤销,正式组建浦东新区区委、区政府、区人大、区政协"四套班子",浦东新区行政体制回归地方一级政府体制,并形成了区—功能区—镇(街道)三级管理架构。

从1990年至2004年这段时期,是浦东新区"开发区与地方一级政府体制"形成时期,其改革重点任务是组建以"大部门体制"和招商引资为核心的"小而有效经济发展型政府模式"。

第二个阶段从2005年至2012年,是浦东新区"开发区优化与综合制度创新"时期,其改革重点任务是建立"小而有为服务型政府模式"。

2005年6月21日,国务院批准上海浦东新区综合配套改革先行先试,要求浦东新区着力围绕转变政府职能、转变经济运行方式、改变二元经济与社会结构三大问题,开展自主改革和整体创新尝试,发挥示范带动作用。其后,浦东新区相继推出了五轮综合配套改革三年行动计划。2009年5月,国务院批复同意撤销上海市南汇区,将其行政区域并入上海市浦东新区。浦东新区的行政区划面积,从调整前的532.75平方公里扩容到调整后的1 210.41平方公里。

从2005年至2012年这段时期,是浦东新区发展的物理空间急剧拓展时期,不仅表现为地理空间的拓展,而且表现为政府服务经济发展和社会发展的机构、职能与人员也大为拓展。在此过程中,又通过综合制度创新的方式,将改革的重点任务放在构建"小而有为服务型政府模式"之上。

第三个阶段从2013年成立中国(上海)自由贸易试验区至今,是浦东新区"完整行政区域整体制度创新时期",其改革重点任务是建立"有为有情效能型政府模式"。

2013年8月,国务院批准设立中国(上海)自由贸易试验区;9月18日,国务院印发《中国(上海)自由贸易试验区总体方案》;9月29日,上海自贸区正式挂牌成立,初始面积为28.78平方公里，涵盖上海市外高桥保税区等 4 个海关特殊监管区域。2014 年 12 月 28 日，全国人大常务委员会授权国务院扩展中国（上海）自由贸易试验区区域，将面积扩展到 120.72 平方公里。接着，国务院分别于 2015 年 4 月、2017 年 3 月、2019 年 7 月印发《进一步深化上海自贸区改革开放方案》《全面深化上海自贸区改革开放方案》《上海自贸区临港新片区总体方案》。这标志着中国（上海）自由贸易区建设从 1.0 版相继发展到 2.0 版、3.0 版直至今天的 4.0 版。

更为重要的是，在上海自贸区从 1.0 版向 4.0 版演化的过程中，浦东新区进入了"完整行政区域整体制度创新时期"，其改革重点任务在于通过简政放权、放管结合、优化服务"放管服一体化改革"，建立和完善负面清单管理模式、事中事后监管模式，并在此基础上，以亲清政商关系为着眼点，通过靠前服务、主动服务、热心服务，开始朝建立"有为有情效能型政府模式"之目标迈进。

二、"物理变化＋化学变化"的共同催化：浦东新区自主改革创新的制度内生动力体系建构

30 年来，浦东新区行政体制不断自我改革与创新的根本经验，主要归结于通过新区组织体系和发展空间的"物理变化"与新区综合配套改革和自贸区改革的"化学变化"的共同催化，型构了浦东新区自主改革创新的制度内生动力体系。

一是始终将建立科学化的政府理念作为指导地方行政体制改革的根本遵循。

从浦东新区一开始组建起，上海市及浦东新区等各个层级就将建立透明政府、责任政府和法治政府作为地方政府行政体制改革的根本理念遵循，并将其贯穿于行政体制改革与创新的全过程。近年来，在此基础上，又将回应政府、效能政府和协作政府作为创新政府与市场关系、政府与社会关系以及政府内外和上下权力关系的重要理念支撑。

二是始终将建立系统化的政府运作模式作为推动地方行政体制改革的有效载体。

围绕开放与发展、政府与市场两大核心关系，浦东新区重点推进了政府职能转变、经济运行方式转变、城乡二元结构转变三大转变进程，相继建构了以取消调整与下放增效为重点的精兵、简政和放权新运作模式，以部门职能合并与事中事后监管强化为抓手的市场监管新运作模式，以监管和执法统一为目标的知识产权工作新运作模式，以便民利企和一网通办为中心的政务服务新运作模式，以政府购买服务为推动力的社会组织新运作模式五大政府运作模式，推动了地方行政体制创新不断向制度化绩效化目标迈进。

三是始终将使命化的政府自我革命精神作为推动地方行政体制改革的根本动力。

浦东新区不仅肩负着实现本区域现代化发展的重任，而且肩负着为上海、长江三角洲乃至全国探索出一条建设社会主义现代化国际化大都市城区的新路。这就决定了包括浦东新区、上海市与国家有关部门在内的党员干部和广大群众要形成"上下同心求改革、左右联合促发展"的新型政府行政文化，并将自我革命的气概和自我创新的精神作为激励所有人争先奋进的使命文化内核。30年浦东新区开发开放的历史进程也鲜明地证明了这一点，而且将始终激励浦东新区各路儿女为浦东新区、上海市和国家的美好明天继续奋斗着。

附录二

行政体制改革的新突破口：重视对运作项目与管制政策的评估与清理※

新一届中央人民政府自履职以来，围绕中共十八大报告提出的建设职能科学、结构优化、廉洁高效、人民满意的服务型政府这一行政体制改革目标，先后提出通过创建创新政府、廉洁政府、法治政府以及透明政府、回应政府、责任政府等制度建设手段，着重在深化行政审批制度改革，继续简政放权，推动政府职能向创造良好发展环境、提供优质公共服务、维护社会公平正义转变等领域做了许多卓有成效的工作，并取得了明显的绩效。其中，2013年5月和7月两次取消和下放行政审批事项共计167项。2013年9月19日，国务院发布了《关于严格控制新设行政许可的通知》，以期通过制度化的方式巩固行政审批制度改革成果，并为下一步继续推进行政体制改革创设制度条件。

在行政体制改革的重点领域行政审批制度改革一旦遭遇"硬骨头"改革的制度瓶颈，且面临"改革红利"释放空间有限的新情况下，重新思考和寻找行政体制改革的新突破口，就成为推进当代中国行政体制改革深入发展的当务之急。

※ 作者：唐亚林。本文原刊于2013年10月25日《光明日报专报信息》（光明日报社办公室，第32期），曾获中央领导批示和有关部委采用。本报告得到2012年国家社科基金重大项目"包容性公民文化权利视角下统筹城乡文化一体化发展新格局研究"（12&ZD021）的资助。

一、现代政府运作方式的三大基本形态

无论是从理论上还是在实践中,现代政府运作都不约而同地建构了四大基本原理,即责任制原理、透明性原理、参与性原理以及绩效性原理(又称"人民满意原理")。也就是说,现代各国政府在法治的基本框架下都把建构责任政府、透明政府、参与政府和绩效政府作为行政体制改革的目标体系。

然而,迄今为止,无论是理论界还是实践界对于现代政府运作方式的基本形态的认识,尚停留在从单一的角度去概括现代政府运作方式的特征,缺乏从综合角度去把握其深层次特性和运作规律,从而导致对行政体制改革突破口选择的认识上存在种种误区。

(一)从单一角度分析现代政府运作方式的表现及其不足

1. 政府职能单一视角

从政府职能单一角度分析现代政府运作方式,主要有四种方式:一是从政府职能的作用领域分析,将政府职能划分为政治职能、经济职能、文化职能、社会职能和生态职能五大领域;二是从政府职能的管理特性分析,将政府职能划分为计划职能、组织职能、人事职能、指挥职能、协调职能、报告职能以及预算职能七大类别;三是从政府职能的运行过程分析,将政府职能划分为决策、执行、监督、评估四大环节;四是从政府职能的活动功能分析,将政府职能划分为经济调节、市场监管、社会管理和公共服务四大功能类别。

从政府职能单一角度分析现代政府运作方式的最大不足,在于无法明晰现代政府运作方式的具体载体和运行机制,自然就无以从现实运作过程真正把握现代政府运作方式的特性和运行规律。

2. 政府干预方式单一视角

从政府干预方式或政府行为工具单一角度分析现代政府运作方式,主要有三种分析方式:一种是将政府对经济社会生活的干预手

段分为行政手段、经济手段和法律手段三大类型;另一种是将政府对经济社会生活干预的行为工具分为供应(通过财政预算提供非市场化的商品与服务)、补贴(提供各类资金补贴)、生产(生产在市场上出售的商品和服务)、管制(通过法律制度许可或禁止某些经济行为)四大工具;还有一种从干预程度,分为直接干预方式和间接干预方式,间接干预方式更多地体现为政策工具的组合,如财政政策、税收政策、环保政策。

从政府干预方式或政府行为工具单一角度分析现代政府运作方式的最大不足,在于无法从绩效视角把握现代政府运作方式的发展重点和改革取向。

(二)从政府职能和政府干预方式相结合视角把握现代政府运作方式的三大基本形态

现代政府运作方式是现代政府运作基本原理的具体体现,其根本立足点在于将民众需求、政府促进经济社会生活繁荣的职能和政府绩效三者有机统一于政府的日常运作过程之中。因此,从政府职能和政府干预方式相结合视角,可以把现代政府运作方式划分为三大基本形态。

1. 行政服务

行政服务即政府为市场主体和自然人所提供的各类辅助性办事服务。在当代中国,这种行政服务主要是通过各级各类政府行政服务中心或办事大厅/窗口的创设,以及通过透明化、便捷化、时效化、流程化、电子化等服务方式,为市场主体和自然人提供所需的各种辅助性办事服务。

2. 运作项目

运作项目即政府通过财政预算的方式设立各类项目(包括各类转移性支付项目),以满足民众公共服务需求、促进经济与社会发展、维护公共安全等目的。这些项目既包括经常性可持续性的项目类别,又包括临时性一次性的项目类别,其资金来源主要是税收,这是政府运作方式的主体形态，也是当今世界各国政府运作方式的基本形态。

3. 管制政策

管制政策即政府运用国家强制力允许或禁止经济与社会领域的某些活动行为，主要表现在通过从事特定活动、市场准入、行业资质、质量标准、技术标准等方式而设置的行政许可、行政审批制度，以及为实现一定经济与社会目标而对产业的形成和发展实施干预的各类行业政策。在当代中国，经过多年持续不断的行政审批制度改革，相关严重干扰市场经济秩序和社会发展的行政审批事项不断得到取消、下放和调整，但对严重违背市场公平竞争、危害公共利益的行业政策进行及时有效清理尚未得到足够的重视。

二、当代中国政府运作方式的基本形态存在的主要问题分析

（一）对服务型政府的内涵缺乏科学认识

在实践中，各地往往将以民众办事方便快捷为核心的政府行政服务水平的提升当作是服务型政府建设的主要内容，严重忽视应将以义务教育、医疗卫生、社会保障、住房保障、就业保障为核心的公共服务主体内容的发展水平作为服务型政府建设的重中之重来看待。

（二）对现代政府运作方式的基本形态的重要程度缺乏深入了解

只是重视改善行政服务、改进行政审批，忽视对运作项目和管制政策这两大政府运作方式的主体形态开展深入研究和全面改革，更缺乏将运作项目和管制政策的评估和清理作为当代中国行政体制改革新突破口的战略眼光。

（三）行政服务重"硬件"建设轻"软件"建设

注重从"硬件"建设上去改善行政服务的基础性条件，忽视从

流程整合、透明性展示、电子化办理、工作作风改进等"软件"建设方面全面提升政府行政服务的质量以及民众的认可度和满意度。

（四）运作项目重行政服务水平绩效评估轻运作项目绩效评估

注重对政府行政服务水平的绩效评估，忽视对真正体现政府治理质量、民众实际满意程度、政府绩效合法性的各类运作项目的绩效评估，更没有做到全面评估"各级各类政府部门到底做了些什么、做这些事情和项目有没有必要、这些事情和项目又是怎么做的、能不能减少环节降低支出提高效率"这一事关政府运作项目实际绩效之根本问题。

（五）行政审批重事前审批轻事中事后监管

注重行政审批的事前审批，忽视事中事后监管，更因为知识体系、专业素质、技能水平、IT能力等不足无法做到成为"聪明的监管者"。

（六）行业政策缺乏及时有效的评估与清理

忽视对过时的行业法规与政策的重新清理，对严重被外资企业利益绑架、严重违背公平竞争原则和公共利益的各类行业政策缺乏有效改进。

三、推进运作项目与管制政策的评估与清理的战略构想与路径选择

（一）战略构想

1. 建构双重制度创新的新型理念

在政治与行政体制改革日趋深化的背景下，既重视从顶层设计角度推进元制度创新是制度创新的新型理念，又重视在既有制度框

架下引入对既有法规、政策、程序、流程、标准的纠偏纠错亦是制度创新的新型理念,即顶层设计与对制度的纠偏纠错是制度创新"一枚硬币的两面"。

2. 将运作项目和管制政策的评估和清理作为当代中国行政体制改革新突破口来看待

运作项目以是否有必要和运作绩效是否达到预期目标为重点;行政许可以准入门槛是否过高为重点;行政审批以环节和过程是否复杂为重点;管制技术标准以是否符合社会发展需求为重点;行业政策以公共利益是否受到绑架与侵害为重点。

3. 走中国特色的技术优化制度之路

充分运用信息通信技术(information communication technology, ICT),将其引入现实行政过程之中,通过技术对现实行政过程的修正、强化、互动与重构,将其转变为一种治理技术,并逐渐沉淀为新型治理理念、新型治理结构与新型治理机制,开创技术引领体制变革、技术推动当代中国改革与发展的新型战略发展空间,从而走出一条中国特色的技术优化制度之路。

(二) 路径选择

1. 在各级政府层面成立有权威的、超越部门利益的政府运作项目与管制政策甄别与鉴定工作小组

工作小组的主要任务是对所有政府部门设立的基于财政预算的运作项目和出台的各类管制政策进行集中逐一甄别和鉴定,其评判标准为项目是否有必要设立和绩效是否达到预期标准、政策内容是否过时、公共利益是否受到侵害。

2. 防止政府部门将规划职能转变为执行职能,推进政策制定与政策执行的适度分离

从事项目与政策规划与制定的机构只是承担项目与政策的规划、制定、评估与监管职能,而不应从事具体的执行职能,从事执行职能的政府部门在法律法规的框架下拥有较高的自主权。

3.制定明确、详细与可执行的项目运行绩效图(绩效工作说明书)

任何一个项目都必须有清晰的目标及依据、足够的人手及资源、用以显示绩效的评估标准;各政府部门必须准确地确定需要完成的工作,为将要完成的工作设定截止日期,并从质量的角度建立起工作质量标准,并写进绩效工作说明书中;设计各类项目运行指南手册,提供各类项目运行的规范要求和绩效评估标准。

4.实施多元政府绩效评估模式

在传统的经济、效率、效果(3E标准)评估标准基础之上,引入利益相关者与民众的认可度与满意度新型标准,变"政府行政服务水平绩效评估"单一模式为"政府行政服务水平绩效评估"模式、"政府公共服务主体内容绩效评估"模式与"政府运作项目与管制政策绩效评估"模式三种模式相结合的综合模式,同时积极推进政府绩效评估体系、政府预算体系、政府管理体系三者的联动机制建设。

5.加强对"巨型项目"("超级项目""大型项目")的权威审查与有效评估,防止成为"花钱联盟"

鉴于现代政府管理事务的复杂性、不确定性与联动性日益增强,愈来愈出现由多个部门联合推动的"巨型项目"("超级项目""大型项目"),以致产生了从"巨型项目"的提出到培育再到扩展都有各类利益相关者的积极主动参与和遥相呼应,甚至变成了一个个"花钱联盟",让庞大而低效率的项目不断"出笼",让高效率的小项目在竞争中不断走向"穷途末路"。因此,加大对"巨型项目"的权威审查和有效评估,是防止项目低效率、公共利益受损的必由之路。

6.积极推进项目运作的公私伙伴关系的建构

以民众需求为导向,以结果为导向,鼓励各类市场组织、社会组织积极参与项目运作的服务生产活动,建构公共服务提供中的公私伙伴关系,进而推进政府角色、政府职能、政府治理方式与政府行政体制的深度转型。

附录三

上海自贸试验区（浦东新区）政府治理能力先行区建设下一步工作要点※

一、新形势新背景

（一）新形势

为主动参与和推动经济全球化过程，发展更高层次的开放型经济，不断壮大我国经济实力和综合国力，应对贸易摩擦等外部环境发生明显变化所带来的新问题新挑战，保持经济社会大局稳定，需要抓住主要矛盾，采取针对性强、系统性足、协调性高的措施，深入推进供给侧结构性改革，打好"三大攻坚战"，加快建设现代化经济体系，推动高质量发展。

在自贸试验区建设领域，需要进一步加大力度推进改革开放，继续研究推出一批管用见效的重大改革举措；继续落实扩大开放、大幅放宽市场准入的重大举措；继续加强统筹协调，形成政策合力，精准施策，推动自贸试验区建设向深度发展、推动长江三角洲地区向一体化发展、推动长江经济带向联动发展、共建"一带一路"向纵深发展。

※ 作者：唐亚林、肖林等。本文是2018年上海市发展和改革委员会委托课题"协调推进国家层面在浦东开展重点改革试点事项——深化提升政府治理能力先行区建设方案"的研究报告。

（二）新背景

为深入贯彻党的十九大精神和习近平总书记对上海"四个新作为"的指示要求，全面落实十一届市委四次全会精神和《中共上海市委关于面向全球面向未来提升上海城市能级和核心竞争力的意见》，深入推进浦东新区实施高水平改革开放、高质量发展、高品质生活、高素质队伍战略"四高战略"，更好完成中央和市委赋予浦东的使命任务，更好服务全国全市发展大局，更好代表国家参与国际合作与竞争，在新的起点推进改革开放再出发，需要在推进政府与市场关系上有新突破，在推进发展与开放关系上有新进展，在推进政府与社会关系上有新创新，初步形成"有效市场—有为政府—有力社会"的整体发展体系；需要在推进自贸区改革上有新做法，在提升政府治理能力上有新举措，在提升人民幸福感上有新目标，初步形成自贸区改革、政府创新与社会治理整体联动格局；需要在市场治理能量上有新发展，在社会治理容量上有新包容，在政府治理质量上有新提升，初步形成推动政府职能全方位转变的政府管理体系、政府服务体系、政府组织体系和政府运行体系的现代政府治理体系。

二、指导思想和总体目标

（一）指导思想

高举习近平新时代中国特色社会主义思想伟大旗帜，全面贯彻党的十九大和十九届二中、三中全会精神以及十一届市委四次全会精神，坚持党的全面领导，坚持新发展理念，坚持追求卓越的发展取向，解放思想、勇于创新，服务新时代、创造新业绩，着力在推动高水平改革开放、推进高质量发展、创造高品质生活、锻造高素质队伍上实现新突破、构筑新优势、打造新高地，以体制机制创新、服务体系构建、制度框架定型为核心，提升政府治理能力和人民幸福感，勇当新时代全国改革开放和创新发展的标杆，全面推进地方政府治理现代化进程，建设人民满意的服务型政府。

（二）总体目标

以理顺关系、强化效能、提升能力、构建制度为主线，推动自贸试验区建设的深度改革，推动自贸试验区建设与浦东新区一级地方政府职能转变的深度互动，推动浦东新区经济社会发展的深度融合，推动自贸试验区改革与上海市改革的深度联动，推动自贸试验区改革与国家发展战略的深度连接。到2020年，以回应力、服务力、绩效力、执行力为导向，加快构建"市场准入便利高效、行业监管科学精准、城市管理智慧精细"的政府管理体系，加快构建"办事全流程便利、公共服务智慧均等、服务方式智慧精准"的政府服务体系，加快构建"党的领导坚强有力、央地联动顺畅紧密、执法效能高效到位"的政府组织体系，加快构建"法治保障有序、政务信息公开、分类激励管理"的政府运行体系，率先建立同国际投资和贸易通行规则相衔接的制度体系，率先形成法治化、国际化、便利化的营商环境和公平、统一、高效的市场环境，率先建成政府治理能力先行区，率先实现浦东新区治理体系与治理能力现代化目标。

三、重点任务和主要举措

（一）加快构建"市场准入便利高效、行业监管科学精准、城市管理智慧精细"的政府管理体系

1. 立足"准入准营一体化"，进一步深化系统集成，探索推进"一业一证"改革试点

在先照后证、多证合一、证照分离等减证、简证改革的基础上，从群众（企业）要办的"一件事"或要从事的一个行业出发，

附录三　上海自贸试验区（浦东新区）政府治理能力先行区建设下一步工作要点

选择一批发展关联度高、企业关注度高的行业（事项），争取国家和市级层面支持，试点探索"一业一证"改革，即从事一个行业（办一件事），最多只需取得一张许可证，如改革前要多个许可证的，改革后只需取得一张"××行业综合许可证"，打造"证照分离"改革升级版。

2. 立足"协同、智能、精准监管"，进一步创新制度机制，着力打造"诚信、公平、有序"的市场环境

深化推进央地协同，提升二线进入的便利化水平。依托大数据、物联网、人工智能等现代信息技术，推进以数据资源化＋流程再造为核心的监管模式革命性变革，全面实现信用监管、风险监管、分类监管和动态监管。结合"证照分离"改革关于告知承诺审批的制度创新，深化推进以"双评估"为核心的信用监管制度，探索建立以"事前信用前置审查、事中分类跟踪核查、事后监管结果纳信"为核心的告知承诺审批与信用监管联动机制。不断完善仲裁、反垄断等公平监管措施。

3. 立足"共建、共治、共享"，进一步聚焦科学化、智慧化、精细化，努力建设"天罗地网"的城市"智理"体系

进一步健全完善多元参与、条块联动、协同共治的城市整体治理格局。借鉴杭州城市大脑以及上海杨浦社区大脑等经验，持续提升浦东新区城市运行综合管理平台的智能化、科学化水平。深化完善扁平化、网格化管理的体制机制，织牢浦东城市管理的"地网"。更好鼓励、支持、引导社会组织、新闻媒体、社区群众等参与社会治理。持续推进"五违四必"区域环境综合整治。

（二）加快构建"办事全流程便利、公共服务智慧均等、服务方式智慧精准"的政府服务体系

1. 以"店小二"精神为工作标准，打造"四个中心"升级版，构建导航、申请、认知、许可环节全流程便利化体系

持续深化"四个中心"建设，以企业群众办事方便不方便为导

向，通过"四个一"拓展升级"一网通办"，构建导航、申请、认知、许可四个环节全流程便利化体系。这"四个一"即"一键导航"，以群众要办的"一件事"为中心，打破部门界限再组合，实现"导航零死角"；"一网申请"，推进全网申请、就近咨询、综合受理，实现"申请零距离"；"一看即通"，推进告知的通俗化、精准化和标准化，实现"认知零门槛"；"一诺立办"，通过告知承诺推进申请材料智能化审核，实现"许可零往返"。

2. 以服务资源均衡优质为导向，织密公共服务网络体系，全面提升底线民生、基础民生、质量民生，构建大民生格局

全面深化"家门口"服务体系建设，进一步织密服务网络体系，推动服务点向自然村和楼宇延伸，满足群众对更大活动空间、更优服务质量、更快办事速度等需求。对接企业和群众需求，抓住群众最关心的教育、医疗卫生、文化、就业、养老、住房和帮困救助等各个领域，建设和引入更多优质资源，提供更为多层次、均衡化、标准化和高水平的基本公共服务体系。全面增强人才环境竞争力。加快形成"1+X"海外人才政策体系[①]，加快推进浦东国际人才港项目建设，大力引进国内外高端人力资源服务机构，进一步创新海外人才审批服务体系。

3. 以大数据智能化为引领，加快推进"智慧浦东"建设，全面提升政府服务能级和核心竞争力

进一步完善数据资源化利用体系，形成"深化完善一批、开发应用一批、布局储备一批"的"三年项目计划"。深入推进数据存储、安全等标准化建设和监管，打造全覆盖、智能化、规范化的浦东政务云一体化门户。强化信息化资金和项目统筹，强化政企合

[①] "1+X"海外人才政策体系的"1"是制定一个浦东新区关于深化体制机制改革加强海外人才队伍建设的总体意见，"X"是贯彻总体意见的若干子文件，包括提高海外人才通行和工作便利度、促进海外人才创新创业、进一步优化海外人才配套服务环境等各个方面。参见《聚焦海外人才 浦东推出提高便利度九条新政》（2017年6月17日），上海国际人才网，http://www.sh-italent.com/Article/201707/201707030001.shtml，最后浏览日期：2020年7月14日。

作,进一步健全高效畅通的数据供需对接机制。将城运中心建成推进治理体系和治理能力现代化的大平台,推进体系化建设、智能化运用、安全化运行、模块化操作、标准化管理、动态化监管和科学化评估,实现城区更有序、更安全、更干净,全力保障城市精细化管理。

(三)加快构建"党的领导坚强有力、央地联动顺畅紧密、执法效能高效到位"的政府组织体系

1. 以全面加强党的领导为核心,推进区级机构改革

以全面加强党的领导为核心,建立健全党对重大工作的领导体制机制,强化党组织在同级组织中的领导地位,更好发挥党的职能部门作用,统筹设置党政机构,确保党的领导全覆盖,确保党的领导更加坚强有力。围绕党中央"五位一体"总体布局,加快转变政府职能,坚持对应设置和改革创新相结合,不断优化政府机构综合设置和职能配置,积极构建系统完备、科学规范、运行高效的机构职能体系。

2. 以强化央地联动为重点,优化自贸区运行机制

随着自贸试验区建设和改革的逐步深入,为更好解决需要突破的重点难点问题,进一步优化央地联动方式,建立常态化、实质性的协调联动机制,将中央、市级各类驻区单位(一行三会、海关、国检等)和新区工作部门列为小组成员纳入区域治理体系,提高区域治理能力。进一步优化自贸试验区和浦东新区一体化运行模式,明晰市、区职责定位,加强市级部门战略研究和顶层设计职能,负责从更高站位研究解决战略性问题,加强浦东新区的一线指挥和作战能力。

3. 以提升效能为着力点,推进体制改革和创新

继续深入推进综合执法改革,进一步扩大综合执法范围,清理精简执法事项,减少执法层级,规范执法队伍管理。继续优化基层管理体制,将适宜的事权下放给街道、乡镇,尽可能把资源、服务

和管理放到基层，推进扁平化、网格化管理。进一步推进公益类事业单位改革，突出公益属性，切实减少主管部门对公益类事业单位的微观和直接管理，并积极探索管办分离的有效形式，提升公益服务的质量和水平，激发事业单位活力。

（四）加快构建"法治保障有序、政务信息公开、分类激励管理"的政府运行体系

加强自贸试验区法制保障，协同推进自贸试验区条例修改起草工作。充分运用综改授权推进"自主改"。出台自贸区投资者异议审查制度。健全重大行政决策制度，积极推进并深化重大行政决策事项目录试点工作，稳步扩大专家论证和风险评估的覆盖范围。探索建立并逐步完善政务信息公用共享边界规则，建立央地联动、条块衔接的政务信息"全域共享"机制。全面推广政务公开标准和规范。扩大电子签名、电子材料、电子印章、电子证照、电子档案的使用范围，推动审批、服务向网上迁移。探索相对集中行政复议权改革试点。加强法制机构队伍建设，进一步发挥政府法律顾问和公职律师在法治政府建设中的作用。深化公务员分类管理改革。结合上海自贸试验区建设对高端专业人才的需求，探索聘任制公务员直接选聘工作。

附录四

以自贸区试验区建设为动力,浦东新区推进政府职能转变总结评价及下一步展望[※]

中国(上海)自由贸易试验区成立三年来,在加快政府职能转变、积极探索管理模式创新、促进贸易和投资便利化等方面取得了许多积极有效的经验与成果,为全面深化改革和扩大开放探索了新途径、积累了新经验。如今,自贸区进一步扩容,上海自贸区管委会和浦东新区政府合署办公,极大地助推了中国(上海)自由贸易试验区从最初偏重重点领域的制度创新的 1.0 版,快速升级到重视完整行政区域的整体制度创新的 2.0 版,从而为加快浦东新区政府职能转变奠定了新的发展基础。

一、从"开发区格局"到"完整行政区域":浦东新区政府职能转变的场域转换及其动力机制转型

(一)浦东新区开发开放 26 年来政府职能转变的阶段划分

纵观浦东新区开发开放 26 年来的发展历程,根据不同历史时期不同发展任务,可将政府职能转变历程划分为六大阶段。第一阶

[※] 作者:唐亚林。本文为 2016 年度上海市人民政府决策咨询研究浦东/自贸区专项课题研究报告,报告原题为《以自贸试验区建设为动力,在浦东新区一个完整行政区域推进政府职能转变总结评价及下一步展望》(2016-Z-T05)。

段（1990—2000年）："开发区格局"初步形成阶段，标志为浦东新区党工委和管委会正式成立。第二阶段（2001—2004年）："开发区格局"与"一级政府"并存阶段，标志为浦东新区一级政府正式成立，并形成了区—功能区—镇（街道）三级管理架构。第三阶段（2005—2009年）："综合制度创新初步尝试阶段"，标志为综合配套改革试验区建设，相继推出了四轮"三年行动计划"。第四阶段（2010—2012年）："开发区格局优化阶段"，标志为南汇并入浦东新区后，区域发展面积大规模扩容。第五个阶段（2013—2014年）："自贸试验区重点领域制度创新试点阶段"，标志为中国（上海）自由贸易试验区成立。第六个阶段（2015年至今）："完整行政区域整体制度创新阶段"，标志为中国（上海）自由贸易区管委会与浦东新区政府合署办公。这意味自贸区试点从1.0版升级为2.0版，政府职能的转换场域已从"开发区格局"走向了"完整行政区域"，政府的角色从为自贸区改革保驾护航的"后勤部队"走向了融自贸区改革于一体的一线"作战部队"。

（二）浦东新区政府职能转变的动力机制转型

第一次大转型表现为从开发开放动力机制到一级政府建制性动力机制再到开发开放区域规模动力机制的转型，时间跨度从1990年至2012年。第二次大转型表现为从自贸区制度试点动力机制到完整行政区域整体制度创新动力机制的转型，时间从2013年成立中国（上海）自由贸易试验区时算起。

二、从自贸区改革的"后勤部队"到完整行政区域的"作战部队"：浦东新区政府角色转型的经验总结

中国（上海）自由贸易试验区自成立以来，短短三年时间里，实现了两大历史性跨越：一是围绕建立开放经济体制，在以往建设服务政府、责任政府、法治政府三大理念基础上，结合上海市

"'两高一少'目标"(行政效率最高、行政透明度最高、行政收费最少)以及"及时回应民众与企业需求"目标,形成"效能政府""透明政府""回应政府"三大新理念;二是围绕政府职能转变,在投资管理制度、贸易监管制度、金融制度、综合监管制度四大重点领域,形成可复制可推广的制度创新成果。

(一)理念重塑与关系重构

以回应政府、透明政府、效能政府三大政府理念为引领,以政府与市场关系、政府与社会关系、政府内部权力关系(纵横向关系)三大关系为重点,全面推进地方政府治理现代化进程。主要做法有通过权力清单、责任清单、负面清单"三单建设",以及"放管服"一体化改革,强化企业的主体作用和政府的责任主体作用。

(二)机构重组与流程再造

以机构重组、流程再造为抓手,以整体性地治、有效地管为手段,提升政府治理绩效与服务效能,打造高效优质的政府运作模式。主要做法有实施以大部制改革为核心的综合执法体制创新,组建市场监督管理局,形成"三合一"市场监管体系。以国际贸易单一窗口、企业准入单一窗口、办事大厅、网上政务大厅为突破口,推动"互联网+政务服务"公共服务平台建设。

以优质服务为依归,以有效地管为突破口,构建基于开放自律的高效监管体系。通过行政审批制度改革、工商登记制度改革、证照分离改革、"双随机"布控查验等,以及企业年报公示制度、异常名录公示制度、黑名单制度等制度改革,从重视事前审批向事中事后监管转化,加强市场主体自律,构建社会信用体系。

(三)规则创制与体制优化

以规则对接与创制为基础,以运行规则优化为导向,以合法地管为准绳,构建开放经济新体制。主要体现在以负面清单为核心的投资管理体制、以贸易便利化为核心的贸易管理体制、以金融国际化为核心的金融管理体制、以开放透明为核心的经济管理运行规则四大体制改革之上。

(四) 制度重建与动力重生

以制度成熟与定型为目标,以制度试验与创新容错为动力,构建核心制度-基础制度-具体制度三层次制度体系,开创有中国特色的"嵌入协调-引领发展"式制度创新之路。同时,以制度试验与创新容错为动力,以愿干事、敢干事、能干成事为评价标准,以系统集成的改革为目标,营造改革开放创新的发展软环境。主要做法有试验制度、激励制度、法定机构改革、聘任制公务员、公务员国际化、领导干部责任制建设等。

三、以自贸试验区建设为动力,在浦东新区一个完整行政区域推进政府职能转变的顶层设计思考

(一) 总体目标

围绕构建与开放经济新体制相适应的现代政府职能体系,实现政府治理体系与治理能力现代化这一根本目标,打造"回应政府、透明政府、服务政府、责任政府、法治政府、效能政府"六大现代政府理念,实现"政府与市场关系、政府与社会关系、政府内部权力关系"三大根本关系的法定化。

以"系统集成、整体治理、技术优化、法治保障、制度定型"五大战略思维,全面推进浦东新区"两区合一、双自联动、三方协同、城乡融合、地方治理现代化"进程,实现从自贸区重点领域的单项制度突破,向地方政府分类改革与整体联动的基本制度框架顶层设计转型,加快用地方性法规的方式固化与活化改革的制度成果进程,构建浦东完整行政区域的"核心制度-基础制度-具体制度"

三层次现代政府制度体系,将浦东新区建设成为现代化国际大都市区以及城乡一体化发展引领区。

(二) 战略举措

1. 以系统集成战略思维继续推进局部试点与面上推广相结合,全面深化自贸区综合改革

(1)打造自贸区改革"1+3"新动力模式。通过"地方政府治理现代化"带动"投资管理制度创新""贸易监管制度创新""金融财税制度创新"等多领域的全面深化。(2)对标国际化,推动市场准入与监管制度、行政审批制度、行业管制政策的改革与创新,厘定中央、上海市、浦东新区三方事权与职责,推进条线关系的制度化与法定化进程。

2. 以整体治理战略思维继续推进以大部制改革为核心的政府机构改革进程

(1)以法定机构改革(陆家嘴金融城发展局、企业服务局等)为突破口,推进合同制管理,加大政府购买服务的市场化与社会化力度。(2)以职能合并、职能分设、机构合署办公为重点,强化主体责任,试点行政机构决策、执行与监督职能分离,加快大部制改革进程。(3)推进新区政府-街道(镇)、开发区(园区)管委会-镇、新区政府内部机构各自权责体系的再造进程。(4)深化综合执法体制创新,加强事中事后监管,探索市场和社会参与市场监管路径。

3. 以技术优化制度战略思维继续推进浦东完整行政区域制度创新工作,开创以治理技术创新引领治理制度创新的制度创新之路

(1)推进基于"互联网+政务服务"的制度创制进程,形成基于"一号一窗(一大厅)一网一数据库"的多层级互联互通的公共服务平台体系。(2)推进部门信息共享与社会信用体系建设,再造以信息共享为核心的综合监管信息平台体系。(3)构建以政府购买公共服务、公共项目采购、公共数据开放为核心的公共资源交易平

台体系。(4)加快推进行业自治与社会参与力度,构建以社会自律力与公众参与度为核心的社会自治平台体系。

4. 以法治保障战略思维继续推进政府治理水平与施政能力的不断提升

(1)以权力清单、责任清单、负面清单、基本公共服务清单、基本公共服务标准化清单"五单建设"为基础,厘清政府与市场、政府与社会的关系,划定政府的基本职责体系。(2)以职责一体化、基本服务责任厘定、服务流程标准化为突破口,以清单化促进责任化,以责任化促进标准化,以标准化促进制度化,以制度化促进法制化,推进政府管理过程"五化建设",并用地方性法规方式固化与活化改革的制度成果。(3)以公务员责任制、激励制与评估制"三制建设"为重点,全面提升公务员专业化职业化服务能力,提升政府执行力、公信力与施政能力。

5. 以制度定型战略思维继续推进与开放经济新体制相适应的多层次政府治理制度体系的完善

(1)以"两管(合法地管、有效地管)"促"两治(整体性地治、法治化地治)"的方式,构建融自贸区改革于一体、具有浦东新区特色的"嵌入协调—引领发展—整体联动"式政府职能转变新模式。(2)融问题导向、需求导向、目标导向于一体,以制度的协同、配套与成熟为目标,探索"法规制度-标准规范-流程程序-技术支持"等多元一体创新方式,提升政府治理的制度化水平。(3)从中观制度层面分别向下和向上突破,将宏观指导与微观创新有机结合,尤其重视基层治理过程中的各种"微制度创新"活动,全面构建日趋成熟且基本定型的"核心制度-基础制度-具体制度"多层次政府治理制度体系。

附录五

SGI 框架下欧盟公共服务一体化的价值基础建构及其推进策略※

引言

1993 年,"欧盟公民身份"体系正式确立。欧盟公民身份的确立与发展,不仅支撑着欧盟政治一体化进程,也为公共服务一体化提供了条件。通过欧盟公民身份的话语建构,欧盟在区域内形成了一种"享受公共服务是欧盟公民的权利""公共服务供给不良等于侵犯公民权利"的风尚,进而型构了欧盟推进公共服务一体化的价值基础。

价值基础建构是欧盟公共服务一体化的一条线索,与之并行的另一条线索,是欧盟对法律与政策用语的选择。在拥有多种官方语言的欧盟区域范围里,"Public Service(s)"是一个很容易引起争议的词语。随着时间推进,"Services of General Economic Interest"(SGEI)、"Social Services of General Interest"(SSGI)和"Services of General Interest"(SGI)等术语逐步替代"Public Services",成为欧盟公共服务一体化政策与法律的共同语言。在这些术语中,SGI 的内涵最丰富,外延也最广。因此,把搭建在这些基本术语之上的法律与政策框架,一般统称为 SGI 框架。

※ 作者:唐亚林、刘伟。本文原载于《中国行政管理》2017 年第 2 期。

SGI框架包含了公共服务一体化的建设原则、具体内容、欧盟与成员国分权等内容。在SGI框架下，欧盟公共服务一体化进程呈现出四个特征：多样性基础上的一体化；体现"公共服务兜底"思维与欧盟价值；以欧盟质量为发展导向；确保平等对待和普遍可及。为促成SGI框架的执行，欧盟采取了建立与支持政策网络、推广质量原则和标准、利用财政与项目弥合区域内差距、优化行政过程、重视信息服务等具体策略。

一、欧盟公民身份：建构公共服务一体化的价值基础

1993年，《马斯特里赫特条约》（Treaty of Maastricht）正式生效，欧盟迈出政治一体化的新步伐；同时，不断拓展联盟在社会领域的权力。《马斯特里赫特条约》的一个主要创新，就是创设欧盟公民身份（EU citizenship）。历史地看，1993年欧盟公民身份的确立，是欧盟从仅仅重视国家与企业等组织化实体到同时重视分散化的公民个体，以及从单纯的经济一体化走向政治、经济与社会一体化的必然结果。反过来，欧盟公民身份的确立，为欧盟此后推动人权建设、公民社会权利建构以及公共服务一体化提供了法理基础和价值依据。

（一）欧盟公民身份确立的理论基础

联盟（union）既是一个组织概念、实体概念，也是一个价值概念、抽象概念，在后者意义上，联盟意味着共享价值或共同价值（shared/common values）。作为二十多个国家的联盟，欧盟持续地生产着普适化、易辨识和可把握的共同价值。现行综合版《欧盟条约》第二条规定，欧盟建立在尊重人的尊严、自由、民主、平等、法治、尊重人权（包括少数族群的人权）等价值之上。说这些价值是普适化的、易辨识的，问题不大，但为什么说它们是"可把握的"呢？

附录五　SGI框架下欧盟公共服务一体化的价值基础建构及其推进策略

"可把握"是指这些价值不是悬在空中和停在纸上的,相反地,生活在欧盟的每一个人都能在日常生活中把握和体验到这些价值。究其原因,生活在欧盟的每一个人都有一个共同的身份——欧盟公民身份,在欧盟区域内,他们遵从无差别的公民权利和义务体系。欧盟所有的战略和行动,包括公共服务一体化,都建立在发展欧盟公民身份与张扬欧盟共同价值的基础上,这也是欧盟之所以为欧盟的基本逻辑。

在全球化车轮滚滚向前的新时代,跨国企业、国际非政府组织、政府间国际组织、恐怖组织、虚拟网络团体等跨越民族/国家疆域界限的组织获得了一定的发展机会,近代以来形成的民族/国家的概念及实用价值均受到了冲击。建立在静态逻辑上的传统制度体系及认同体系无法完全框住流动的公民,进而引发公民对民族/国家的认同下降问题。哈贝马斯则走得更远,他认为,民族国家着眼于一定的地域,相反,"全球化"一词表达的是一种动态的图景,它们会不断挑战边界,直到摧毁民族大厦。①

成员国公民对"欧盟"的认同水平,影响着欧盟作为一个集体行动组织的生存与发展空间。尽管只是起补充作用,但是由于有着充足的宣传、法律、政策、服务作支撑,欧盟公民身份的话语在提升成员国公民对"欧盟"的认同上发挥着重要作用。更为重要的是,欧盟公民身份生发出一套无差别的权利体系和义务体系。尽管各成员国的经济与财政条件存在差别,持有不同国籍的欧盟公民所享受到的总体福利水平有所不同,但是在欧盟层面,他们受到同等对待,他们的权利和义务是无差别的。

(二) 欧盟公民身份的权利目录清单

T. H.马歇尔将公民身份界定为"一种被授予某个共同体的正

---

① 转引自[德]尤尔根·哈贝马斯:《后民族结构》,曹卫东译,上海人民出版社2002年版,第79页。

式成员（full members）的地位（status）"，"就该地位所具有的权利和义务而言，拥有这种地位的人是平等的"①。马歇尔从权利视角把公民身份划分为三个部分：市民的、政治的、社会的。市民公民身份由那些对个体自由来说是必要的权利组成，例如人身自由，言论、思想与信仰自由，拥有财产与签订有效契约的权利，以及寻求公正审判的权利。政治公民身份是指参与政治权力运行、成为具有政治权威的机构的成员或者这种机构的成员的选举人的权利。社会公民身份所包含的权利是全方位的，从获得少量经济福利与安全的权利，到充分地分享社会遗产、过上文明人的生活（基于社会流行标准）的权利。② 欧盟公民身份所包含的权利内涵，既有市民的，也有政治的和社会的，这些权利被法律所限定与列明。

《马斯特里赫特条约》首次引入欧盟公民身份的概念。《欧盟条约》规定，在所有行动中，欧盟都必须遵循公民平等的原则，欧盟公民应获得欧盟各类机构的同等关注。《欧盟运行条约》进一步指出，欧盟公民身份起着补充而非替代成员国公民身份的作用，欧盟公民享有欧盟各条约规定的权利并承担相应义务，他们享有在成员国境内自由流动和居住的权利、在欧洲议会选举和所居住成员国的地区选举中投票和被选举的权利、在本国未派驻代表的第三国境内享有欧盟任何一个成员国所提供与该国公民无差别的外交和领事保护、向欧洲议会请愿、接触欧洲监察专员和以任何一种联盟语言访问欧盟的机构和咨询组织等权利。

2009年，《欧盟基本权利宪章》（Charter of Fundamental Rights of the European Union）（下称"《权利宪章》"）生效。《权利宪章》开宗明义地指出，通过建立"欧盟公民身份"和创造自由、安全和公正的区域环境，欧盟把个人置放于欧盟各项活动的核心；为实现欧盟价值，有必要通过在一份宪章中将公民的权利加以明示的方

---

① Christopher Pierson and Francis Castles, *The Welfare State Reader*, Polity Press, 2006, p.34.
② Ibid., p.30.

附录五 SGI框架下欧盟公共服务一体化的价值基础建构及其推进策略

式,加强对基本权利的保护;享受这些权利,同时意味着承担对他人、人类社会及未来世代的责任与义务。

《权利宪章》形成了"欧盟公民身份权利"目录清单框架。首先,权利目录清单框架由六个评价维度构成,分别是尊严(dignity)、自由(freedoms)、平等(equality)、团结(solidarity)、公民权(citizens' rights)和公正(justice)。其次,在每个评价维度上,列出对应的权利事项。例如,在"尊严"维度上,列出人格尊严权、生命权、人身完整权、禁止酷刑与不人道或羞辱性待遇或处罚、禁止奴隶和强制劳动等。最后,对每个权利事项作详细解释。例如,用两句话解释"生命权"权利事项:人人均享有生命权;任何人都不应被判决死刑或被执行死刑。表附5-1展示了权利目录清单的六大维度和总计50项权利事项。在不同评价维度上,权利事项的数量有所不同。

表附5-1 "欧盟公民身份"的权利目录清单

评价维度	权利事项	数量
尊严	人格尊严权、生命权、人身完整权、禁止酷刑与不人道或羞辱性待遇或处罚、禁止奴隶和强制劳动	5
自由	人身自由与安全权、尊重私人和家庭生活、保护个人信息、结婚权与组建家庭权、思想良心和宗教自由、表达和信息自由、集会和结社自由、艺术和科学自由、受教育权、择业自由和工作权、营业自由、财产权、避难权、移居驱逐与引渡事件之保护	14
平等	法律面前人人平等、不受歧视、文化宗教与语言多样性、男女平等、儿童权利、老人权利、残疾人之平等对待	7
团结	劳工在工作中获取信息和咨询的权利、集体协商和行动的权利、获得职业介绍的权利、不当解雇事件之保护、公平合理的劳动条件、禁止童工和保护在职青年、家庭与职业生活、社会保障和社会救助、健康照护、获得一般经济利益服务(SGEI)、环境保护、消费者保护	12
公民权	在欧洲议会中选举和被选举的权利、在地区选举中选举与被选举的权利、享受良好行政的权利、获取文件的自由、监察专员、请愿权、迁徙与居住自由、外交领事保护	8
公正	有效救济和公平审判权、无罪推定和辩护权、刑事犯罪与刑罚之罪刑法定和比例原则、一罪不二罚	4

(三) 欧盟公民身份与公共服务一体化的内在逻辑

就《权利宪章》的列举内容来看，欧盟公民身份实则只限定了个体在欧盟生存和生活的最低标准。在法理上，欧盟公民身份的意义仅限于保障个人的权利不被侵害，并没有增加个人的权利和福利。《权利宪章》第 54 条"禁止权利滥用"规定，本宪章不得被解释为暗含任何权利，以参与或从事任何旨在破坏本宪章所承认的权利和自由，或超出本宪章所允许之限制范围的活动。然而，若无欧盟公民身份的确立，个体受到侵害和不公正对待的风险将大大增加。

欧盟公民身份的深远意义，在于引出一个不容辩驳的推论：具备该身份的所有人都应享受无差别的公共服务，若无法享受服务就等于权利受到侵害。正如 1996 年《欧洲共同体委员会关于欧洲普遍利益服务的通告》所言，"许多欧洲人把享受普遍利益服务作为社会权利"。比如，"团结"权利类别中的"获得职业介绍的权利"无疑会引导公民向政府提出诉求，要求后者提供职业介绍公共服务。职业介绍公共服务是由"获得职业介绍的权利"延展出来的，这意味着不提供该服务等于侵犯公民权利。

由此，可从三个方面来解释欧盟公民身份与欧盟公共服务一体化的基本逻辑关系。第一，若无统一化欧盟公民身份的确立，公共服务一体化容易沦为无根据的说辞，前者是后者的价值基础。第二，若无公共服务一体化，欧盟公民身份则将沦为一顶破旧的、没有任何吸引力的"帽子"。第三，公共服务一体化的所有成果，都必将记在欧盟公民身份的话语上，前者是后者的填充物和扩充物。

欧盟公民身份与公共服务一体化两者又为欧盟的建构与发展奠定价值基础。公共服务一体化在确立欧盟公民身份这个起点，和实现欧盟共同价值并提升公民对欧盟的文化与心理认同这个落脚点之间，建立起了关联。也就是说，通过确立欧盟公民身份的话语，欧盟界定了每个欧盟人的基本权利和义务，构筑了保护他们不受伤害的政治和法律底线,并通过公共服务一体化等中间过程与机制,增加他们的福利总量和福利均等化程度,最终实现共同价值并提升公民对欧盟的文化和心理认同。这亦是欧盟之所以成为欧盟的基本逻辑。

二、作为共同语言的 SGI：演进历程与基本框架

共同语言是发展一体化的法律与政策的前提。"public service(s)"一词在欧盟各成员国之间引起了争议,这制约着欧盟公共服务一体化的发展。经过漫长尝试,欧盟最终以"Services of General Interest"替代"public service(s)"。SGI 成为公共服务一体化领域法律与政策的专用术语和共同语言,并型构了欧盟公共服务一体化的基本框架。

(一) 术语统一难题与 SGI 的产生

公共服务(public services)是一个很容易引起争议的术语。2010 年《欧盟公共服务蓝图》总结了界定"公共服务"的四重困难：一是英语语境下的"公共服务"(public service),既可以等同于"政府行政机构与公务员"(civil service),也可以在复数意义(public services)上形容由地方政府或中央政府提供的诸如健康照护、教育、警务等多种服务；二是难以在欧盟 23 种官方语言和各成员国中创设一个与"公共服务"精确对等、意义明确的术语；三是"公共"本身一词多义；四是公共服务的范围不是通用的,也没有被清晰地界定,不同时期不同国家对公共服务的范围认识不一。[1] 无法界定"公共服务"的困难,自二战后欧洲走向合作之后就一直存在着,新的共同语言的确立经历了一个漫长的过程。

---

[1] Pierre Bauby and Mihaela Similie, *Mapping of the Public Services: Public Services in the European Union & in the 27 Member States*, http://www.epsu.org/sites/default/files/article/files/MappinReportDefEN.pdf, retrieved July 15, 2020.

合作进化到一定水平后,再想深入,须有一体化的法律和政策作为支撑。而共同语言是建立一体化法律与政策的前提。自1958年至今,欧盟逐步摸索出一套共同语言体系,并将其应用到公共服务一体化的法律和政策之中。例如,"普遍经济利益服务"(services of general economic interest,SGEI)、"普遍利益非经济服务"(non-economic services of general interest,NESGI)、"普遍利益服务"(services of general interest,SGI)、"普遍利益社会服务"(social services of general interest,SSGI)、"普遍服务"(universal service)和"公共服务义务"("public service obligations",PSO)等。

1958年《罗马条约》首次提及SGEI的概念,但是在其签订后的三十年里,公共服务一直不属于共同体整合的内容,成员国按自己的方式定义、组织和投资公共服务。1987年,《单一欧洲法案》(SEA)生效,SGEI的欧洲化过程逐渐展开,不过当时SGEI的内容仅限于通信、交通、能源等,即限于基础设施网络。欧洲化在20世纪90年代的一个表现,是在SGEI领域渐进式地实施基于竞争和市场逻辑的自由化战略。

有关如何平衡自由化和普遍利益目标的讨论,催生了"普遍服务"概念,即确保一些必要服务能够为所有公民享用,该概念首先出现在通信服务和邮政服务领域,随后是电力领域。"公共服务义务"体系也在能源和交通领域确立起来。1996年《欧洲共同体委员会关于欧洲普遍利益服务的通告》指出,SGI是欧洲社会模式的一个关键要素,并强调普遍利益和单一欧洲市场之间是相互促进的关系。

1997年《阿姆斯特丹条约》新增一条规定,承认SGEI是共同价值的组成要件,并强调SGEI在促进社会和区域内聚中的作用。在21世纪初,SGI的一个新分类——SSGI在欧洲引发了辩论。[①] 2000年发布的《权利宪章》第16条要求欧盟承认和尊重公

---

① Ulla Neergaard, et al., *Social Services of General Interest in the EU*, TMC Asser Press, 2013, p.25.

民与社会获得SGEI的权利,该宪章随2009年《里斯本条约》生效而获得法律效力。2006年欧共体委员会发布的通告《执行共同体里斯本计划:欧盟的普遍利益社会服务》对SSGI进行了详细的描述。从2008年开始,欧共体(2009年后为欧盟)委员会每隔两年发布一项内部人员工作文件——《SSGI双年度报告》。

《里斯本条约》第26号议定书"关于SGI"指出,欧盟成员国关于SGEI的共享价值体现为三方面:一是发挥国家、区域和地方当局在提供、委托和组织SGEI中的必要角色和广泛自由裁量权等作用;二是尊重不同类型SGEI之间的差异,以及不同地理、社会或文化背景所导致的公民需求与偏好上的差异;三是SGEI必须满足高质量、安全、可负担、一视同仁、普遍可及、用户权利六项价值要求。该议定书同时指出,条约的规定不以任何方式影响成员国提供、委托和组织NESGI。

(二) SGI的内涵与具体构成

SGI有时还被称为关键服务(key services)、基本公共服务(basic public services)或必要服务(essential services)。[①] 2011年《欧盟普遍利益服务的一个质量框架》给出了SGI等术语的下列定义,比较具代表性。

SGI是指那些被成员国公共机构认为符合普遍利益,并因而受制于特定的公共服务义务(PSO)的服务。这个术语既覆盖经济性活动(见SGEI的定义),也包括非经济性活动。属于非经济活动的SGI(也即NESGI)不受制于特定的欧盟法律,也不为条约的内部市场原则和竞争原则所管束,但组织这些服务的方式的某些方面,会受制于其他一般性条约规则,例如非歧视性规则。

SGEI是指在整体公共利益中发挥效果的经济性活动,是那些

---

① Steven Van de Walle, "What Services Are Public? What Aspects of Performance Are to Be Ranked? The Case of 'Services of General Interest'", *International Public Management Journal*, 2008, 11 (3).

少了公共干预，市场将不会提供，或者只能在有差别的质量、安全、可负担性、一视同仁、普遍可及的条件下提供的服务。

SSGI包括覆盖个体生命中主要风险的社会保障计划和其他众多直接提供给个人的必要服务，SSGI扮演着预防风险、社会凝聚与社会包容的角色。在欧盟法院的判例中，一项服务的社会性属性并不必然导致该服务被界定为非经济性的。因而，SSGI同时包括经济性活动和非经济性活动。

普遍服务义务（universal service obligations，USO）是PSO的一种类型。PSO设定了一系列要求，以保障成员国所有消费者和用户都能在可负担的价格上享受符合质量标准的特定服务。在欧盟层面，USO是电子通信、邮政和交通等服务部门市场自由化的必要组件。

依照欧盟经济活动统计分类目录NACE Rev. 2，SGI包括如下活动：造林及其他林业活动，林业辅助活动，电、煤气、蒸汽和空调供应，水收集、处理和供应，排污，垃圾收集、处理和处置，废物回收，整治活动及其他废物管理服务，陆地运输和管道运输（剔除其中的出租车、其他旅客陆运、搬运等活动），内河旅客运输，约10%的空运，为交通运输提供的仓储和支持活动，受制于USO的邮政服务，约40%的节目制作与广播活动，有线通信、卫星通信，中央银行业务，科学研究和发展，兽医活动，就业机构，公共管理与国防，强制性社会保障，教育，人类健康活动，居住照护活动，面向流离失所者的社会工作，图书馆、档案馆、博物馆及其他文化活动，殡葬及相关活动等。[①]

（三）SGI概念体系的区分及其基本特征

回到概念本身，SGI、SGEI、NESGI、SSGI、PSO、USO等

---

① CEEP, *Mapping Evolutions in Public Services in Europe: Towards Increased Knowledge of Industrial Relations*, http://pr.euractiv.com/files/pr/13press10-annex.pdf, retrieved July 7, 2020.

附录五　SGI框架下欧盟公共服务一体化的价值基础建构及其推进策略

旨在替代"public service"的几个术语是相互关联的。依照"经济活动—非经济活动"的划分方式，SGI分为属于经济活动的SGEI和属于非经济活动的NESGI两个部分。这个划分是非常重要的（尽管目前尚未发现有关SGEI和NESGI的详细分类清单），因为欧盟规则对这两个部分有着不同的要求。

不难想象，SSGI概念集中了社会主义者对欧盟在健康、医疗等社会服务领域实现一体化的期待，只不过这种期待尚未引起欧盟规则的重要变化。由于对欧盟规则之于SGI适用性的判断，依然建立在"经济活动—非经济活动"的划分基础上，且在实践中已经把SGI划分成SGEI和NESGI前提下，欧盟并没有设立专门的框架来划分和规约既包括经济活动也包括非经济活动的SSGI。

不管怎样，"普遍利益"（GI）或曰"公众利益""大众利益"是所有这些术语的共有内涵。其中，外延最大的SGI可以视为这些术语的统领。图附5-1展示了SGI、SGEI、NESGI、SSGI、PSO（包括USO）等概念之间的关系。

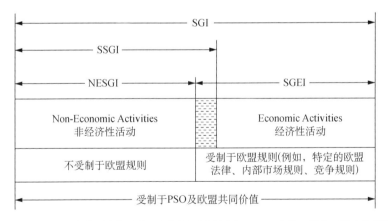

注：SSGI包括非经济性活动，也包括经济性活动。SSGI中的一部分（图中的阴影部分）属于SGEI的范畴，例如，高等教育、健康服务等活动，受制于欧盟规则。

图附5-1　欧盟普遍利益服务（SGI）概念体系

从演进历程、内涵构成和SGI概念体系的区分来看，欧盟推进公共服务一体化的SGI框架主要有四个基本特征。

第一,公共服务一体化是多样性基础上的一体化。在 SGI 等语言演进的整个历程中,欧盟一直强调欧盟规则的适用范围以及成员国在提供、委托和组织 SGI 中的自由裁量权。例如,2013 年欧盟工作文件《SSEI,尤其是 SSGI 适用国家援助、公共采购和内部市场等欧盟规则的指南》提出,成员国的公共机构,不管是国家层面、地区层面或是地方层面,依照该国法律规定的各级公共机构的权限,拥有相当大的自由裁量权去界定 SSEI 的范围。唯一的限制是不能突破欧盟法和不能在评估中被发现明显错误。成员国定义 SGEI 的自由要受到欧盟委员会和联盟法院的审核,以防止出现明显错误。

第二,体现"公共服务兜底"思维与欧盟价值。SGI 所列举的活动领域均是公共机构的基本职能领域,若无公共机构的干预,这些领域的公共服务面临很大的供给不足风险。尽管成员国的普遍利益非经济性服务不受制于欧盟规则,但欧盟仍然规定所有 SGI 都应受制于广泛的公共服务义务以及非歧视性、公开透明、平等对待等欧盟共同价值,并通过定期发布 SGI 报告等手段激励成员国,以保障所有的欧盟公民身份持有者被无差别的 SGI 所覆盖。后文还会提到,欧盟通过开发带有扶弱色彩的联盟项目来平衡成员国之间的差距。

第三,以欧盟质量为发展导向。SGI 的质量无疑是欧盟质量体系的重要组成部分,为此,欧盟非常重视把 SGI 和质量观念与质量框架相结合。在 SGEI 必须要满足的六项标准"高质量、安全、可负担、一视同仁、普遍可及、用户权利"中,质量方面的要求位居第一位。在《欧盟普遍利益服务的一个质量框架》之外,尽管无法干预成员国所有 SSGI 的生产和质量的控制,欧盟还是发布了带有引导性质的《欧盟社会服务的一个非强制性质量框架》。

第四,确保平等对待和普遍可及。获得 SGEI 被《权利宪章》界定为一种权利,因而,确保男性和女性在享用 SGEI 上得到平等对待,反对任何形式的歧视成为欧盟的一项重要任务,甚至可以说是重要的"政治任务"。建于"普遍服务"原则上的服务部门负责监督具体的服务供应商，以使他们能够积极履行普遍服务义务，最终确保服务普遍可及，覆盖所有对象。非经济活动 SGI 部分，也正朝这个方向前进。

SGI 概念体系背后涉及一系列重要问题。例如，如何处理与成员国之间的关系、如何平衡区域内公共服务的统一性与多样性（如何确定什么活动受制于和不受制于欧盟规则）、如何找出政策发展的重点、如何分配欧盟层面的人财物资源等。欧盟解答这些重要问题的过程也是推行公共服务一体化的过程，整个过程是建立在 SGI 概念体系的基础上和在 SGI 框架下完成的。在《欧盟普遍利益服务的一个质量框架》中，欧盟委员会通过三个方面的行动战略建构起了 SGI 质量框架：第一，提高适用于 SGI 的欧盟规则的清晰性和法律确定性；第二，提供工具以使成员国有能力确保公民可以享受到必要服务，并定期评估现状；第三，提升质量行动，尤其是针对那些解决至关重要需求的社会服务的提升质量行动。

三、SGI 框架下欧盟公共服务一体化的推进策略

针对如何促进 SGI 的有效供给这一议题，不少欧盟官方文件和咨询机构的报告都给出了建议，例如，上文所提到的三线行动战略；2006 年《执行共同体里斯本计划：欧盟的普遍利益社会服务》提到，社会服务现代化和质量发展的基本趋势是引入标杆管理、质量保证、用户参与等方法，以及推动权力下放、服务外包和发展公私合作关系等；2010 年《欧盟社会服务的一个非强制性质量框架》指出，社会服务供给要坚持可获得、易接近、可负担、以人为中心、全面广泛、可持续、结果导向等质量原则。总体而言，SGI 框架下欧盟推进公共服务一体化的主要策略包括如下五个方面。

(一) 建立和支持政策网络：集聚资源、共识和知识

现有文献主要在三种意义上使用政策网络一词：政策网络作为

对政府运行的描述；政策网络作为分析政策制定过程的一种理论；政策网络作为改进公共管理的一个药方。① 无论在哪种意义上使用政策网络，研究者们都无法否认它在公共部门管理中的重要性。有学者曾把欧洲化定义为"欧盟层面独特治理结构的出现与发展，即推动行动者之间互动正式化的政治、法律与社会制度和政治问题解决方式的出现与发展，以及专门制定权威性欧洲规则的政策网络的出现与发展"。② SGI 领域内的诸多政策网络，如"欧洲社会网络"（European Social Network，ESN）、"欧洲社会政策网络"（European Social Policy Network，ESPN）、"社会创新欧洲"（Social Innovation European，SIE）等，是欧盟赖以宣传政策、交流知识、社会对话（凝聚共识）、调动力量，进而促进公共服务一体化的重要机制。

从社会政策领域的两个主要政策网络，可以发现欧盟政策网络的运行机制。"欧洲社会网络"（ESN）是受欧盟就业和社会创新项目"EaSI"（2014—2020）资助的一个非盈利慈善组织，最初成立于 1999 年，目前发展成拥有来自 35 个国家、120 多个会员组织的大型政策网络。它试图把计划、财务、研究、管理和监管等方面的人员聚集起来，以提供包括健康、社会福利、就业、教育和住房等地方公共社会服务。为此目的，该网络主要开展以下活动：组织年度欧洲社会服务会议，在一系列主题上提供政策、实践和研究项目，组织专题研讨和工作坊，提供新闻与信息给会员和利益相关者，开展研究，服务于欧盟层面、国家层面的辩论和政策制定。

与 ESN 侧重地方社会服务不同，2014 年由欧盟委员会建立的"欧洲社会政策网络"（ESPN）更加关注社会服务在国家层面与欧盟层面的供给情况。本着建立单一网络的原则，ESPN 整合了"欧

---

① Michael Moran, Martin Rein and Robert Goodin, *The Oxford handbook of public policy*. Oxford University Press, 2008, p.426.
② Maria Green Cowles, James Caporaso and Thomas Risse eds, *Transforming Europe: Europeanization and domestic change*. Cornell University Press, 2001, p.3.

盟社会包容独立专家网络"和"社会保障改革的社会经济影响分析支持网络"的工作，并成为"社会保障共通信息系统"的秘书处。ESPN 旨在向欧盟委员会提供社会政策方面独立的信息、分析和专家意见，尤其是要帮助欧盟委员会监控"社会保障和社会包容"目标的推进过程。它的具体工作机制，是向欧盟委员会提供如下两个方面的信息：有关国家采用的旨在回应社会保障和社会包容领域关键挑战的政策，以及这些国家的优势与劣势；对这些政策是否反映了"社会投资"（social investment）[①] 取向的评价。

（二）推广质量原则和标准：持续改善公共服务的质量

现代化的发展趋势，尤其是（准）市场对新型供应商的开放，要求引入用以评估、证明和展示供应商能力的机制和方法，以保障供应商能够有效地运转并提供它们所承诺的服务。[②] 为促使 SGI 供应商投入质量改善进程之中，欧盟以《欧盟普遍利益服务的一个质量框架》《欧盟社会服务的一个非强制性质量框架》和《欧盟普遍利益社会服务通用质量框架》等文件为基础，形成 SGI 整体质量框架及相应的制度支撑。同时，建立或支持相关机构建立《欧洲高等教育区质量保证标准与指南》《欧洲职业教育和培训质量保证参考框架》等一系列针对 SGI 具体领域的质量标准。

在欧盟规则能够直接发挥作用的 SGEI 领域，欧盟管控 SGEI 质量的方式主要有设定公共采购标准、财政补偿激励、审查政策、绩效评估等。例如，自 2001 年起，欧盟每年都会发布一项针对提

[①] 与旧的"社会福利"概念相比，"社会投资"强调加强人的技能和能力，支持他们积极参与就业和社会生活。有学者指出，"社会投资国家"（social investment state）的概念把人们的注意力再次聚焦到社会政策的生产性功能上，社会政策的生产性功能因人们对社会政策的保护或补偿角色的强调而被忽视了很久。参见 Christopher Deeming and Paul Smyth, "Social Investment after Neoliberalism: Policy Paradigms and Political Platforms", *Journal of Social Policy*, 2015, 44 (02).

[②] Manfred Huber, et al., *Study on Social and Health Services of General Interest in the European Union*, http://ec.europa.eu/social/BlobServlet?docId=3878&langId=en, retrieved February 2, 2017.

供 SGEI 的网络型产业（通信、电、气、交通和邮政）的绩效评估报告。

在非经济性 SGI 领域，欧盟则通过编写指导手册、发布研究报告、支持社会服务质量研究等方式，激励多元主体主动提升服务质量。例如，2008—2010 年，欧盟通过"进步"（PROGRESS）计划资助"普遍利益社会质量""欧盟跨国社会服务最佳基准"等八个自下而上和跨国的行动项目，去开发用以定义、测量、评估和提升社会服务质量的方法、标准与指标。

（三）利用财政与项目弥合差距：社会兜底与社会投资相得益彰

欧盟在 SGI 上的财政投入规模很大。以 SGI 领域内尤其是成员国之间差距相对较大的社会服务领域的几个基金为例，在 2014—2020 年的跨年度预算期内，欧盟社会基金（ESF）的预算总额为 800 亿欧元，欧盟最贫困人口救助基金（Fund for European Aid to the Most Deprived，FEAD）获得了超过 38 亿欧元的专项资金（此外，在国家联合融资项目上，所在成员国要提供 15% 以上的配套资金），欧盟就业和社会创新（EaSI）计划的预算总额超过了 9 亿欧元，欧洲全球化调整基金（EGF）则获得每年近 1.5 亿欧元的预算。这几个主要的社会服务类基金均带有扶持弱者、弥合差距的色彩，尤以专门针对欧盟最贫困地区的 FEAD 为最。

FEAD 支持欧盟成员国向最贫困地区提供物质援助，包括食物、衣服和其他个人必需物品，如鞋子、肥皂和洗发水。FEAD 旨在解决最贫困地区的人们的最基本需求，这是人们有能力得到工作或参加 ESF 等财政基金支持的培训课程的先决条件。在此意义上，FEAD 发挥着社会"兜底"功能，通过解决最贫困人群的最基本需求，构筑起欧盟的底线。这个底线保障着欧盟社会投资和区域公共服务一体化的发展。

在 FEAD 完成社会"兜底"并帮助人们迈出第一步之后，ESF

等财政基金开始发挥"社会投资"功能。ESF 主要资助四类活动：培训和帮助人们就业、促进社会融入、提升教育和培训、提升公共服务质量。2013 年，欧盟发布通告《朝向增长和包容的社会投资：执行欧盟社会基金 2014—2020》，呼吁成员国给予社会投资以优先权并革新传统的福利国家体制。同时推出"社会投资包"（social investment package），重点关注三个方面：确保社会保障制度能够回应人们在生命中关键时期的需求；帮助成员国建立更简洁和更有针对性的社会政策体系；升级成员国既有的社会融入策略，关注那些有很强社会投资特征的政策领域，如儿童照顾和教育、防止辍学、培训和职业介绍、住房支持、健康照护等。

FEAD 构筑了欧盟社会服务一体化的底线，而欧盟最大的社会服务基金 ESF 则秉持"社会投资"的理念，强调提升人的发展能力。社会"兜底"和社会"发展"（投资）相得益彰，共同描绘出欧盟利用财政与项目弥合差距的图景。

（四）优化行政过程：没有终点的改革

围绕着提升欧盟规则适用于 SGI 的清晰性、更好地选择服务供应商等目标，欧盟在优化行政过程上采取了一系列的举措，其中最为突出的举措是简化国家援助规则和革新公共采购与特许规则。[①]

简化国家援助规则的目标有三个：一是清晰界定与 SGEI 相关的概念；二是简化针对小型服务的国家援助规则，这些服务往往由地方层面组织生产且对国与国之间的贸易影响不大；三是区别对待中型服务与社会服务和大型服务，后者会影响整个欧盟区域并因而受制于更严格的竞争审查。为此，欧盟对国家援助规则做了四点改变。第一，发布新的通告以解决在国家、地区和地方层面引起疑惑的众多议题。第二，只要满足透明、精确定义和无过度补偿等基本

---

① European Commission, *A Quality Framework for Services of General Interest in Europe*, http://ec.europa.eu/services_general_interest/docs/comm_quality_framework_en.pdf, retrieved February 2, 2017.

条件，大量的社会服务就能免于欧盟的事前通知与评估过程。第三，对大型援助措施进行更深入和更聚焦的审查，例如在那些对内部市场运行影响显著的网络产业领域。第四，对特定的SGEI实施"微量允许"（de minimis）规则。

革新公共采购与特许规则的内容有四点。第一，给社会与健康服务以特殊对待，采用更宽松的体制。同时为了鼓励质量导向，推广"最经济有利"招标标准。第二，明确规定"公公合作"（公共实体间，例如地方政府间，为完成公共任务而进行的合作）型合约不受制于欧盟公共采购规则。第三，承认特定条件下协商和事前公示程序的重要性，并将协商和事前公示程序作为缔约机构的工具箱的一个部分。同时，创造条件以使公共机构在发包时有能力去考虑所需服务的生命周期。第四，为特许行为引入一个自成体系的体制。建立新的规定以说明在何种条件下可以不经过新的招标而直接修改特许期限，以及确保特许行为符合平等对待和非歧视原则。

（五）重视信息服务：指导手册、问答集锦等细节支撑的一体化

公共管理领域所有的前沿理论，例如整体治理理论、公私合作伙伴关系理论，无不致力于探讨促进多元主体合作的策略。这些理论在宏观及中观层面上回答了如何通过建构权责分工体制、激励分配机制或联合行动机制等来支撑起有效的合作问题，却忽略许多看似不起眼但很重要的细节，如丰富且符合不同读者阅读口味的行动指导手册、问答集锦等。欧盟在推动公共服务一体化过程中，非常重视由指导手册、问答集锦等构筑的面向多元主体的信息服务机制。

欧盟设立了一种交互式信息服务（interactive information service），向相关主体提供欧盟规则与SGI方面的信息，并解答他们的疑问。交互式信息服务包括两个部分：一是对个人问题的回复，个人通过填写和提交在线表格的形式向委员会提出相关问题，

委员会负责回答并提供相关欧盟规则的导引；二是可供公开下载的指南文件《SSEI，尤其是SSGI适用国家援助、公共采购和内部市场等欧盟规则的指南》。该指南列举了237个常见问题，例如，问题5"委员会能否为公共机构提供一个标准清单，以帮助他们决定一项服务是否具有普遍利益（特性）"，并给予回答。

公共采购是推动公共服务一体化的重要手段，仅在公共采购领域，欧盟就出台了一系列指导手册。2010年，欧盟发布《社会化采购：在公共采购中纳入社会考量的指南》，以引导公共机构在公共采购中加入社会考量，打造"社会负责型公共采购"（socially responsible public procurement，SRPP）模式。2004年发布《绿色采购：环境友好型公共采购指导手册》，该手册主要由绿色采购策略、组织公共采购、定义合同要求、选择供应商或承包商、授予合同、合同绩效条款等部分构成。《绿色采购》的第二版、第三版也分别在2011年和2016年面世。

四、结语

公共服务一体化，尤其是社会服务一体化，是欧盟推动全方位一体化的新近表现和重要内容。欧盟公共服务一体化的发展，遵循着两条线索：一条是建构公共服务一体化的价值基础，即通过确立欧盟公民身份和引入由六大维度、五十项事项构成的权利目录清单，建构公共服务一体化的法理基础和价值依据；另一条是选择和确立公共服务一体化的共同语言，在逐步将SGEI、SSGI等术语纳入欧盟正式文件之后，欧盟最终围绕SGI建立了公共服务一体化的基本框架。

以欧盟公民身份为基点建构公共服务一体化的价值基础的意义，在于在欧盟内部形成了一种"享受公共服务是欧盟公民的权利""公共服务供给不良等于侵犯公民权利"的风尚。在这种风尚之下，欧盟机构和成员国政府不得不主动地和有效地提升公共服务一体化的整体水平和均等化程度。而非政府的各主体成员,尤其是作为公共服务消费者的公民,同样具有较强的积极性去参与整个公共服务的改善过程。

SGI共同语言及框架的建立,则回应了欧盟推进公共服务一体化的一系列重要问题,比如,如何处理与成员国之间的关系以促成整体行动力、如何平衡区域内公共服务的统一性与多样性、如何找出政策发展的重点、如何分配人财物资源等。SGI框架下,欧盟所采取的诸多具体策略,如建立与支持政策网络、推广质量原则和标准、利用财政与项目弥合区域内差距、优化行政过程、重视信息服务等,在实践中有力地支撑起了欧盟公共服务一体化进程。

附录六

美国联邦政府基础设施项目"许可仪表盘"的价值、做法及其启示※

"许可仪表盘"(Permitting Dashboard)于 2011 年 11 月作为一个网页(通用政府平台网站,https://www.permits.performance.gov)正式上线,它能够让公众实时追踪联邦政府对重要基础设施项目进行许可与环保审查的全过程。"许可仪表盘"提高了联邦政府许可和审查过程的效率、效力、责任性和透明度,是美国简化联邦政府许可与审查过程、增加政府透明度、提升环保与社区产出的集中体现。其理念、做法对上海加大信息公开力度、推进行政审批制度改革、加快电子政府建设等有效转变政府职能的举措,有一定的启示意义。

一、"许可仪表盘"的价值

奥巴马政府明确要求,联邦各部门应采取措施加快许可与审查基础设施项目,尤其是那些能够创造工作机会、刺激毗邻地区经济增长和提升公众生活安全与质量的项目。其基本原则主要包括:建立实时追踪系统、去除耗费时间的非必要步骤、敢于在每一环节中做出最高效的选择。

※ 作者:刘伟。

"许可仪表盘"正是在这个背景下创立的。通过在一个通用政府平台（网站）上，报告所有重要基础设施项目的许可与审查时间线、绩效进度情况等信息，以实现如下价值追求。

• 显著提升许可与审查过程的透明度，帮助感兴趣的团体获得有关未来项目的通知、追踪现行项目的许可过程、对过往项目的许可过程进行分析。

• 通过激励"往前一步"式的提前协调和同步各机构的许可时间表，缩短许可时间。

• 生产和沉淀持续的数据，这些数据可以用来分析许可与审查的具体做法，进而发现在未来提升许可与审查效率和效力的策略。

• 帮助评估行政机构和立法机构的相关改革举措的成效，发现影响项目审查过程的外部动力和趋势。

• 追踪环保和社区产出的增加过程，证明或证伪许可与审查在保护和促进公共利益中的重要作用，为进一步增删联邦许可与审查事项，或优化相关过程提供数据支撑。①

二、"许可仪表盘"的五大工具

（一）联邦政府基础设施许可与审查清单

为证明许可与审查的价值和防止权力滥用，美国设立联邦政府基础设施项目许可和审查清单（Federal Permit and Review Inventory），完整列举了联邦层面有关基础设施项目的许可和审查事项。

清单本质上是一个可检索式数据库，联邦执照、许可、审批/核准、核查结构、裁定，以及其他由联邦政府机构发布的行政决定都包含在清单之中。清单主要从以下几个角度描述许可与审查事

---

① "About the Federal Infrastructure Permitting Dashboard"，Permitting Dashboard，https://www.permits.performance.gov/about，retrieved July 14, 2020.

附录六 美国联邦政府基础设施项目"许可仪表盘"的价值、做法及其启示

项:责任部门、触发审查的活动或场景、适用的行业及项目类型、简要描述、法律法规依据、预计处理时间。

(二) 宽带清单

宽带清单(Broadband Inventory)是一个集中化的文件目录集合,它汇总了来自14个联邦机构的、与宽带项目发展和联邦许可与审查相关的各类文件信息,如申请、表单、租约、政策、规程、工艺流程等。

为帮助信息需求者更快和更有效率地获得他们想要的信息,宽带清单提供了三种信息资源过滤方式,分别是责任部门、功能(行动类型)和资源类型。其中,联邦政府采取的行动类型主要有执照、租赁、许可、资助四类。资源类型主要分为工具与模板(如清单、网络和软件资源、数据库)、政策与程序(如指导或策略性文件、表单、流程)、案例与经验三类。

(三) 宽带地图

宽带地图(Broadband Map)标注了那些可能成为商业天线安装地的美国总务管理局(GSA)所有的建筑物和土地,并为每个位置提供联络点信息。地图还包括几类对宽带部署有用的数据,例如国家公园的位置、自然保护区等。在项目规划阶段,这些数据有助于项目选址、实施和调度的决策。

(四) 管制与许可信息桌面工具包

"管制与许可信息桌面工具包"(The Regulatory and Permitting Information Desktop [RAPID] Toolkit)是一个协作性工作平台,它引入了"维基"式用户共同开发机制,政府机构、开发者、融资者、研究者等每个平台的使用者都能够在平台上撰写、修改并分享诸如许可指南、规则、联系方式等相关信息。

工具包至少有如下作用:促进许可机构之间的交流,节约许

机构花在文件解释上的时间，帮助许可机构训练新员工，为政策制定者和利益相关者发展新的政策与规则提供数据和背景分析等。

（五）项目地图

项目地图（Projects Map）是指依据施工地点，将每一个正在进行中的及已经完成的项目标注在地图上，并附以（预计）完工时间、项目类型、经济部门、项目状态等信息。

三、"许可仪表盘"对上海推进政府职能转变的启示

（一）提升行政事项和行政过程的可视化水平

充分利用计算机信息技术，可视化地展示行政事项之间的关联，以及行政过程的各个环节。在信息公开重点领域，如公共资源配置、重大建设项目批准和实施、社会公益事业建设等，设计针对性的、包含丰富信息的图表、地图等，提升相关行政事项和行政过程的可视化水平。

（二）注意行政数据的沉淀和公开

在大数据时代，数据是至关重要的。与传统的场地、财政等资源相比，数据在决策和执行决策中的重要性日益增加。一方面，上海应主动把政府上网前的纸质文件加以电子化整理，同时注意对现有各类行政数据的编码和积累；另一方面，主动把各类行政数据开放出去，供智库、企业、个人等参考和研究。例如，把浦东新区综合配套改革的各类行政数据整理并集中到一起，开放给社会使用。

（三）充分利用各式清单倒逼政府转变职能

公开和标准化的清单，通过纳入外界监督的机制，倒逼政府一

方面固化已有成果，另一方面进一步转变职能。上海应在优化现有的几大系统清单（如负面清单、权力清单、责任清单、公共服务清单等）之外，建立各类专门化的清单，例如基础设施项目许可与审查清单。

（四）建立"维基"式或"众包"式数据生产与更新机制

"维基"式数据生产与更新机制的基本特征，是数据生产和更新的主体是多元化的，除政府外，企业、社会组织和专家等相关主体均能参与特定数据的生产与更新。在行政许可、公共服务等领域，均可以尝试建立起类似的机制，诱导多元主体关注和投入行政数据的生产、修改和分享的过程中去。

参考文献

专著

1. Cass Sunstein, *Simpler: The Future of Government*, Simon & Schuster, 2013.
2. 曹沛霖:《制度的逻辑》,上海人民出版社 2019 年版。
3. 陈奇星主编:《自贸区建设中政府职能转变的突破与创新研究》,上海人民出版社 2017 年版。
4. 陈奇星主编:《综合配套改革中服务型政府的构建:以浦东为例》,人民出版社 2012 年版。
5. 《邓小平文选》(第三卷),人民出版社 1993 年版。
6. 《邓小平文选》(第二卷),人民出版社 1994 年版。
7. [美]道格拉斯·诺思:《经济史中的结构与变迁》,陈郁、罗华平等译,上海人民出版社 1994 年版。
8. 郭晓合等:《中国(上海)自由贸易试验区建设与发展》,社会科学文献出版社 2016 年版。
9. [美]盖伊·彼得斯:《政府未来的治理模式》,吴爱明、夏宏图译,中国人民大学出版社 2013 年版。
10. 洪俊杰、赵晓雷主编:《中国(上海)自由贸易试验区发展机制与配套政策研究》,科学出版社 2015 年版。
11. 胡加祥等:《上海自贸区成立三周年回眸——数据篇》,上海交通大学出版社 2016 年版。
12. 胡加祥等:《上海自贸区成立三周年回眸——制度篇》,上海交通大学出版社 2016 年版。

13. [美]加里·杰里菲、唐纳德·怀曼编：《制造奇迹：拉美与东亚工业化的道路》，俞新天等译，上海远东出版社1996年版。

14. [美]卡斯·桑斯坦：《简化：政府的未来》，陈丽芳译，中信出版社2015年版。

15. 林毅夫、蔡昉、李周：《中国的奇迹：发展战略与经济改革（增订版）》，上海人民出版社2002年版。

16. 刘熙瑞、马德普：《中国政府职能论：基于现代化与社会主义国家治理的战略思考》，学习出版社2017年版。

17. [美]理查德·斯科特：《制度与组织——思想观念与物质利益》，姚伟、王黎芳译，中国人民大学出版社2010年版。

18. 上海财经大学自由贸易区研究院编著：《赢在自贸区：经济新常态下的营商环境和产业机遇》，北京大学出版社2015年版。

19. 上海财经大学自由贸易区研究院、上海发展研究院编：《全球自贸区发展研究及借鉴》，格致出版社、上海人民出版社2015年版。

20. [美]沙布尔·吉玛、丹尼斯·荣迪内利：《分权化治理：新概念与新实践》，唐贤兴等译，上海人民出版社2013年版。

21. [英]斯蒂芬·奥斯本：《新公共治理？——公共治理理论和实践方面的新观点》，包国宪、赵晓军等译，科学出版社2016年版。

22. 孙立坚：《上海自贸区建设与国际金融中心发展战略》，上海人民出版社2014年版。

23. 唐亚林、陈水生主编：《世界城市群与大都市治理》，复旦大学出版社2017年版。

24. 唐亚林：《当代中国政治发展的逻辑》，上海人民出版社2019年版。

25. 王浦劬：《政道与治道》，中华书局2013年版。

26. 王思政：《大变革、大转型、大融合、大创新》，上海人民出版社2018年版。

27. 肖林、张湧主编：《中国（上海）自由贸易试验区制度创新回顾与前瞻》，上海人民出版社2017年版。

28. 谢国平：《中国传奇：浦东开发史》，上海人民出版社2017年版。

29. 徐全勇：《浦东综合配套改革的理论与实践》，上海人民出版社2011年版。

30. 袁志刚主编：《中国（上海）自由贸易试验区新战略研究》，格致出版社

2013年版。

31. 赵启正、邵煜栋：《浦东奇迹》，五洲传播出版社2015年版。
32. 政协上海市委员会文史资料委员会等：《口述上海：浦东开发开放》，上海教育出版社2014年版。
33. 中共上海市浦东新区委员会党史办公室编：《口述浦东新区改革开放1978—2018》，学林出版社2019年版。
34. 周汉民等：《上海自贸区解读》，复旦大学出版社2014年版。
35. 周奇、张湧主编：《中国（上海）自贸试验区制度创新与案例研究》，上海社会科学院出版社2016年版。
36. 周小平、徐美芳主编：《浦东新区蓝皮书：上海浦东经济发展报告（2018）》，社会科学文献出版社2018年版。
37. 周雪光：《中国国家治理的制度逻辑》，生活·读书·新知三联书店2017年版。

论文

1. 陈力：《上海自贸区投资争端解决机制的构建与创新》，《东方法学》2014年第3期。
2. 陈奇星：《强化事中事后监管：上海自贸试验区的探索与思考》，《中国行政管理》2015年第6期。
3. 程翔、杨宜、张峰：《中国自贸区金融改革与创新的实践研究——基于四大自贸区的金融创新案例》，《经济体制改革》2019年第3期。
4. 程子彦：《李克强总理和上海自贸区的"四年四约"》，《中国经济周刊》2016年第47期。
5. 丁煌：《政府形象建设：提高政策执行效率的重要途径》，《国家行政学院学报》2002年第6期。
6. 丁伟：《中国（上海）自由贸易试验区法制保障的探索与实践》，《法学》2013年第11期。
7. 东艳：《制度摩擦、协调与制度型开放》，《华南师范大学学报》（社会科学版）2019年第2期。
8. 杜金岷、苏李欣：《上海自贸区金融创新风险防范机制研究》，《学术论坛》2014年第7期。

9. 范进学：《授权与解释：中国（上海）自由贸易试验区变法模式之分析》，《东方法学》2014年第2期。
10. 范正伟：《制度创新，完善现代治理》，《人民日报》，2016年10月6日。
11. 冯帆、许亚云、韩剑：《自由贸易试验区对长三角经济增长外溢影响的实证研究》，《世界经济与政治论坛》2019年第5期。
12. 傅蔚冈、蒋红珍：《上海自贸区设立与变法模式思考——以"暂停法律实施"的授权合法性为焦点》，《东方法学》2014年第1期。
13. ［意］菲利普·施密特：《"治理"的概念：定义、诠释与使用》，赫宁译，《复旦公共行政评论》2016年第1期。
14. 龚柏华：《"法无禁止即可为"的法理与上海自贸区"负面清单"模式》，《东方法学》2013年第6期。
15. 龚柏华：《中国（上海）自由贸易试验区外资准入"负面清单"模式法律分析》，《世界贸易组织动态与研究》2013年第6期。
16. 郭高晶、孟溦：《中国（上海）自由贸易试验区政府职能转变的注意力配置研究——基于83篇政策文本的加权共词分析》，《情报杂志》2018年第2期。
17. 何艳玲、汪广龙：《中国转型秩序及其制度逻辑》，《中国社会科学》2016年第6期。
18. 贺小勇：《中国（上海）自由贸易试验区金融开放创新的法制保障》，《法学》2013年第12期。
19. 侯志伟：《政府职能转变的理论框架及其改进路径研究——以上海自贸区监管制度改革为例》，《兰州大学学报》（社会科学版）2015年第4期。
20. 胡加祥：《国际投资准入前国民待遇法律问题探析——兼论上海自贸区负面清单》，《上海交通大学学报》（哲学社会科学版）2014年第1期。
21. 胡加祥：《上海自贸区三周年绩效梳理与展望》，《东方法学》2017年第1期。
22. 黄礼健、岳进：《上海自贸区金融改革与商业银行应对策略分析》，《新金融》2014年第3期。
23. 黄琳琳：《上海自贸区跨境服务贸易负面清单制定的法律问题》，《国际商务研究》2018年第1期。
24. 焦武：《上海自贸区金融创新与资本账户开放——兼论人民币国际化》，《上海金融学院学报》2013年第6期。

25. 金泽虎、李青青：《上海自贸区经验对促进长江经济带贸易便利化的启示》，《国际贸易》2016年第4期。

26. 敬乂嘉：《政府扁平化：通向后科层制的改革与挑战》，《中国行政管理》2010年第10期。

27. 匡增杰：《加快推进中国（上海）自由贸易试验区海关监管制度创新：贸易便利化的视角》，《经济体制改革》2015年第4期。

28. 赖震平：《我国商事仲裁制度的阙如——以临时仲裁在上海自贸区的试构建为视角》，《河北法学》2015年第2期。

29. 李伯侨、张祎：《上海自贸区离岸银行税收政策风险的法律控制》，《当代经济管理》2014年第5期。

30. 李锋、史晓琛：《浦东新区开发开放四十年历程、经验与深化思路》，《科学发展》2018年第12期。

31. 李晶：《中国（上海）自贸区负面清单的法律性质及其制度完善》，《江西社会科学》2015年第1期。

32. 李瑞昌：《统筹治理：国家战略和政府治理形态的契合》，《学术月刊》2009年第6期。

33. 李潇、陈刚、贾雁岭：《上海自由贸易试验区税收政策分析与效应评估》，《地域研究与开发》2019年第6期。

34. 李友梅：《完善社会建设的中观制度环境》，《解放日报》，2010年1月18日。

35. 刘秉镰、王钺：《自贸区对区域创新能力的影响效应研究——来自上海自由贸易试验区准实验的证据》，《经济与管理研究》2018年第9期。

36. 刘祺、马长俊：《自贸区"放管服"改革的成效、困境及对策——以上海、广东、福建、天津自贸区为分析蓝本》，《新视野》2020年第1期。

37. 卢迪：《上海自由贸易试验区制度创新的演进过程与推进机制》，《当代经济研究》2018年第2期。

38. 吕林、刘芸、朱瑞博：《中国（上海）自由贸易试验区与长江经济带制造业服务化战略》，《经济体制改革》2015年第4期。

39. 马佳铮：《政府绩效第三方评估模式的实践探索与优化路径——以中国（上海）自贸区为例》，《上海行政学院学报》2016年第4期。

40. 莫于川：《行政民土化与行政指导制度发展（上）——以建设服务型政府背

景下的行政指导实践作为故事线索》,《河南财经政法大学学报》2013 年第 3 期。

41. 莫于川:《行政民主化与行政指导制度发展(下)——以建设服务型政府背景下的行政指导实践作为故事线索》,《河南财经政法大学学报》2013 年第 4 期。

42. 彭羽、陈争辉:《中国(上海)自由贸易试验区投资贸易便利化评价指标体系研究》,《国际经贸探索》2014 年第 10 期。

43. 商舒:《中国(上海)自由贸易试验区外资准入的负面清单》,《法学》2014 年第 1 期。

44. 申海平:《上海自贸区负面清单的法律地位及其调整》,《东方法学》2014 年第 5 期。

45. 沈国明:《法治创新:建设上海自贸区的基础要求》,《东方法学》2013 年第 6 期。

46. 施元红:《我国自由贸易试验区负面清单管理模式探讨》,《对外经贸实务》2018 年第 11 期。

47. 石良平、周阳:《试论中国(上海)自由贸易试验区海关监管制度的改革》,《上海海关学院学报》2013 年第 4 期。

48. 孙婵、肖湘:《负面清单制度的国际经验及其对上海自贸区的启示》,《重庆社会科学》2014 年第 5 期。

49. 孙立坚:《上海自贸区总体方案的金融开放战略》,《新金融》2013 年第 12 期。

50. 谭娜、周先波、林建浩:《上海自贸区的经济增长效应研究——基于面板数据下的反事实分析方法》,《国际贸易问题》2015 年第 10 期。

51. 唐健飞:《中国(上海)自贸区政府管理模式的创新及法治对策》,《国际贸易》2014 年第 4 期。

52. 唐兴霖:《制度资源·制度短缺·制度创新》,《学术研究》1996 年第 11 期。

53. 唐亚林:《从外部关理顺到内部关系规范:回应-责任型政府的新构建》,《中国机构改革与管理》2017 年第 12 期。

54. 唐亚林:《当代中国大都市治理的范式建构及其转型方略》,《行政论坛》2016 年第 4 期。

55. 唐亚林:《国家治理在中国的登场及其方法论价值》,《复旦学报》(社会科学版）2014 年第 2 期。

56. 唐亚林、刘伟：《权责清单制度：建构现代政府的中国方案》，《学术界》2016 年第 12 期。

57. 唐亚林：《使命-责任体制：中国共产党新型政治形态建构论纲》，《南京社会科学》2017 年第 7 期。

58. 唐亚林：《以系统化的顶层设计破解部门利益梗阻》，《中共浙江省委党校学报》2016 年第 1 期。

59. 陶立峰：《对标国际最高标准的自贸区负面清单实现路径——兼评 2018 年版自贸区负面清单的改进》，《法学论坛》2018 年第 5 期。

60. 滕永乐、沈坤荣：《中国（上海）自由贸易试验区对江苏经济的影响分析》，《江苏社会科学》2014 年第 1 期。

61. 王冠凤、郭羽诞：《上海自贸区贸易便利化和贸易自由化研究》，《现代经济探讨》2014 年第 2 期。

62. 王海梅：《上海自贸区对周边城市的影响及对策》，《常州大学学报》（社会科学版）2014 年第 2 期。

63. 王丽丽：《中国（上海）自由贸易试验区的贸易效应》，《新视野》2019 年第 6 期。

64. 王利辉、刘志红：《上海自贸区对地区经济的影响效应研究——基于"反事实"思维视角》，《国际贸易问题》2017 年第 2 期。

65. 王浦劬：《论转变政府职能的若干理论问题》，《国家行政学院学报》2015 年第 1 期。

66. 王浦劬：《全面准确深入把握全面深化改革的总目标》，《中国高校社会科学》2014 年第 1 期。

67. 王茜、张继：《我国金融服务业的开放与法律监管问题研究——基于上海自贸区的分析》，《上海对外经贸大学学报》2014 年第 3 期。

68. 王孝松、张国旺、周爱农：《上海自贸区的运行基础、比较分析与发展前景》，《经济与管理研究》2014 年第 7 期。

69. 闻岳春、程天笑：《上海自贸区离岸金融中心建设的系统性金融风险研究》，《上海金融学院学报》2014 年第 2 期。

70. 武剑、谢伟：《中国自由贸易试验区政策的经济效应评估——基于 HCW 法对上海、广东、福建和天津自由贸易试验区的比较分析》，《经济学家》

2019 年第 8 期。

71. 武剑:《中国(上海)自贸区金融改革展望》,《新金融》2013 年第 11 期。

72. 夏善晨:《中国(上海)自由贸易区:理念和功能定位》,《国际经济合作》2013 年第 7 期。

73. 肖本华:《中国(上海)自由贸易试验区金融综合监管制度创新研究》,《科学发展》2015 年第 1 期。

74. 肖林等:《中国(上海)自由贸易试验区改革开放成效与制度创新研究》,《科学发展》2015 年第 1 期。

75. 邢晓溪:《上海自贸区推进人民币国际化的目标方向与具体路径》,《对外经贸实务》2019 年第 10 期。

76. 徐天舒:《上海自贸区金融自由化模式选择》,《商业经济研究》2018 年第 2 期。

77. 闫明:《上海自贸区发展与事中事后监管实践机制研究》,《中国浦东干部学院学报》2015 年第 3 期。

78. 颜晨广:《论上海自贸区政府管理模式的创新》,《天津法学》2015 年第 2 期。

79. 燕继荣:《分权改革与国家治理:中国经验分析》,《学习与探索》2015 年第 1 期。

80. 杨海坤:《中国(上海)自由贸易试验区负面清单的解读及其推广》,《江淮论坛》2014 年第 3 期。

81. 杨宏山、李娉:《政策创新争先模式的府际学习机制》,《公共管理学报》2019 年第 2 期。

82. 杨静:《新自由主义"市场失灵"理论的双重悖论及其批判——兼对更好发挥政府作用的思考》,《马克思主义研究》2015 年第 8 期。

83. 杨瑞龙:《论制度供给》,《经济研究》1993 年第 8 期。

84. 殷华、高维和:《自由贸易试验区产生了"制度红利"效应吗?——来自上海自贸区的证据》,《财经研究》2017 年第 2 期。

85. 尹晨、周思力、王祎馨:《论制度型开放视野下的上海自贸区制度创新》,《复旦学报》(社会科学版)2019 年第 5 期。

86. 尹晨、周薪吉、王祎馨:《"一带一路"海外投资风险及其管理——兼论在上海自贸区设立国家级风险管理中心》,《复旦学报》(社会科学版)

2018 年第 2 期。

87. 俞可平：《全球治理引论》，《马克思主义与现实》2002 年第 1 期。
88. 袁杜娟：《上海自贸区仲裁纠纷解决机制的探索与创新》，《法学》2014 年第 9 期。
89. 袁倩、王嘉琪：《行政改革的"内在悖论"：一个解释框架——以中国（上海）自由贸易区"负面清单"为例》，《公共管理学报》2015 年第 2 期。
90. 张成福、党秀云：《中国公共行政的现代化——发展与变革》，《行政论坛》1995 年第 4 期。
91. 张成福：《政府治理创新与政府治理的新典范：中国政府改革 40 年》，《国家行政学院学报》2018 年第 2 期。
92. 张建华：《上海自贸区服务"一带一路"倡议：基于国情的制度创新》，《上海对外经贸大学学报》2019 年第 3 期。
93. 张军、闫东升、冯宗宪、李诚：《自贸区设立能够有效促进经济增长吗？——基于双重差分方法的动态视角研究》，《经济问题探索》2018 年第 11 期。
94. 张康之：《限制政府规模的理念》，《行政论坛》2000 年第 4 期。
95. 张时立：《中国自贸区建设与"21 世纪海上丝绸之路"——以上海自贸区建设为例》，《社会科学研究》2016 年第 1 期。
96. 张幼文：《中国四十年开放型发展道路：战略节点与理论内涵》，《学术月刊》2018 年第 9 期。
97. 张占江：《〈中国（上海）自由贸易试验区条例〉竞争中立制度解释》，《上海交通大学学报》（哲学社会科学版）2015 年第 2 期。
98. 智艳、罗长远：《上海自贸区发展现状、目标模式与政策支撑》，《复旦学报》（社会科学版）2018 年第 2 期。
99. 智艳、罗长远：《中美贸易摩擦的演绎：一个政治经济学的视角》，《东南大学学报》（哲学社会科学版）2020 年第 1 期。
100. 周明升、韩冬梅：《上海自贸区金融开放创新对上海的经济效应评价——基于"反事实"方法的研究》，《华东经济管理》2018 年第 8 期。
101. 朱朝霞、陈琪：《政治流为中心的层次性多源流框架及应用研究——以上海自贸区设立过程为例》，《经济社会体制比较》2015 年第 6 期。
102. 朱光磊：《全面深化改革进程中的中国新治理观》，《中国社会科学》

2017年第4期。

103. 竺乾威：《辩证看待顶层设计与摸着石头过河的关系》，《北京日报》，2013年1月7日。

104. 祖明：《中国（上海）自由贸易试验区建设对嘉兴市开放型经济的影响分析》，《上海金融》2014年第7期。

后　记

仁治中国：创建基于当代中国政府改革实践场景的新型政府治理范式

中国政府是为人民服务的政府，又称人民政府。中国的各级政府与广大的公务员按照执政党中国共产党"全心全意为人民服务"的宗旨要求，不仅在日常的政务服务过程中要全力做好对广大自然人和法人的行政服务工作，而且在提供各类基本公共服务的过程中要时刻以人民群众的需求为导向，严格遵从法治要求，正确且高效地行使公权力，为市场和社会创设周到和谐的营商环境和创造真心实意的服务文化，并在此过程中，将执政党倡导的"为中国人民谋幸福、为中华民族谋复兴"的"初心和使命"传递给每一个服务对象，由此建立以"仁心仁制仁治"为核心的新型政府治理范式。

毋庸讳言，当前中国的各级政府离以"仁心仁制仁治"为核心的新型政府治理范式的发展目标尚有距离，其所作所为与中国共产党倡导的"全心全意为人民服务"的宗旨要求仍存在一定差距。这就要求中国政府在中国共产党领导下，始终保持刀刃向内的自我革命勇气，在推进伟大的社会革命的历史进程中，不断将自我革命进行到底，将公权力的制约监督与有效行使、公权力的边界划清与主动作为、公务员的高效履职与情感服务、政府与执政党和社会的分工协作与整体合力等有机结合，并持续地统一于新时代中国特色社会主义现代化建设的伟大实践。

回首改革开放四十多年来当代中国政府体制改革的历程以及政

后记　仁治中国：创建基于当代中国政府改革实践场景的新型政府治理范式

府治理范式创新的经验，我们可以发现一个鲜明的特点，即经历了一个从"跟跑"到"并跑"再到"领跑"的过程，并表现为从学习照搬现代西方发达国家的政府治理知识到不断自主改革和创造政府治理新经验新模式，再到形成引领政府治理改革的新范式的过程。其中，"领跑"的表现又可以从中国位居世界排名前列的两大排行榜看出端倪：一个是世界银行的全球营商环境排名，在全球190个经济体的营商环境排名中，2020年中国位列第31位，相较于2019年的第46位和2018年的第78位，再次有了大幅度的跃升；另一个是联合国全球电子政务排名，在两年一度193个联合国成员国数字政府建设水平评估中，2020年中国的电子政务发展指数相较2018年的第65名，已提升至第45名，同时电子参与指数从第29名提升至第9名，这标志着当代中国的电子政务发展水平进入了世界前列。

这其中，由2013年9月中国（上海）自由贸易试验区的建设而推动的自贸区改革与政府再造领域所形成的可复制可推广的做法和经验，即通过划清政府的权力边界，激发市场的内生活力，形成以开放倒逼改革、用对标引领创新、用整体性改革推进现代化发展的内在逻辑，由此不断开创建设回应型政府、责任型政府、透明型政府、服务型政府、协作型政府、效能型政府和法治型政府之路，最终建构起基于当代中国政府改革实践场景的以现代化治理体系与治理能力为核心的新型政府治理范式，更是功不可没。

自2012年开始，由笔者负责的复旦大学国际关系与公共事务学院大都市治理研究中心研究团队，围绕政府职能转变、行政审批制度改革、行政执法体制改革、政府流程再造、网格化管理、自贸区改革、政府治理能力提升等重大主题，先后承接了上海市哲学社会科学规划办公室一般课题，上海市人民政府决策咨询研究重点课题，上海市人民政府发展研究中心决策咨询课题，以及上海市发展和改革委员会、上海市质量技术监督局和上海市交通委员会等有关委局委托课题10余项，相继就《决策权、执行权、监督权"三权"

制约与协调研究》（2012年上海市哲学社会科学规划一般课题）、《工业产品生产许可受理周期及表述》（2015年上海市质量技术监督局委托课题）、《"权力清单"和"责任清单"细分标准，提升政府法制能力研究》（2015年度上海市人民政府发展研究中心决策咨询项目）、《本市基本公共服务清单化、标准化问题研究》（2016年度上海市人民政府决策咨询研究重点课题）、《以自贸试验区建设为动力，在浦东新区一个完整行政区域推进政府职能转变总结评价及下一步展望》（2016年度上海市人民政府决策咨询研究浦东/自贸区专项课题）、《上海市大都市圈协同治理视角下地方政府事权划分问题研究》（2016年度上海市人民政府决策咨询研究城市治理重点专项课题）、《业务受理中心窗口服务流程标准化研究》（2017年上海市质量技术监督局委托课题）、《网上行政审批服务优化发展问题研究》（2017年上海市质量技术监督局委托课题）、《交通领域贯彻国务院"放管服"审改重点问题》（2017年上海市交通委员会委托课题）、《上海城市精细化管理的内涵与顶层设计研究》（2017年上海市人民政府发展研究中心决策咨询项目）、《上海城市"更有序、更安全、更干净"实现路径研究》（2018年度上海市人民政府发展研究中心决策咨询项目）、《协调推进国家层面在浦东开展重点改革试点事项——深化提升政府治理能力先行区建设方案》（2018年上海市发展和改革委员会委托课题）、《协调推进国家层面在浦东开展重点改革试点事项——上海自贸区改革背景下浦东新区政府治理现代化发展方略研究》（2019年上海市发展和改革委员会委托课题）等重大议题，一方面通过详实周密的实地调研和系统研究，向有关部门和机构提交了高质量的对策研究报告，另一方面积累了大量生动的有关地方政府改革实践和推进地方政府治理现代化的经验材料，并形成了对当代中国政府改革实践的感性认知、理性判断与范式分析。此外，在此基础上，由笔者等人撰写的有关行政体制改革、欧盟公共服务一体化等研究报告与学术文章得到了中央领导同志的批示、有关部委的采纳和有关重要学术期刊的发表。

后记 仁治中国：创建基于当代中国政府改革实践场景的新型政府治理范式

为及时总结基于当代中国政府改革实践场景的新做法新经验，系统提炼当代中国政府体制改革的创新模式与理论范式，本书作者以上海自贸区改革与政府再造为蓝本，从历史变迁与现实考察相结合的视角，通过详实的个案深度分析、文本比较、实地调研以及亲身参与改革方案研究与设计等方法，围绕着政府与市场、改革与开放两大关系，对上海自贸区改革与政府再造的六年实践故事进行了全过程与全方位的解读，为深入提炼新时代中国地方政府治理现代化的实践经验、内在逻辑与理论范式提供了一个鲜活而有生命力的样本，并向世人贡献了一个基于中国政府治理实践经验与发展逻辑，对当今世界各国政府治理改革产生很大示范效应与借鉴意义，充分体现"有为有效有情"发展目标的"中政府"新型政府治理范式。

这种"有为有效有情"发展目标的"中政府"新型政府治理范式的内涵包括如下五个方面。第一，从初始动力看，上海自贸区改革与政府再造的全部成果起源于中央的政治承诺，即"大胆闯、大胆试、自主改"，其背后反映的是压力倒逼与使命牵引（自我承诺）的逻辑。第二，从试点设计看，无论是试点的选址还是试点内容的选择，都反映着超大规模国家的风险防范与试点先行的逻辑。第三，从试点扩大与改革深化看，"政区合一"[上海市浦东新区行政区域与中国（上海）自由贸易试验区区域]与"合署办公"[浦东新区人民政府与中国（上海）自由贸易试验区管理委员会]，充分反映了基于风险可控与绩效可期的"边改革边推动"逻辑。第四，从制度创新看，坚定走制度创新而非政策优惠之路，体现了改革开放的先行者在深水区探索和克服制度短缺的逻辑。第五，从制度定型层面看，上海自贸区改革与政府再造取得一系列制度创新成果，本质上是地方利用已经成熟的微观制度基础和定向松口的宏观制度环境，合成了中观层面的制度创新成果（制度定型），反映了新时代中国政府治理创新的中观突破逻辑。

如果我们将眼光放得更长远一些，从上海自贸区改革与政府再造六年实践故事中去体察当代中国政府体制改革所展露出的新型政府治理范式的理想图景，还可以进一步提炼出以"仁心仁制仁治"为核心的新型政府治理范式的终极追求。其中，所谓"仁心"，是指各级政府组织不仅只是机械地完成日常管理任务的理性化组织，而且是通人情、善思考、会服务、乐奉献的"全心全意为人民服务"的人格化组织，始终把人民群众的冷暖、各类市场主体和社会主体的需求挂在各级组织的"心头"，即既是管理的、照章办事的、依法行政的组织，又是服务的、亲民为民的、主动作为的"贴心人"。所谓"仁制"，是指在政府、市场和社会之间建立起充分发挥各方主体独立作用又形成整体合力的和谐关系，形成职能明确、分工协作、高效联动的政府治理体系、市场发展体系和社会治理体系。所谓"仁治"，是指各级政府组织、广大公务员和市场主体、社会主体等各方主体以高度的责任心和使命感，将人民的心声、执政党的意志和国家的愿景三者有机地统一于中国特色社会主义现代化历史进程，用有效的执行力、强大的服务力、高度的信心力将宏伟蓝图转化为广大老百姓安居乐业、全体社会和谐有序、整个国家国泰民安的美好局面。

无论是"仁心"还是"仁制"抑或"仁治"，贯穿其中的核心，就是一个"仁"字。由"仁心"建"仁制"达"仁治"，在当代中国，有着十分厚重的历史文化传承和社会心理基础。自古以来，中国人都把"仁者爱人""己欲立而立人，己欲达而达人""己所不欲，勿施于人"作为当政者、为人者的最高品行的要求。《论语》中有孔子对弟子问"仁"的答复，这里举两例。樊迟问仁。子曰："爱人。"子张问"仁"于孔子。孔子曰："能行五者于天下，为仁矣。"请问之。曰："恭，宽，信，敏，惠。恭则不侮，宽则得众，信则人任焉，敏则有功，惠则足以使人。"

这种由"仁者爱人"思想串联起来的人与人、人与组织、人与社会、人与自然、组织与组织、组织与国家、国家与国家之间的关系，以及由"仁心""仁制""仁治"汇聚起来的"大合唱"力量，

后记　仁治中国：创建基于当代中国政府改革实践场景的新型政府治理范式

构成了"仁治中国"的理想图景，并形成了推动政府体制自我革命与不断创新的内生动力，由此开创人类社会通过自我革命带动社会革命进而创造新型政府治理范式的发展之路。这是当代中国在作为使命型政党的中国共产党的领导下，在各级党组织、政府组织、市场组织、社会组织以及广大民众的齐心协力、共同奋斗下，在政府治理范式创新领域可以为人类社会的发展作出的新的历史性贡献。这也意味着在政府治理领域，我们长期跟在别人后面亦步亦趋、"言必称希腊"的时代正在远去，而"仁治中国"新型政府治理范式的理想图景正一步步地变为触手可及的活生生现实。

期待本书不仅在讲述开放的上海的美好故事，而且在讲述开放的中国的美好故事，更是在讲述人类社会美好的明天故事！

复旦大学　**唐亚林**
微信公众号：唐家弄潮儿
电子邮箱：tangyalin@fudan.edu.cn
2020 年 8 月 12 日

图书在版编目(CIP)数据

政府治理的逻辑:自贸区改革与政府再造/唐亚林,刘伟著. —上海:复旦大学出版社,2020.9
(中国治理的逻辑丛书)
ISBN 978-7-309-15185-5

Ⅰ.①政… Ⅱ.①唐… ②刘… Ⅲ.①地方政府-行政管理-研究-中国 ②自由贸易区-行政管理-研究-中国 Ⅳ.①D625 ②F752

中国版本图书馆 CIP 数据核字(2020)第 128938 号

政府治理的逻辑:自贸区改革与政府再造
唐亚林 刘 伟 著
责任编辑/孙程姣

复旦大学出版社有限公司出版发行
上海市国权路 579 号 邮编:200433
网址:fupnet@fudanpress.com http://www.fudanpress.com
门市零售:86-21-65102580 团体订购:86-21-65104505
外埠邮购:86-21-65642846 出版部电话:86-21-65642845
常熟市华顺印刷有限公司

开本 787×960 1/16 印张 20.75 字数 279 千
2020 年 9 月第 1 版第 1 次印刷

ISBN 978-7-309-15185-5/D·1046
定价:69.00 元

如有印装质量问题,请向复旦大学出版社有限公司出版部调换。
版权所有 侵权必究